濤石文化

濤石文化

情緒發展

早期情緒經驗結構

Emotional Development
The Organization of Emotional Life in the Early Years

L. Alan Sroufe 著 / 黃世琤 譯

濤石文化事業有限公司
WaterStone Publishers

國家圖書館出版品預行編目資料

情緒發展—早期情緒經驗結構／L.Alan Sroufe 原著／黃世琤譯.
－－初版－－嘉義市：濤石文化，2004【民93】
　　面；　　　公分
　　ISBN　957-29085-2-9　　　（平裝）
　　1.兒童發展　　　　　　2.兒童心理學
　　523.12　　　　　　　　　　　　　　　93001032

情緒發展
早期情緒經驗結構

譯　　　者：黃世琤
作　　　者：艾倫·索洛夫
出 版 者：濤石文化事業有限公司
責任編輯：林思妤
封面設計：白金廣告設計　梁淑媛
地　　　址：嘉義市台斗街57-11號3F-1
登 記 號：嘉市府建商登字第08900830
電　　　話：（05）271-4478
傳　　　眞：（05）271-4479
戶　　　名：濤石文化事業有限公司
郵撥帳號：31442485
印　　　刷：鼎易印刷事業有限公司
初版一刷：2004年9月(1-1000)
I S B N：957-29085-2-9
總 經 銷：揚智文化事業股份有限公司
定　　　價：450元
E-mail　：waterstone@giga.com.tw
http://home.kimo.com.tw/tw_waterstone
Copyright©1995 by Cambridge University Press

前言

　　過去研究者視情緒發展與情緒調適爲兩個分開的議題，前者著重普遍性的議題，而後者則強調個別差異。瞭解前者與後者無關。本書—情緒發展—以發展的觀點強調共同的核心歷程闡明此兩者的關係

　　所有的情緒均可視爲對激發狀態或緊張的反應。一個特定情緒的發生端視個體隨年齡所發展出產生緊張與對事件內容賦予解釋的能力。情緒發展一書涵蓋發生特定情緒的普遍核心歷程和對其調適的能力。本書闡述情緒發生的時序和情緒的功能；它也探討情緒調適的個人風格。情緒、認知和社會發展亦屬討論範圍。

　　本書適合研究發展、認知和社會心理學之專家、研究生和臨床工作者。

林序

　　今年暑假開始不久，黃教授打了個電話來，說她最近完成了一本譯著「情緒發展：早期情緒生涯的組織」，希望我能夠寫個序、推薦或導讀之類的。我對黃教授的專業養成過程、教學、研究情形一向非常關心，也非常了解。她的自我要求甚高，教學態度更是嚴謹，在教學、研究之餘，還有時間從事譯著，嘉惠更多的人，實在令人欽佩，因此欣然答應她的要求，先寄給我看看再說。我之所以這樣說，是有原因的。一般發展學者，或是習修發展心理學的學生，咸認爲相對於其它生命發展問題階段，早期的發展，特別是嬰兒期的發展內容，閱讀起來是比較瑣碎、複雜，條理似乎不是很清楚。

　　本書作者*Sroufe*教授，自一九七四年起，在超過二十年之間，研究生到明尼蘇達大學進行一百八十名兒童與其家庭之縱貫研究，研究涵蓋這些兒童自出生至成年初期的追蹤。縱貫研究除了獲得有關發展的事實，還能夠分析行爲改變的原因，*Sroufe*教授將研究所得的資料，有系統的做概念性的呈現，這可從每章的標題看出；當然譯者的忠於原著，專業知識，與用字遣詞的精準，閱讀起來，上述的疑慮與感覺減少了許多。

　　由於情緒本身的複雜性，當閱讀完全書後，心想如果沒有稍具發展心理學的知識，閱讀該書，可能是有些困難的。如果給讀者一些指引，在閱讀時對書中知識的獲得或許有些幫助。

　　我所說的指引可從三方面來說明：一爲發展心理學家追

2

求的目標是什麼？發展心理學家爲自己設訂的目標有三：描述、解釋與促進健全的發展（*Baltes, Reese & Lipsitt, 1980)*。在追求描述的目標，發展學者仔細觀察不同年齡人們的行爲，人們如果隨著時間而行爲改變的。雖然人們遵循典型的發展路徑，研究者也發現沒有兩人是完全相似的，即使養育在同樣的家庭，兒童常呈現非常不同的興趣、價值、能力與行爲。因此，適當地描述發展，有必要針對典型的改變（或常態性發展）與個別差異（或個別性發展），指出人們發展相似的重要方面，與隨著生命前進如何產生不同。

適當的描述提供我們有關發展的事實，那只是起點。最終，發展學者尋求去解釋他們觀察所見。在追求解釋的目標，研究者希望決定爲什麼人們發展像典型的那樣，爲什麼有些個體與他人不同。換言之，解釋集中在個體內的常態性改變，與個體間發展的差異。

最後，許多研究者與實際工作者希望藉由他們所學，試圖幫助人們朝向健全發展（容後說明）。

第二個指引爲參閱書中第一章（*p.3*）根據著名的生態學者丁伯根（*Tinbergen, 1951*）在多年前指出，「爲什麼動物表現出某特定型態的行爲」與四個議題有關。這些議題同樣也適用於幼兒情緒，而且可協助我們定義發展的觀點。第一個議題是所謂的近因問題（*proximal case question*），也就是說爲什麼動物會在某個時間表現出這個行爲？這個反應產生的原因？第二個議題是，動物如何發展出這樣的反應型態來？在生命中經歷過哪些步驟而導致這個行爲的產生？第三個議題是，爲什麼這類動物表現出這樣的行爲？這樣的行爲對此動物有什麼功能（對提高特定動物的適應或生存的能力

而言）？最後一個議題是，從演化的觀點來看，這個行為演化起源是什麼？如何透過演化機制產生今天的行為？（詳情請參閱p.3-7）。在閱讀時，隨時思考此四個議題，的確可幫助了解書中的內容。

第三個指引為發展是整體性的過程。雖然在發展心理學的內容呈現上，通常分為三個範疇，即身體與動作、社會與情緒以及認知，其實這三方面的發展是相互依賴而運作，強調各方面之間相互關係，這可從本書第三章，特別是第七章開始，更可看出各方面之間的相互關係。我們看出整體情感發展如何與其他認知和社會領域發展互相協調，包含意識、預期能力、意圖、物體概念、人我區辨與特定依附型式的形成。

第二、三點指引，隨時在閱讀時掌握，確實有助於我們的理解。我想進一步說明的是第一點指引。在追求描述與解釋的目標，本書兒童自出生至成年初期的情緒發展。首先，將情緒視為發展建構，其次探討情緒的肇始，以及如喜悅與害怕等特定情緒的發展歷程，其中的轉型與質變均肇始於早期的先驅歷程，同時情緒反應的情境亦發生系統性的改變，嬰兒賦予事件意義的重要性與意義本質的改變，使我們考量情緒與認知間的交互影響；情緒發展社會層面是具關鍵性的，嬰兒與其照顧者的關係特別重要，理由有二：第一，情緒的安全是掌握緒反應的一個主要特徵，熟悉的照顧者是在陌生情境中讓嬰兒感到安全的重要基礎，在成長過程中，嬰兒將利用照顧者做為及時引導自己行為以達到安心感的保證；第二，情緒調節的現象首先出現於與照顧者的夥伴關係中，更重要的是依附關係的演進以嬰兒與照顧者兩人間的情

4

緒調節的進階爲重心，其中嬰兒的主動角色漸增，到了學步期和學齡前，因主動角色漸增致情緒自控的成長，這有賴於照顧者能否繼續提供指引和支持；到了兒童中期與青春期，不同依附關係兒童在自我恢復力（*resilience*）、自信、自尊及社交能力上明顯不同。

這種連貫性可說是嬰兒持續與照顧者互動，他們會發展出內在運作模式（*Bowlby, 1980, 1988; Bretherton, 1985, 1990*），亦即自己和他人的認知表徵，用以解釋事件並成關於人之關係特性的期望。敏銳、有回應的照顧會使兒童認爲人是可依賴的，自己是討人喜歡的；而不敏銳、疏忽或虐待的照顧，可能會造成不安全感及缺乏信任，自己是沒有價值或令人討厭的。久之成爲兒童經常採用的適應方式，也就是兒童以預期的架構參與環境，並且以此架構去理解互動的回饋。如此，兒童所形成的概括印象，是由情感爲中介的照顧關係品質與模式。這種概括印象，並非孩童與生俱來的固著行爲特質，而是從關係系統中的調節型式所形成之對於自己、他人和關係的預期，以及情緒調節的形式將被孩童帶往將來。

在試圖幫助人們朝向正向健全發展的目標上，根據前述情緒發展的描述與解釋，自然可以理解如何幫助兒童朝正向健全的情緒發展，特別是隨著兒童認知發展，社會層面的照顧者如何與之互動配合，期能發展爲安全的依附關係，這種關係的品質與模式，成爲兒童的內在運作模式，用以適應所參與的環境。

這種強調關係系統中所形成的預期，持續情緒調節至兒童中期與青少年期或以後，並不意味著後續發展無可變性。

依附關係的發展有不同，並不總是如所希望的，研究發現明顯的改變通常發生在重要關係品質上的改變，這種情形，在任何發展階段都有改變的可能。例如，我們觀察到有些兒童在托兒所老師的細心照顧之下，有些受虐兒童被安置在寄養家庭獲得正常家庭的照顧，均改善了他們的功能。

然而，改變並不容易，而且通常需要時間，當一個行為組型存在愈久，改變就愈困難，基本預期的變化是緩慢的。早期的適應型態可能會在環境改變時，或是特殊情境中再度出現。由此可見，情緒的發展值基於兒童與照顧者互動所形成的關係品質與模式，為後續發展的基礎；不良的行為品質與模式，縱使有機會改變，也需要時間與更加努力，而且儘量保持環境的穩定與關係系統的預期。這樣的看法意味著發展是可掌握的，大有可為的，情緒如此，其他行為亦然。

*Sroufe*教授可能也是基於這樣的看法，從事二十多年的縱貫研究，將研究資料寫成本書，使我們在閱讀發展心理學的情緒發展內容，提供了更系統的實徵資料，也使我們對情緒發展理論因實徵資料的佐証而更加理解。

本書可作為大專院校兒童發展與發展心理學的教科書，伴隨情緒發展內容研讀，也可作為情緒發展的教科書。由於初等教育與幼兒教育蓬勃發展，舉凡師範院校與相關大學的初教與幼教系所更是不可或缺的用書，當然關心兒童的父母與對兒童有興趣的社會人眾閱讀本書也能從中獲益。

國立政治大學心理系教授

林美珍　謹識

再見憂鬱

柯華葳

　　在一些公共場所，我非常喜歡跟一些搖搖擺擺走路不穩的稚兒交換眼神與表情。我對他微笑，看著他，他看著我。有的幼兒會回以微笑，有的則轉頭假裝沒看到我。兩人隔一段距離互相觀察一下。若手中正好有比較吸引人的東西，我會拿出來放手上伸出去，說：「這個給你好不好？」此時他的媽媽也注意到我這一個陌生人，加入觀察的行列。那些微笑的小朋友會伸出手，一步一步走向我來。他母親的聲音此時響起，「要謝謝阿姨喔」。那假裝沒看到我的，這時會瞪著我，似乎懷疑我的誠意。我晃一晃手上的東西，他想走過來，但是最後還是沒有。他的母親有時會說，「去呀」。我試著走過去要直接把東西交給他，很多時候他趕快跑回媽媽身邊。最尷尬的是，我曾碰到才跟他微笑，就哭出來的娃兒。讓我不得不反省自己是不是面露兇惡，嚇到了孩子，趕緊給他母親一個抱歉的微笑，表示我不是壞人。

　　因為讀過一些「依附理論」（本書第10章有詳細的介紹），遇到懷疑我的的孩子或是會哭的孩子時，我都好想問問他的母親，孩子的情緒狀況。讀者或許要問，為什麼孩子的社會行為（與我這個陌生人的互動）與他的情緒發展有關？這就是黃世琤教授翻譯這一本書所要談的主題。

　　這一本書由發展觀點分析情緒動力、依附行為、自我、同儕關係的發展，而且強調每一次的反應是下一次經驗的情境。也就是說每一次的經驗累積下來，幼兒在其中慢慢學得怎麼表達自己、認識自己、評鑑自己甚至學到自我控制且有

自尊、自信。漸漸兒童發展出能力來改變、調節會引發負面情緒的情境,掌握自己的情緒。更重要的是,有健康情緒的個體關心他人、有同理心、且肯承諾。

相對於上述描述,憂鬱症被視為本世紀的流行病。稍微注意一下報章雜誌的報導,似乎更確定「憂鬱症」就在你我左右 。許多人變的懨懨的、做事沒有動機、生活失去了希望。嚴重的是,我們的孩子似乎也不可避免的,受到影響。大家頭頂上好像都是一片濃的化不開的灰暗。每次看到一些有關孩子憂鬱甚至自殺的報導,我總不願意相信,天真無憂的童年要變成歷史名詞了。這一本書適時的出版,對研究者或父母都有很大的幫助。黃世琤教授是國內唯一長期研究情緒發展的學者,他也進行輔導工作,有實務經驗,由他來翻譯最恰當不過。

書的主軸是由發展向度看情緒發展。例如一出生的嬰兒有內發性的微笑,還算不上愉快或喜悅,漸漸愉快的情緒出來,會主動笑,再變的興奮,進而對自己有正向評價、自豪且能表現「愛」(第四至六章)。這個過程是個體慢慢學習來的,而書中肯定合宜的社會經驗能幫助幼兒學習。

弔詭的是,情緒發展可能有50%由生理控制、另50%則是環境可以有所貢獻。每一位孩子不論是基因或是生理條件,如腦中化學傳導物的分佈,生下來就有其個性。比如說,有嬰兒對於新刺激反應慢、有的則反應快。有一位學生最近生了一對雙胞胎,說:「我忙到快不行,有時候想怎麼整天在照顧小孩,一個尿片才剛換完,另外一個要喝奶,又要哄他們睡覺,又好似約好的,兩個一起哭就更傷腦筋。」情緒的發展就在這樣的狀況下開始了。辛苦的母親能做什麼?「已

經好久不知道什麼叫做睡飽，不過，人的韌性也很強，總是有辦法撐下去。看到他們可愛的模樣，一切的辛苦都值得。」為了孩子的適應與發展，顯然父母調整自己的作息是絕對無法避免的。

別看嬰兒依賴父母，但是當他可以走路，到處探險時，父母要放手。看著凡事需要你的寶貝突然頭也不回的往前邁步，有的媽媽不但手緊抓著，心理上更是緊抓著，認為小寶貝哪有能力，一定會摔跤、會受傷等等。但是這只是第一次分離（以後還有許多的分離）。書中說，健康的父母要放手，不但放手還要讚美並鼓勵分離和探索的行為。書中稱「親近的自主性」，意思是給他安全感，放手也是表達安全感。隨著孩子成長，親子接觸的型態改變，由物理上的依賴慢慢轉為較屬心理上的依附。這就是發展。

有強的持續力、彈性、順從和正向情緒、好奇、自律、獨立和正向同儕行為是我們希望每一位孩子都擁有的特質。而這些特質研究很清楚指出都與「安全依附」有關（*p.281*）。不論大環境如何，天空有多灰暗；不論出生時的生理條件如何，孩子有多難養，讓孩子在父母懷中覺得安全是我們至少可以做到的。書的結語，「由安全感發展出內在信心是有效自我情緒調節發展之關鍵」。是的，把握關鍵，我們可以向憂鬱說再見。

原書序

自一九七四年起，在超過二十年之間研究生到明尼蘇達大學進行對一百八十名兒童與其家庭之縱貫研究。研究涵蓋這些兒童自出生至成年初期的追蹤。當然，對於任何時期加入的研究生而言，均因環繞受試兒童年齡而有特定知識上的收穫。因此，有些研究生對於嬰兒情緒發展、氣質和依附關係知識豐富而且甚至成為專家領袖。另有一些研究生成為學齡前兒童的情緒功能，和/或學齡前同儕團體的結構和功能，和/或學齡前親子關係的專家。之後的研究生則精熟於錯綜複雜的友誼和同儕團體的功能，學校適應和學校相關問題或兒童中期的自我概念發展。最近的研究生則注重自我概念的形成，青少年親密感的挑戰，和兒童與青少年心理病理學。

我對此情形感到憂心。這並不是因為對發展的議題隨年齡而漸失興趣。每一個時期均非常引人入勝，而且我也認為學生們並不一定會深思早期的研究到底有多有趣。我反而發現研究生們漸漸遠離研究的起點－也就是發展的起點和本研究的開端。可以確定是研究生們閱讀早期的報告而且將新收集的資料與早期資料銜接分析。他們甚至比我們剛開始時更能述說為什麼早期依附品質會對後續功能有關，以及什麼因素能夠增強或減弱這項關係。當然他們也比較現有年齡和先前資料（並且思考後續可能的情形）以瞭解發展的意義。但是後進的研究生並沒有時間沈浸於前期資料中。而且他們經常將早期發展視為個別差異，例如：許多研究生瞭解依附品質的差異，但卻不能完全知曉一般正常的情緒發展。

10

情緒發展

　　此現象在本領域中普遍存在。兒童中期和青少年期在過去曾被忽視但目前是研究重點。即便嬰兒的社會和情緒發展仍然是研究重點，但僅限於關切個別差異（例如氣質和依附的差別）。

　　這樣的看法並不是想要回到美好的舊日時光。事實上，我們早期的研究只能視爲是短淺而非影響長遠，僅是播種尚不能稱爲收成。但仔細地考慮社會情緒發展中的個別差異確是重要的。因此，重新省思我們對早期情緒經驗的瞭解有其必要性。

　　下列幾個原因使早期情緒發展的研究不可或缺。第一，它反映發展的本質和特性。即便在這些年之後，早期的發現仍然含有許多無法取代的典型範例。第二，它反映研究正常發展和瞭解個別差異的緊密連結。我們可能已經遺忘此密切相關而需要經常被提醒。目前有相當多針對個別差異的研究不再著重正常的發展。最後情緒發展是研究個人適應和心理病理的基礎。若不以情緒發展爲基礎探討這些領域的議題，如同不以生物學爲基礎探討遺傳學。

　　即使目前情緒發展的研究似乎並不需要充分關切過去堅實的研究。現在的焦點主要在於情緒調適。但這些工作很少與特定情緒發展的描述性資料接軌；一方面可能是因爲這些資料已距今有一段時間吧。因此將過去的研究成果提出並重新架構於目前之問題和瞭解之中實具重要性。

論題

本書的主要論點可以摘要為下列七點：

1. 任一特定情意（比如喜悅或害怕）均以發展之原則演化：也就是說，它是由前驅物經由一個可辨認歷程，包含轉型（transformation）和質變（qualitative change）但仍保有其核心面向。

2. 情緒系統之間存在平行對應關係，與發展中之重覆歷程的概念一致。

3. 情意表達和其發展之改變所關切的是激發的波動或更應定義為「緊張（Tension）」（不同於精神分析論所使用的名詞）。

4. 產生正向或負向情意端視所引發之緊張程度，嬰兒或兒童調節緊張的能力，和引發緊張的情境。逐漸地，情境不是指單純的物理情境而是嬰兒對情境的評價。

5. 於是發展改變是以引發緊張的能力，調節緊張的能力，和改變評價情境中威脅或支持面向的能力為中心。

6. 相同地，上述第五點所及亦為兒童成熟時之個別差異的三個關鍵面向。

7. 嬰兒和照顧者的關係是（a）情境中的主要特徵（也是嬰兒所評價的事件）和（b）發展調節緊張的「流程」和建立紊亂或促發成長潛能所產生的緊張的基本預期。

在同時考慮正常發展和個別差異時，本書的中心論題是發展總是建構於先前經驗之上。情緒形式的發生建立於先驅物，且個人情緒調適則奠基於早期照顧關係中之調節模式。

譯者序

　　艾倫–索洛夫教授和他的研究群在數十年的縱貫研究中對自嬰兒期起在情緒、認知、社會等各方面的發展議題上的多項成就，深受學界的肯定與景仰。展讀這本書的時候，時光彷彿被作者引導帶回到1974年，在明尼蘇達大學的實驗室裡一群新生兒正開始他們美好且深具潛力的生命旅程，研究者也準備開始他們更進一步對人生課題的探索。在研究群持續堅定地投入心血之後，逐漸累積出豐碩可觀的研究成果。

　　時光飛逝，這項研究工作進行約二十年後，這本書才在因緣際會之下成冊，細述著在生命的最初期中情緒發展的種種現象及其解釋。隨著作者的文字，我們穿梭在個別嬰兒與他們母親的情緒流動間，我們被帶領思考特定情緒的發展並且歸納分析其中的發展原則，我們體會著情緒發展與個人情緒調適間密不可分的關連，我們更逐漸瞭解情緒發展與認知和社會發展的融合關係。從這些相當一段時間以前的資料中，我們仍然必須折服於科學性的研究努力所增加的知識力量。尤其是當進入二十一世紀新科技和研究方法上有突破性進展的時刻，本書中有關情緒發展的精闢論述進一步得到普遍的驗證與支持，於是我們也學習謙卑與感恩。

　　國內嬰幼兒的發展研究，尚方興未艾，不但需要長期投入，更須考量嬰幼兒的正常發展和個別差異。有鑑於此，國立中正大學認知科學中心於民國九十一年成立嬰幼兒實驗室，期望結合認知科學的觀點，對台灣地區嬰幼兒從事長期追蹤研究，以探討本國嬰幼兒發展的特性，接軌國際學界。嬰幼兒實驗室的成立，特別感謝國立中正大學羅仁權校長的

大力支持得到教育部專案補助，也特別向國科會和許多民間機構團體在設備和研究上的支持致謝。

本書是我在中正大學授課所採用的教科書或參考書，曾得到許多同學的好評，是初學與進階學習所不可或缺的珍貴資料。研討與翻譯過程中，除沉浸於作者的微言大義之中，更是一段難忘的教學相長的經驗。藉此特別感謝家群、慧芳、政宏、正澤、勝雄、欣雨、晴惠、益仕、以及許多相關課程中同學的參與與貢獻。譯稿承蒙洪蘭教授指正，受益良多特此致謝。濤石出版社的工作伙伴的協助功不可沒，特別在此致謝。書中若有疏漏之處，期望各位先進不吝指正。

最後，謹以本書獻給我的家人。首先感謝我的父母多年來的包容和支持，使我能以正向的態度探索生命的經驗。特別感謝充文以及晉霆、晉儀和晉玄，他們不但是我個人生命中重要的諮詢者和啟發者，更是專業領域的試金石。

目錄

contents

contents

contents

第一部份　情緒發展的本質

第一章　情緒的發展觀點

　　發展的首要問題當然是想瞭解從一個階段到另一階
段的性質轉換—即形成新型態。一個系統如何保有其連
續性但呈現多樣不連續的風格面貌？

　　　　　　　　　　　　—賽倫（Thelen, 1989）

　　本書的主題是人類生命早期的情緒，包含特殊情緒的表
達（如：喜悅、害怕和生氣）以及較複雜的情緒反應。也將
討論情緒在行為結構與流程的地位，情緒和其它功能層面
（如認知）的連結，和個人的情緒管理或調適。在過去，這
些主題以許多不同的方式單獨地被探討。本書中則是以發展
觀點統整地來討論這些主題。

　　發展取向對瞭解行為有許多啟發。它是一個動態的觀
點，就像是觀看動物活動的影片不同於觀看動物休息時的靜
止圖片。知道一個現象如何產生，瞭解脈絡中何處產生改變
和之後的反應提供了一個關鍵性的觀點以瞭解現象。因此我
們將討論新生兒的微笑的預示意義，以及先前事件如何增進
對八個月大的嬰兒大笑的理解。

　　對探索嬰幼兒喜悅的表達或其他情緒現象的人而言，發
展觀點更意謂著幾件事。其一，發展觀點是以一種特定方式
來觀察行為初始形成的型態，以及早期行為如何演變。這
不只包括不同年齡在情緒反應上有何不同，也包括後來的行
為如何蛻變自先前的行為。單單只是對在某年齡時依據某種
標準所出現的新行為有興趣，還不算是一個發展觀點

（如：*Werner & Kaplan, 1963*）。在單純編列行為年史之外，更重要的是對於行為演變歷程的探討。從發展的觀點，我們關切來自不同種類和領域的行為隨時間所表現出的統整性、協調性與一致性。一個發展的取向包含關切一個行為在某個時間點上的型態，並且同時考量其後續與先前的行為組織。

　　此外，發展觀點也包含以一種特定方式來看個別差異。瞭解不同年齡表現出某些特定情緒反應只是個起始點，我們還對於偏離各類正常發展的情緒型態特別感興趣。因此，決定一般性歷程的核心特質引導出探索個別差異的研究。譬如對於刺激或激發的容忍度和管理能力的發展帶來情緒表達的正常改變是一個核心特質，我們便可經由探討這個核心特質來瞭解調適能力的個別差異。

發展的問題

　　當我們使用發展觀點來研究早期的情緒，我們會問一些特定的問題。譬如我們會問情緒的特定型式在何時形成，此外也會問它們如何形成。也就是說，我們關心的是：發展歷程的本質是什麼、其前兆為何以及之後的情緒反應會有怎樣的轉變。我們也關心在行為的整體結構中，情緒反應所佔的地位。情緒所佔有的地位將如何隨著發展改變？發展學家與那些使用其他觀點進行情緒研究的研究者一樣，想解釋為什麼會發生情緒反應、為什麼情緒反應呈現特定型態、為什麼這些情緒反應以這樣特定的方式與其他行為組織起來。但是這些問題必須以一個整體觀點來探討。

情緒發展

　　著名的生態學者丁伯根（*Tinbergen, 1951*）在多年前指出，「為什麼動物表現出某特定型態的行為」與四個議題有關。這些議題同樣也適用於幼兒情緒，而且可協助我們定義發展的觀點。第一個議題是所謂的近因問題（*proximal cause question*），也就是說為什麼動物會在某個時間表現出這個行為？這個反應產生的原因？第二個議題是，動物如何發展出這樣的反應型態來？在生命中經歷過哪些步驟而導致這個行為的產生？第三個議題是，為什麼這類動物表現出這樣的行為？這樣的行為對此種動物有什麼功能〈對提高特定物種的適應或生存的能力而言〉？最後一個議題是，從演化的觀點來看，這個行為演化起源是什麼？如何透過演化機制產生今天的行為？

　　在前述的問題中，雖然第二個議題與個體發展特別有關，但一個完整的發展觀點實應包含對於前述四個層次的解釋。例如，情緒表達的近因不是靜態的，而是隨著發展而有許多的改變。相同的事件會在某個年齡時引發一個特定反應，但是在其他的年齡卻可能引發另一截然不同的反應。三個月大的嬰兒會對陌生臉孔微笑，但是之後可能會表現出中性反應，再大一點時卻表現出警覺的表情。同樣的，相同的情緒可能會在不同年齡被不同事件所引發。小小孩可能因為成功的用自己的腳踢旋轉輪使它轉動而微笑，而學步期的小孩卻可能在解決一個問題之後會微笑。這些事件對於發展學家來說，與關心在何年齡小孩第一次表現某個反應以及在何年齡某個事件第一次引發後續反應，同樣是令人感到興趣的。除此之外，相同的外顯行為在不同的情境下可能具備不同的功能，而且這些功能與對情境的敏感度也會隨著發展有

所改變。所以小嬰兒的情感表現，可引發成人溫柔的感覺或是照護行為，而後來相同的表情可能鼓勵或抑制互動。例如，新生兒睡覺時出現的微笑能使照顧者感到溫暖，之後出現的大笑反應則能促進遊戲的繼續進行。微笑與大笑這兩種正向情緒的表達在嬰兒的適應上扮演重要的角色，但是在不同年齡以不同的方式扮演它的角色。至於情緒在個體功能組織之中所扮演的角色，相較或相對於其他動物所表現出來的類似行為（例如不同的物種所表現出的威脅與和解行為），也在發展性的分析中得以更加釐清。

我們現在以下例說明發展取向的範疇：

一個十二個月大的嬰兒在實驗遊戲室中玩地上的多種玩具。她的母親坐在不遠處。當小孩在檢視她面前的許多玩具時，一塊很大的拼圖（一個鮮橘色的胡蘿蔔）很快地吸引她的注意。於是她便張大眼睛、伸手去抓這個拼圖，自然地轉身把拼圖朝向母親的方向，高興地笑著並且發出愉悅的聲音。而母親回以微笑並且說了一些她對拼圖的看法。

觀察者都會同意在日常生活情節中所經常伴隨的微笑中含有情緒反應。但是我們對於微笑代表的意義以及它發生的原因則可能有許多的解釋。從發展的觀點來看，全盤的瞭解這看似簡單的情緒反應（例如：微笑），則需要把丁伯根（*Tinbergen*）所提出的多層次解釋納入考慮。

在解釋為什麼嬰兒會在此時出現可被觀察到的正向情感時，依據丁伯根所提出的近因問題，我們至少要考慮三件

4

情緒發展

事。第一,非常明顯的,某個較高階的再認歷程發生,而且
這個胡蘿蔔拼圖對嬰兒有了某種特殊的意義。想要解釋這個
特殊的意義必須包含諸多對於認知與經驗(感覺)的考量,
以及嬰兒過去對於這個物體(胡蘿蔔)的經驗。我們可以說
這個情緒是因為嬰兒再認出胡蘿蔔所「產生」的。第二,
我們也要注意情緒表達在行為流程中的地位。我們須考慮在
再認處理和情感表達之前所發生有系統的調整注意力與強烈
意圖性的反應。這包括了生理與神經生理的成熟。我們可以
說微笑是心理生理反應所引發的(而且我們應可定義出其所
包含之身心反應、完整的情緒反應為何)。最後,必須注意
情感性行為發生時的週遭情境,特別是照顧者的出現。若沒
有照顧者扮演分享的角色,情感反應的強度可能會不同,甚
至也許不會出現。因此,欲回答上述例子中嬰兒為什麼會微
笑的問題是相當複雜的。

　　探討嬰兒如何漸漸發展出這樣一個可觀察到的反應,我
們仍需要注意到下列議題。十二個月大嬰兒的行為反應如何
於之前生活中演變而來?之前的反應又與現在的反應有什麼
本質上的不同?十二個月大嬰兒的這個反應與較小嬰兒的反
應又有何異同?我們已知在嬰兒出生的半年中,嬰兒就明顯
地可以在辨認出物件時露出笑容。這難道表示十二個月大的
嬰兒在微笑行為方面沒有任何的進展嗎?當然不是。我們
會特別注意反應的出現時間(立即性)、強度與反應特性的
改變。這也就是湯普生(*Thompson, 1990*)所謂的情緒的
動力學。在嬰兒生命早期的前數個月中首次出現因辨識而生
微笑時,他們已於事前仔細的觀察此物件,而且微笑反應是
立即明顯的。這顯示了嬰兒在分類以及自記憶中有效搜尋概

念意義的能力有質性的進步。這些皆奠基於神經生理的發展。此外，我們還關切情緒反應在整個行為流程中所扮演的角色，和它與其他同時或後續發生的行為間的組織結構。此時調控情感和以情感註腳行為流程的能力均有顯著的發展改變。這樣具有整合性的行為組織（包括觀察、辨識、然後自然地轉身、微笑、用手指指示並且同時發出聲音）並沒有出現在嬰兒半歲以前。但是經由仔細地研究，我們可以知道這種複雜的反應乃是根基於整合前幾個月中所出現的基本行為。這種行為的整合現象如何預測後續的發展情形也令我們感到興趣。嬰幼兒的行為表現出「自我引發的情緒」與情緒自我調節的發展趨向。最後，如前所示，我們關切的是，整體情感發展如何與其他認知和社會領域發展互相協調，包含意識、預期能力、意圖、物體概念、人我區辨與特定依附型式的形成。

　　而有關功能的議題，也就是這個反應在嬰兒的適應與發展上所具備的功能，也是多面貌的。其中被廣為討論的功能就是這些行為究竟在嬰兒與外界溝通上有何價值。諸如感到幸福，有互動的需求等等的「信號」都會傳遞給會對這些「信號」產生反應的照顧者而彼此溝通。此外，我們也必須考慮（這些行為）對嬰兒而言有什麼功用。特別是情感表達如何促進嬰兒對具刺激性且新奇的週遭事物反應？對功能的全盤瞭解則包括嬰兒的樂趣（此種樂趣是由嬰兒經驗到並且表達出來的）以及嬰兒如何理解新刺激而產生激發的歷程。值得注意的是情感的/動作的反應打斷了暫時的行為靜止。情感反應通常由新奇事物強烈導引，並且同時或緊伴隨出現各種可能的後續行為表現。這個嬰兒必須能面對並鼓勵他的

6

情緒發展

社會夥伴繼續提供新奇的刺激。參與新奇環境的能力以及引起關心注意的能力是人類適應的關鍵點。情緒可以幫助組織也可以打亂這種與環境及他人的互動（*Campos, Campos, & Barrett. 1989; Schore, 1994; Thompson, 1990*）。

　　比較人類情緒的表達與其他動物有什麼不同（包含人類情緒的獨特面貌和功能）也可以幫助我們瞭解嬰兒微笑所包含的意義。例如狗以搖尾巴來迎向一個陌生人，嬰兒的笑容也有著相似的功能。另有一些研究者也論及靈長類的臉部動作有著類似的功能（*Chevalier-Skolinkoff, 1973*）。

　　此處僅對發展觀點作一簡單的介紹，在後續的其他章節中將更深入的舉例說明。的確，這本書最主要的目標是希望能夠定義與闡述一個發展的觀點以茲說明情緒發展這個複雜的主題。本章接下來將提及情緒發展研究的假設與原則，並簡列本書的大綱。

主要假設

　　本書中有四個主要的論點引導對情緒發展的討論，在此簡短地概述如下：

發展是有順序性的（個體發生原則）

　　未來將會依照過去的狀態遵循特定法則而發展。現象並非單純存在，亦非無中生有。即使是被視為先天性或基因決定之行為亦然。故令人滿意的發展解釋係追蹤由起始狀態之

原型（如本質，核心歷程）如何貫穿發展的歷程轉變。雖然對起始狀態的瞭解並不足以使我們對結果作出正確的預測，不過結果與起源之間總有邏輯上的關聯。如同其他科學一般，探索與描述情緒發展的規則是本領域（本書）的主要目標（*Gould, 1989; Schore, 1994; Waldrop, 1992; Werner & Kaplan, 1963*）。

情緒與其他領域的發展息息相關

　　研究情緒發展時必須同時考慮（個體）認知及社會層面的發展。這是整體主義的論點，個別的功能具整體性而且無法單獨被瞭解（*Gottlieb, 1991; Magnusson, 1988; Werner & Kaplan, 1963*）。就像郭（*Kuo, 1967*）所言，任何動物對環境以及發展階段所做的內在或外在反應都屬生物個體。如果不能一併考慮個體注意力、覺察力、意圖的發展，也不考慮成長時個體所處的社會情境，那麼我們對於情緒發展的瞭解將會十分有限。發展是個整合歷程，因此，其他領域的發展也會對情緒發展有重要的影響，而情緒發展的研究也有助於理解認知及社會發展（*Fogel, 1982; Frijda, 1988; Schore, 1994; Thompson, 1990*）。情緒發展研究必須具整合性。如同葛洛德·艾德曼（*Gerald Edelman, 1992*）所言，「情緒可能是目前為止所探討的心智狀態或歷程中最為複雜的，因為情緒乃是混合了其他各種歷程所展現的現象。」（*p. 176*）

8

情緒發展的兩個主要領域（情感發生與情緒調節）均屬整體的一部分

透過個體發生學以及某些特定情緒的表達，我們可以覓得情緒調節歷程的線索。試圖解釋為何個體只表現出某一些情緒而不表達其他的情緒，以及情緒表達隨年齡而產生基本的轉變，我們得以界定情緒調節的核心議題。雖然目前已經發現某些隨著年齡改變的個別差異，但是大體而言，情感的產生（歷程）仍是大同小異。而另一方面，情緒調節則著重探討個別差異，雖然調節能力仍屬普遍性的發展。充分瞭解個別差異須奠基於考量一般性的發展過程，而普遍性歷程的研究也須考量個別差異（*Sroufe, 1991*）。

適切的發展理論應具整體一致性

發展理論的適切性端視其對此領域所提出的整體性法則和一致性。理論並不能由單一事實所支持，而需奠基於領域和發展時期之間統整的證據。歷程和轉變的事實均須考慮，因此我們將發現領域間的平行轉變。故判斷發展的理論是否適切取決於這個解釋能否協助我們瞭解特定行為之前及其後的轉變，以瞭解發展的順序和歷程。一個適切的描述也應該能應用於不同的子領域，例如主要情感（如喜悅、生氣、害怕）均具平行發展關係。此外，普遍性的發展理論若能解釋主要領域（如認知與社會領域的發展），並且與其它已知的發展領域知識相符將更令人信服。同時當對情緒發展中各層面之論述相協調時，也就是說，對產生特定情感與情緒

調節能力的發展的解釋是基於相同的核心歷程之時，此一理論的效度也相對提升。因此情感的產生與情緒調節，一般性轉變與個別發展的差異，應該統整於一個適當的發展理論之中，而非將它們拆開分別研究。

本書的架構

在第一部份的各章中，我們將首先探討本領域的主要理論議題，作為探討本領域中棘手的定義問題之討論框架。本書解答定義的問題是將情緒視為發展建構，然後闡述發展的本質與結構。

第二部份將探討情緒的肇始，以及如喜悅與害怕等特定情緒的發展歷程。每一種特定的情感均肇始於出現在生命早期幾個月中的先驅歷程，其中包括轉型與質變但仍保有必要的核心特質。此外，明顯可見的是不同情緒間平行發展。同時，嬰兒產生情緒反應的情境亦發生系統性的改變，從以刺激的物理參數為主轉變為以事件對嬰兒的意義為中心。

嬰兒賦予事件意義的重要性與意義本質的改變使我們考量情感與認知間的交互影響。情緒發展可視為是嬰兒主動自環境事件中尋找意義的歷程。在整個發展歷程中，事件意義隨著嬰兒過去在事件發生時的情境經驗與敏感度逐漸增加。當嬰兒六個月到十二個月時，已經不再只由單純的外在事件本身，而是由嬰兒對於事件發生時的情境所做的評價決定了情感激發與情緒的表達。

這些考量導致對情緒發展更廣泛的討論，而包含了情緒

情緒發展

調節以及個別差異兩個主題。在各情感系統中所發現的調節激發的歷程是個別差異的關鍵特徵。調節激發的發展由先驅情緒（如愉快）主導轉變成以較成熟的情緒（如喜悅）為中心，而且調節激發亦取決於在一特定情境中是產生正向（如喜悅）或負向（如害怕）情緒。即使是在特定的情況下，一個事件究竟是導致喜悅或害怕也取決於嬰兒本身的內在歷程。因此，嬰兒的意義分析以及調節激發的個別差異被認為是非常關鍵的。

後續章節將特別討論發展的社會層面（社會層面總是具關鍵性的）。嬰兒生活在社會關係中，而在所有的社會關係中，嬰兒與其照顧者的關係因為以下的兩個理由而顯得特別重要。第一，情境的安全性是掌控情緒反應的一個主要特徵，熟悉的照顧者是在陌生情境中讓嬰兒感到安全的重要基礎。此外，成長過程中，嬰兒將特別利用照顧者做為及時引導自己行為以達到安心感的保證。第二，情緒調節的現象首先出現於與照顧者的夥伴關係中，此現象早於小孩具備個別的調節能力。更重要的是依附關係的演進以嬰兒—照顧者兩人間的情緒調節的進階為重心，其中嬰兒的主動角色漸增。

在本書最後的章節中，情緒發展與個別情緒調節延伸至學步期和學齡前的階段，並將有一個專門的主題討論情緒自控的成長。

11

第二章　情緒研究的概念性議題

情緒若不含動機原則將無意義，就如同我們以何者重要或不重要來決定其是否對我們有益或有害一般，情緒也因此而生。

　　　　　　　　　　　—萊瑟勒斯（*Lazarus，1991*）

　　本書所關切的是視情緒事件以及情緒調節爲一般性與個別發展的核心特徵。但是，歷來的理論從來也沒有包含如此廣泛。一般而言，既有理論不是特別強調情緒本身就是特別強調情緒調節。因此，我們必須透過各種不同的理論角度來瞭解這些議題。前人對於情緒的發生（如　*Izard, 1978, 1990*）、情緒如何支配個體（*Frijda, 1988; Lazarus, 1991; Mandler, 1984*）以及情緒調節（*Fogel, 1993; Schore, 1994; Thompson, 1990*）都有卓越的貢獻。

　　根據亞諾德（*Aronld，1960*）的文章，一個「持衡」的情緒理論必須要能夠把情緒經驗與其他的經驗加以區分，涵蓋情緒的激發與身體上的改變，並且必須能於目標導向的行爲系統中定位情緒。一個「完整」的理論必須要能夠釐清情緒與感覺以及區辨各情緒之差別。此外，這個理論還必須特別指出情緒的神經生理機制以及情緒在人格統整中的重要性。因此，情緒是非常多面性的，囊括了生理、認知、社會因素、情緒表達以及它們的內在成分（*Schore, 1994*）。過去的研究分別側重於單一主題。發展的觀點必須能對所有有關情緒的向度都有一定程度的精熟，因爲僅著重任何單獨主題

均尚不足夠。我們將於本章中論及這些主題，然後將在以後
的章節中更深入地探討它們。首先，我們將論述情緒的定
義。

定義情緒

　　任何想把情緒概念化的努力都必須先回答一個問題「情
緒到底是什麼？」。此外，任何的理論視角都必須至少能夠
處理以下問題中的某些部分：情緒何時產生？情緒如何發
生？情緒為何發生？雖然有些理論只處理上述問題中的某些
部分，但是也在文獻上有其貢獻。然而，一個適當的發展觀
點，終究必須處理上述所有的問題。此外，它還必須能夠反
映情緒在人類生活中的中心地位。情緒是所有個體與環境互
動鍵中的一部分。情緒能導引、定向、甚至有時候會中斷行
動（*Campos et al., 1989; Izard, 1991; Schore, 1994;
Thompson, 1990*）。此外，情緒還是人際關係交流的代幣。
如同馬卡達‧亞諾德（*Magda Aronld*）所言，「由日常經驗得
知，情緒能感動我們，讓我們的生活中有了光明與陰影，使
我們成為偉大生命劇曲中的演員而不僅僅只是一旁的觀眾而
已」（*1960, p.91*）。
　　本書的主要目的是從發展的角度來定義情緒。我們由為
數眾多有關情緒的論文中清楚地知道，簡單、單向度的情緒
定義是絕不足夠的。事實上，當我們驗證前人的努力時清楚
地發現，單一向度的情緒定義（例如「情緒趨使我們接近直
覺評價為好的事物而遠離直覺評價為壞的事物」或者「情緒
是一個人對於激發事件的認知標籤」）總是在關鍵點上不完
整或是含混不清。
　　儘管如此，我們仍舊必須從某處開始我們定義情緒的工

14

情緒發展

作。在不同的研究者間存在著某些共識，而審視這些共識可以幫助我們指出哪些仍是迫切需要被定義的議題。

情緒複合體

不論採用何焦點或理論取向，幾乎所有研究情緒的學者都強調，我們必須把情緒視為一種與環境複雜的互動（見 *Frijda, 1988；Schore, 1994*）。大部分的學者都指出認知歷程的角色（評價、意義分析等等），而且也都指出情緒與生理改變的關聯性。他們大部分都把情緒性的行為描述為如下一連串的事件鏈：

情境中的刺激 ➞ 認知歷程 ➞ 情緒經驗 ➞ 行為

當然，在事件鏈中各行為或經驗到的情緒可能再度循環回去影響其後的認知歷程（甚或影響情緒刺激）並且如此循環下去。許多的理論家都把情緒描述為一個連續調整的歷程，而非簡單不連續的反應（如 *Fogel, 1993*）。同時，專家們也同意，情緒概念是一種複雜的歷程。幾乎沒有任何理論把情緒簡單地定義為經驗到的感覺，同時也幾乎沒有理論將認知因素完全捨棄。像是知覺、辨識、評估、判斷或意義分析等機制普遍存在於各個理論中。

這個簡單的基模為不同理論家間不同的重點與衝突留下了空間。舉例來說，有些理論特別強調情緒對認知歷程的觸動（如 *Mandler, 1975, 1984*）。另一些則特別強調生理歷程（*Hebb, 1946; Tomkins, 1962*），其中，有些理論視情緒在認知歷程之前發生（詹姆斯－朗奇(*James-Lange)*的理論），另外有些理論也把情緒的波動視為在認知歷程之後發生（坎農

15

－巴德(*Cannon-Bard*)的理論）。此外，也有其它的理論特別強調情緒的功能或適應的價值（*Arnold, 1960; Campos et al., 1989; Darwin, 1859, Izard, 1991; Plutchik, 1980*）。

當然，各家所強調的重點會影響他們對於情緒所下的定義。例如艾勒（*Izard, 1978, 1990*）強調人類情緒的溝通功能，並且追隨達爾文（*Darwin，1872/1965*）強調情緒的適應角色。不令人意外地，他對情緒的定義有很大的部分來自面部表情的呈現，而他的情緒事件鏈也特別強調由臉部肌肉的改變所產生的回饋（其後產生感覺）：

事件 ➝ 單純知覺（或認知）➝ 臉部表情改變 ➝
情緒/行為

嚴格地說，艾勒觀察到面部表情的改變與情緒感受在全部反應中是同時發生的。艾薩認為在嬰兒初期時情緒的產生並不須認知的介入。

相反地，亞諾德（*Aronld，1960*）則認為情緒在指引與定向行為中扮演了重要的角色。因此，他定義情緒的核心為所感覺到的行為傾向（亦見 *Frijda, 1988*），而非僅是感覺，也不是生理改變，更不是認知評價。她所認為的情緒事件鏈如下所示：

事件 ➝ 立即直觀評價（感覺的行為傾向）➝
生理/行為反應 ➝ 持續的認知評價

亞諾德不但強調在事件中立即的直觀反應，在她的歷程觀點中，之後所產生的生理改變也涉及後續的評價。

最後，曼德勒(*Mandler*)強調「意義分析」對引發情緒的重要。根據詹姆斯－朗奇及辛特（*Schacter, 1966*）的理

情緒發展

論，他把情緒視爲對於生理激發的認知闡釋。他的情緒事件
鏈如下：

事件 ➝ 激發（起因於中斷進行之計畫）➝ 意義分析
➝ 情緒歸類

普拉特契克（*Plutchik, 1983*）特別指出情緒可以被適切
地界定爲複雜的事件鏈，這個定義代表了一個比我們之前所
說的事件鏈更爲精緻的情緒基模。他的一般模式和以害怕與
悲傷爲例的模式呈現於圖 *2.1*。就像其他學者一樣，在他的
基模裡，動作先於感覺激發與生理改變。

上述這些陳述並不是要決定孰對孰錯。每一個定義均說
明整體中的一個重要的部分而能有助於理解情緒發展。我們
將看到，發展資料對於解答由這許多不同角度產生的議題是
非常重要的，例如於嬰兒期認知因素的角色變化甚巨。由此
觀點來看，生理改變的產生究竟是在其它情緒指標發生之前
或之後可能不只一個答案，而隨著幼兒發展的階段以及事件
的本質而有所不同。在嫌惡情境之下，小嬰兒的心跳加快可
能出現於面部表情或姿勢改變之前（*Vaughn & Sroufe,
1979*），此時生理改變是行爲的前驅。但較大嬰兒卻並非如
此。一般而言當較大的嬰兒變得煩躁時，行爲與生理的改變
彼此呈現螺旋狀的循迴交替，終於導致情緒狀態的產生。

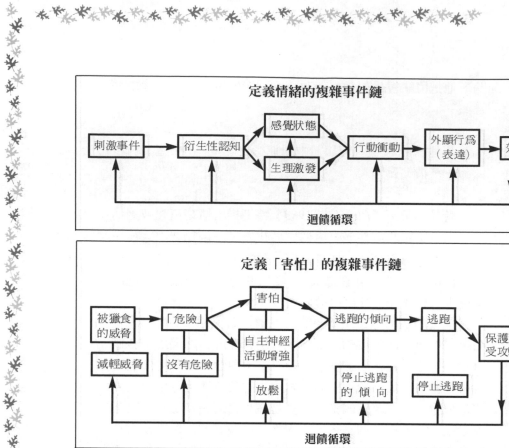

圖2.1 普拉特契克（1983）的普遍性情緒因果模式、害怕因果模式以及悲傷因果模式

情緒發展

現階段定義

不論著眼於何角度，所有的研究者都同意情緒涉及生理變化和面部表情、姿勢或其他的行為變化。大部分的研究者也把經驗的元素納入考慮。與此觀點相同的是，韋氏字典亦定義情緒為「一種生理狀態的失衡，發生於個人主觀地經驗到強烈的感覺，並且表露於神經肌肉、呼吸系統、心臟血管系統、荷爾蒙系統以及其他身體改變上，以對可能表現出來的外顯行為預作準備」（*特別強調*）。因此，這個定義包含了生理改變以及經驗，但不同於詹姆斯－朗奇理論中，將經驗視為對生理改變的反應。

本書暫且將情緒定義為對於顯著事件的主觀反應，並且具有生理的、經驗的以及外顯行為的改變等特徵。這個定義對生理反應發生在經驗元素之前、之後或同時發生留下討論的空間。與亞諾德（*Aronld，1960*）、富利基達（*Frijda，1988*）及郝洛維茲（*Horowitz，1987*）等人一致，我們在這個定義中將情緒視為主觀的，反映著人與事件間的關係。這個概念之所以有存在的必要是因為相同的事件對不同的人而言可能導致截然不同的情緒反應(或不導致情緒反應)，甚至相同的事件在不同的時間或情境之下對相同的人而言也可能導致不同的情緒反應。所以，並非事件，是個人對於事件的評價導致特定的情緒。（亦見 *Lazarus, 1991*）。雖然在嬰兒早期認知活動仍然非常不成熟，但是，舉凡主觀的、顯著的以及評價等術語全都指出認知在此一理論定位中的重要性。事實上，認知－情緒連結的本質改變是本書分析發展的關鍵元素。

這個定義並沒有特別指出是否情緒包含了認知評價或情

緒隨認知而產生，也沒有指出是否包含行為反應或於行為反應之前發生。情緒這個字本身可以解釋為「遠離動作」，情緒可能不包含其後的外顯動作反應。但其定義包括我們觀察到情緒性的反應時，不管之後是否會有一些動作反應，通常都會明顯中斷行為。這可能才是更重要的論點。

情緒與情意

「情緒」與「情意」兩詞通常是可交替的。但有時，情意是用代表表達感情的元素（牛津英文字典）或是情緒中主觀的感覺元素（韋氏字典）。本書中，「情緒」這個詞意指我們之前討論過的複雜的反應，這個複雜的反應包含了認知、情感、生理以及其它的行為元素。而「情意」一詞則用以指涉情緒中的感覺元素，以及面部表情或姿勢等表達的元素。

理論議題

情緒的功能

演化論提供了研究情緒發展的重要背景，尤其是它所特別強調的功能概念。演化理論的完整性成為後續理論的起點或評斷理論的參照基礎（如 *Plutchik, 1983*）。任何有價值的情緒理論都必須與人類的演化歷史一致。

兩個情緒演化觀點的基石是「核心的情緒行為擁有跨物種的一致性」，以及「核心的情緒行為都由其他動物的更為

20

情緒發展

簡化的形式演變而來（煩躁信號、露出毒牙、撫育引導幼獸等等）」。因此，情緒被視為深植於物種基本演化項目之中，並且與大腦舊皮質部分有所相關。許多基本的情緒都具有高度的文化普同性，而且都於童年早期就已產生（*Ekman & Friesen, 1971; Ekman & Oster, 1979; Izard, 1978, 1990; Izard & Malatesta, 1987*）。艾勒(*Izard*)把核心情緒列表如下：感興趣－興奮、享受－愉悅、震驚－驚訝、沮喪－苦悶、暴怒－生氣、厭惡－反感、輕視－侮辱、害怕－恐懼、羞愧－害羞－羞辱以及罪惡感－悔過。雖然情緒可能彼此混合，但是這十種情緒各有獨特的形式並且具不同面部表情特徵。

　　這個寰宇皆同的情緒語言承繼自達爾文理論的有力證言。當我們提及這些行為，我們假設這些行為是物種基本演化項目中的一部分，因為這些行為擁有關鍵性的生存價值而且在發展上具根本的重要性。也就是說，情緒反應必須具備促進安全、主宰環境以及繁衍物種的終極功能：「情緒是個體欲達成控制生存相關之事件的產物。情緒是基於成功生存的基因碼中極端的演化行為適應，……以增加個體生存的機率。」（*Plutchik, 1983 p.223*）

　　人類情緒的主要功能有（1）與重要他人溝通自己的內在狀況，（2）促進對於環境的探勘能力，以及（3）促進緊急情況下的適當反應。緊急反應（例如，骨骼肌血管擴張以增加葡萄糖供應）通常是平靜的個體突然遭遇到新刺激時的第一個反應。這個行為的功能在於預備進行支援或發動強力的肌肉動作（*Arnold, 1960; Plutchik, 1983*）。但並非所有的情緒反應都屬於緊急反應。許多正向的情緒（愉悅、喜樂、感到有趣）的作用是鼓勵持續與環境互動（如 *Thompson*,

1990）。如同在之後的章節所將討論到的，這些機制對於我們這些善於利用機會的物種來說是極爲重要的，因爲，我們經由好奇探索或遊戲所學習到的，可能在稍後可以用來增強保護或促進生計。

情緒反應溝通了個體彼此間的需求、企圖或慾望，並且因此對於群體生活的社會性物種極爲重要。此點對於必須長時間處於無助狀態下的人類嬰兒來說更是如此。「如果年幼的嬰兒必須學會如何吸引母親的注意與援助，而如果母親必須先學習才知如何提供這些援助的話，此種年幼個體生存的機會將是十分渺小」（*Plutchik, 1983, p.237*）。嬰兒藉情緒反應與其照顧者溝通需求，而照顧者在互動中的情緒反應能促進有效的照顧（*Field, 1985; Fogel, 1993*）。人類情緒的演進大部分是爲了促進社會性連結（感覺是否有吸引力、愛、失去時感到悲傷等等），若將情緒自社會情境中抽離將導致過度簡化的結論。情緒分享是人類社會關係的建材。它提供了人類互動與溝通的韻律與標點（如 *Fogel, 1993; Stern, 1974*）。就如大衛・漢伯格（*David Hamburg, 1963*）所說，「社會並非由中性的演員所組成，而是由具有情緒的人們所組成。不論我們說的是狒狒、猩猩或人類，情緒正是社會歷程的核心，……情緒的生理學證實情緒是維生所需的基本行爲」（*p.316*）。

就人類而言，情緒取代了較低階生物身上大部分本能的角色。然而，本能與情緒雖然皆根植於生物基礎，但是本能與情緒間仍存在著差別（*Breger, 1974*）。本能行爲較爲狹義，較爲自動化，而且也較缺乏彈性。由情緒所導引的行爲則較有彈性並且較爲可變。個體可以在面對憤怒時抑止攻擊

22

行為，或者在得到夥伴將會回來的保證後忍耐分離的情緒，此外，個體也能面對情緒反應時選擇各種不同的因應方式。此種彈性是人類物種的主要優勢，同時這也是人類物種的主要弱點。人類情緒／行為結構的複雜性使得我們須面對多種扭曲事實的可能性。

在本書第三部分中，我們將注意力著重於適應的個別差異，我們也會強調情緒的另外一種功能，也就是它在行為調控中所扮演的角色。情緒不只導引與定向個體驅近或遠離環境中某些層面，它也擴大、曲解或形塑行為。情緒可以告知嬰兒自己的內在狀態，外界潛在的可能性，以及所採取行為的後果（亦見 *Emde, 1980; Izard, 1991; Plutchik, 1983; Schore, 1994; Thompson, 1990*）。

情緒神經生理學

目前已累積大量有關情緒的神經生理學文獻中，主要所關心的都是情緒反應本身的生理部分，也就是所謂情緒神經生理學。新近的研究則著重於生理因素對引發情緒反應的角色，以及以神經生理的成熟作為情緒發展的脈絡。二者均是我們所關切的。

情緒的生理層面之所以重要，某種程度上是因為一些最具深度的發展轉變發生在情緒反應的型式上，也就是在認知、生理以及情緒表達等元素之組織結構中。例如，心跳的改變可能發生於其他元素之前或之後，並且此現象隨著年齡而改變。同時，隨著個體的發展，情緒的面部表情以及更深的神經生理反應，都與反應中的其他層面更為協調（*Izard*

& *Malatesta, 1987; Tucker, 1992*）。研究情緒神經生理的發展脈絡也是非常有趣的，並不是由於我們在找尋最終極的情緒發展原由，而是因爲發展整體性的基本假設。情緒與情緒調節的發展必須與大腦發展一致，而大腦發展的本質正如同情緒研究的發現一般，均依循普遍性的發展原則。

伴隨情緒的生理反應

我們對於情緒反應中必然涉及生理反應從來不曾懷疑。心悸、臉紅以及刻板的面部表情都是每位研究者定義情緒的一部分，雖然研究者對於情緒反應中這些改變如何定位仍有所爭議。兩種早期的觀點是：（1）生理改變導致一系列的情緒反應（*James, 1890*），（2）這種改變是整體反應的一部分，所有的元素本質上都是同時啓動的（*Cannon, 1927*）。

第一種觀點在理論上強調對激發當中生理改變的認知評價（如 *Mandler, 1984*），以及探討情緒反應中自律反應的型式。詹姆斯（*James*）的原意是，每種情緒都有其獨特的心跳、血壓以及其他自律反應指標的改變。個體感受到這種特定形式的反應，然後加以闡釋（經驗）特定的情緒。然而明確指出各種情緒對應之特定的自律反應形式卻非常困難，其原因是情緒產生之時的反應通常都非常複雜而且也具強度不等的變化。賴文森（*Levenson，1988*）精闢的回顧研究，作出結論：情緒與生理反應的對照這個概念仍然值得探究，但情緒強度的面向也應該一併考慮。

坎農（*Cannon，1927*）的理論與他的眾多追隨者研究

24

了各式情況下產生情緒反應的速度。在一些臨床或是動物實驗中，情緒經驗的產生，相對於緩慢發自內臟的改變的反應而言通常是極為快速的，而且當發自內臟的緩慢改變已然消逝時，情緒經驗仍然持續產生（如 *Arnold, 1960*）。

這兩種觀點初看可能並不相同，但是當我們用現代的動態反應觀來看待情緒時，卻能解釋兩者的不同（*Schore, 1994; Thompson, 1990*）。比較可能的情形是將自律改變的激發視為情緒反應的一部分，而非自律反應的改變導致情緒反應的發生。任何其後對於這些改變的感覺與/或解釋，當然會大幅地提昇情緒經驗。即便把情緒視為於自律反應之前產生，那麼詹姆斯理論中特殊的自律行為與特殊的情緒相互連結的假設，可能仍是正確的。而坎農的理論觀點中，某些感覺（知覺、認知）喚起情緒經驗而非立即或同時導致其它的動作改變的假設，也可能是正確的。

我們現有的對於大腦組織與功能的了解指出：次級皮層的邊緣結構及其相關聯的自律反應具關鍵性角色，因而能在再認出一些事件時快速產生情緒（*Gellhorn, 1968; Kelley & Stinus, 1984; MacLean, 1973, 1993; Schore, 1994*）。首先，根據腦刺激、微電子記錄與腦顯影等研究，我們得以清楚地瞭解，下視丘和杏仁核與海馬迴等的邊緣結構都與情緒反應有關。其次，邊緣系統透過主要路徑與前腦皮質與感覺中樞以及運動中樞密切連結。所有的感覺訊息都必須經過邊緣系統（*Kelly & Stinus, 1984; Schore, 1994*）。

因此，就像葛洪（*Gellhorn, 1968*）以及許多研究者（*Nelson, in press; Schore, 1994; Thompson, 1990; Tucker, 1992*）所認為的，前腦皮質與邊緣系統的雙向連接似乎掌握

了在這些情況下快速情緒經驗的關鍵。腦皮質波動可以「微調」邊緣系統，來自下視丘與邊緣系統的波動又可回饋給腦皮質，同時伴隨而來的訊號又可傳出給內臟。視丘的聚焦功能可能扮演重要的角色，決定了是否當刺激持續呈現則生理激發持續增加；或者當外在刺激已經停止，生理激發仍否持續。這個看法可以稱為是對於坎農心理經驗與自律反應同時發生概念的一個更仔細的陳述。而且，當然，自律行為改變也可由其與大腦皮質之間的互動作出進一步的分析。

並非所有的感官刺激都能引發情緒，因為並非所有的感覺都同樣會經由邊緣系統促發皮質刺激，或者邊緣系統必然會對這些感覺有所反應。全面性的情緒反應有時可能是立即產生的，因為它們與古老的邊緣皮質路徑或迴圈相互共鳴。這可能和分類感覺與分類記憶的產生有關。情緒透過演化的歷程而使得有時情緒激發只與極少的皮質活動有關。例如，對於苦味的噁心反應（*Izard & Malatesta, 1987*），可能源自於古老的嗅腦（*Schore, 1994*）。

同樣地，由探討情緒的生理基礎所產生的主要結論是－情緒是個複雜歷程的概念。情緒經驗是由大腦結構間彼此不間斷的交互影響與作用所導致的。萊瑟勒斯（*Lazarus, 1991*）認為這是長久演化必然的結果。似乎有某些刺激能直接產生情緒反應（例如，早先我們所提到的噁心反應），這種反應應該被視為反射（如，驚嚇反射），而並非真正的情緒。不論如何，這種反應都是明顯的例外而並非情緒中的常態。

26

情緒發展

情緒發展的神經生理脈絡

此節主要關切的是在大腦解剖/神經生理的發展改變以及同時所發生之情緒和情緒調節的改變。出生後大腦發展的基本特性與許多不同結構和路徑的成熟與整合均對情緒發展具重要性。

人類出生後大腦的成長顯示出重要的發展規則，這些規則將在第三章中詳細陳述。概括而言，第一個規則是發生論與簡單線性展開間的區隔。大腦的成長通常以階段歷程和質的改變來描述（*Edelman, 1987; Schore, 1994; Tucker, 1992*）。它不是透過單純增生新結構來發展，而主要是隨著組成元素間漸增的整合、有組織的產生複雜性的改變（事實上，大腦成熟期間大量功能上的改變是「包裝」或「修剪」過度生成的突觸連結，塔克稱此過程為「雕刻」）。出生後大腦發展的主要特徵不是新結構的形成，而是產生新的、較精巧的且分化的路徑。電腦模型提供了一個方式來描述大腦系統模型（*Edelman, 1992*），其中逐漸形成皮質與次皮質元素間共同互動，如同交感與副交感間複雜平衡的系統。組織的方向包含「由上而下」與「由下而上」兩者（*Tucker, 1992*）。

這些腦部發展的普遍性考量和其細部證據，引導著我們預期在早期情緒生命有幾個時間點可能發生質的改變（*Schore, 1994; Thompson, 1990; Tucker, 1992*）。其中一個質的改變發生於出生的最早幾個月，當皮質剛開始具有功能時。另一個則發生於大約九到十個月時、當前額葉成熟且邊緣皮質路徑較細密時。另外也發生於第二年當互動系統形成平衡之時（*Schore, 1994*）。大腦發展與情緒之間的協調不僅

是因爲大腦是情緒的生理基礎，也因爲情緒經驗的改變事實上確實影響了大腦的發展（Schore, 1994）。

大腦成熟上質的改變對特定情緒的產生（如，那些需要回憶能力與快速組織事件的情緒）和管理情緒生活歷程兩者均有影響。例如擴散性的激發現象與前幾個月中容忍刺激的有限能力、和之後產生更協調的反應，與現有對中樞神經系統發展的知識相符（Schore, 1994; Thompson, 1990）。這樣的關連性將在第四章詳細敘述。

認知因素的角色

許多證據明確指出認知因素在情緒中的角色。下面所討論的研究中包括嬰兒情緒與認知的平行發展（特別參照第五和第七章），嬰兒對相同事件的情感反應之情境脈絡（第八章），以及認知對特定情緒的發展和表現的影響。例如在六個月大時對事件的預期就在引發情緒中扮演一個重要的角色（如 Parrot & Gleitman, 1989）。

或許最令人信服的成人資料來自辛特（Schacter, 1966）與萊瑟勒斯（Lazarus, 1966）的經典研究。辛特發現對於注射腎上腺素之後所發生的生理變化，受試者的主觀感受是生氣或幸福，取決於實驗情境中所提供的認知訊息。而且上述情形在服藥情況比服安慰丸情況的效果較強；也就是說，單獨的認知訊息並非就能有效產生一個強烈的情緒反應。而生理的變化提供了一個認知活動重要的依據。從辛特的觀點，受試者經驗到生理的改變並以認知活動提供的訊息來解釋。雖然在這個例子中，生理反應先於情緒，但這些資料並

28

沒有支持詹姆士－朗奇(*James-Lange*)的論點；相反的，辛特的解釋是相同的生理反應產生不同的情感反應，這是明顯地反駁了詹姆士的論點。雖然這個研究仍有一些問題（如，生理反應沒有眞正被測量，且這兩個操弄情境可能本身已有差異），但這些資料支持認知可以在情感經驗中扮演一個重要的角色。

萊瑟勒斯（*Lazarus，*如1966）的研究是較令人信服的，因爲它沒有僞裝注射藥物，而且激發中前後的一般性自主神經反應以及口語報告均一起被記錄下來。萊瑟勒斯發現受試者對能激起情緒的影片的反應戲劇性地受到實驗者提供或（一些）受試者的認知狀態而改變。例如在一個情境中，讓受試者相信對青少年施行割禮是部落中青少年熱切等待之成年儀式中的一部份。影片的旁白著重平鋪直述的事實。在另一個情境中則以戲劇性的口吻描述當事人所難以承受的痛苦。受試者的情緒反應，包括自主反應與口頭報告兩者，在後者的情況中明顯地較強烈。顯然，認知因素引起反應。

認知因素不難併入現代生理理論中。認知對皮質邊緣互動理論（*corticolimbic interactive theories*）是重要的，它提供了不同的皮質衝動到間腦可能引發不同的皮質邊緣組態活動的內在機制。同樣地，在一個如賀伯（*Hebb, 1949*）的所謂「全面性理論」指出違反預期的心理歷程與打斷「階段順序（賀伯的生理建構）」平行。同樣地，湯普金斯（*Tomkin，1981*）的「神經衝動密度（用於解釋不同的情緒）」則始於認知歷程。

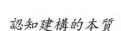

認知建構的本質

不同理論家提出具多樣化的認知結構。一些理論家把他們的論點著重於一個自動產生且主要聚焦於解釋外在世界訊息的歷程，也就是被認為是「冷認知」上面。其他的則提及「熱認知」，它包含在情境中的一個主觀的思考事件以及感覺狀態與先前經驗（*Lazarus, 1991*）。

曼德勒（*Mandler，1975, 1984*）是前者理論的代表。他所謂的「意義分析」（*meaning analysis*）由執行一個計畫中斷時產生生理激發所引起。對於中斷的原因所作的解釋使個人得以情緒來標籤此生理激發。因此，生氣是因為某計畫運作中被一個阻礙所打斷而產生激發。激發被知覺到而生氣反應隨後發生。害怕則發生在非預期或厭惡事件所造成的中斷，或者是認知或行為的流程被打斷，而被解釋為令人害怕。情緒被視為外加的事件，因為這裡所關心的是情緒的引發，而非精緒的功能。

其他研究者強調個體的*主觀評價*（如 *Arnold, 1960; Frijda, 1988; Lazarus, 1991*）。不僅激發或外在刺激的特徵被評斷，而且事件在它整個情境脈絡中對個體的個人意義也被評定。這樣一個強調主觀因素的看法，似乎在說明個體間或時間上的反應差異有其必要。它也在闡述正向情感時更有用。當十個月大嬰兒在從照顧者嘴巴中拉出垂擺的布塊時微笑或大笑，以及之後當他們嘗試把布塊塞回去時大笑，我們看不到有計畫中斷或自動地對外界訊息做解釋。認知確實是重要的，因為嬰兒可能在跟一個不熟悉的夥伴或甚至與母親時也不一定表現出笑的反應。強烈的情感並非是因為照顧者的出現或嬰兒的肢體動作，而是依據嬰兒對整個情境的評

30

價，包含先前的與現在的經驗。

認知的發展

考量認知因素是重要的，因為它們指出情緒與認知發展間的密切關聯。曼德勒的計畫中斷的概念指出意圖和認知基模的發展具關鍵角色。同樣地，評價指出記憶、分類、協調一個情境的多重特徵的發展，以及對過去和現在、行動與知覺經驗的重要性。瞭解關係的能力發展尤具關鍵性。小孩不只在不同情境對激發有不同解釋，且因為考慮情境能力的成長而可以容忍在某些環境中非常高的激起，尤其是針對負向的情感。更甚者，情緒激發歷程隨發展而改變。隨著對再認特定物體能力的發展（不須每次從知覺到的片段去建構），在大約一歲時，一個事件便可被立刻再認是否具威脅性。因而，在此年齡情緒的產生已不再必須包括一個持續參與的歷程，以及一個漸增強的緊張。亞諾德（*Aronld, 1960*）因此認為，早期情感反應（她稱之為「感覺」）與之後情緒之間的區分在於是否包括「受體」。

無認知情緒的爭議

情緒是否是需要認知持續引起爭議（*Izard, 1990; Lazarus, 1991; Zajonc, 1984*）。那些因為有立即情緒反應或某些嬰兒早期情緒表達並不具備評價與意義分析而認為不需要認知的看法並不一定適切，不過主張認知必須存在於所有產生情緒的事件中（*Hoffman, 1985*）（如任何訊息處理中）

的廣泛定義亦不正確。那些認爲必須包括認知的人認爲其論點的反例只有反射性的反應（像「驚嚇」反射，就是一個明顯是的例子），經驗和先前的評價可能發生地相當快速，甚至於意義形成的瞬間當事人並不必要意識到此歷程。

然而，此爭論難以解答更重要的議題；即，情緒發展的進程中認知的角色如何轉變。或者，早期情緒經驗若不需認知，這樣早期的經驗與之後的認知中介經驗又有何相關。這些議題是此書中特別重視的。

社會因素

情緒與情緒發展的社會情境將也是本書一個主要論題。因此，這裡簡要的作一導論。如同先前討論的，情緒分享交流於親密關係之中。情緒是受到社會情境影響而且主要發生在社會情境中。它們因溝通上的重要性而通過人類在演化上的考驗。它們常因應一對一社會性互動而發生。例如，福基（*Fogel*, *1993*）主張，喜樂反應（當被看到明顯的微笑時）只是看起來是一個不連續型態，實際上建立於連貫的互動過程之中。

後面章節中的一個主要論點是社會情境對情緒主動與表達性的重要影響。這包括在眞實的情況中，情緒，如喜樂和盛怒常在與照顧者互動時表現出最強的型態。照顧者時常努力去引發愉快與喜樂，而這個目標是爲了建構互動的流暢性與品質（如 *Stern, 1974*）。其它情緒也以明確或隱晦方式被社會化（*Fogel, 1993; Kochanska, 1993; Lewis, 1992*）。除此之外，照顧者的出現與可及性提供了對事件進行評價的一個

32

重要情境，並從而經驗到情感。在第八章中，我們將討論這個重要的發現－相同的事件因視社會情境而產生強烈負向或強烈正向情感。

　　照顧關係對調節情緒能力的正常發展以及造成情緒調節的個別差異上扮演一個重要角色。根據許多以新心理分析觀點所做的研究，我們將發展出情緒調節主要起始於一對一的歷程，只有在後來變成個體的能力（見 *Beebe & Lachman, 1988; Emde, 1980; Field, 1985; Fogel, 1993; Schore, 1994; Tronick, 1989*）。更甚者，早期一對一調節的型式與品質表徵著產生情緒自我－調節的傾向或典型。

　　最近，大量有關情緒的神經生理研究明顯地強調社會情境的重要性。其中一些指出照顧的刺激與調節方式改變了幼小動物的賀爾蒙與神經生理活動（如 *Hofer, 1990; Kraemer, 1992*）。即使之後與母親分離，對於中等程度的激發與調節（或過度激發與不良調節）之重複經驗能夠塑造以及重塑嬰兒的神經內分泌反應的特徵。更重要的是多數研究指出大腦的成熟，包括情緒迴路與情緒調節，是「依賴經驗的」（*Greenough & Black, 1992*）；也就是說，社會互動直接地影響中樞神經系統的發展（*Schore, 1994; Tucker, 1992*）。

情緒與情緒生命的規則

　　儘管情緒的定義是多樣與複雜的，而且情緒具多向度的本質，但仍可以描繪出某些普遍原則以引導我們進行後續的討論。這些原則被許多理論家論及，以下我們將主要討論萊瑟勒斯（*Lazarus，1991*）認知－動機－關係理論中的一些

發現。

　　第一個原則是情緒歷程必須以系統角度來考量。情緒是前驅物、中介與結果變項間的組織化架構，其中各部分彼此相互依賴。沒有單一部分－認知、臉部表達等等－可被認為是最重要的（亦見 *Fogel & Thelen, 1987*）。

　　第二個原則與情緒的發展有關。它指出不但情緒在生命初始的數月或數年中出現，而且情緒歷程也發生基本改變。情緒以不同方式出現且受不同因素影響其發展。並且隨著個體發展逐漸具備明顯特定的方式來對刺激進行反應、調節激發與表達情緒。

　　萊瑟勒斯指出第三個原則是「特定化」規則，指出針對每個特定情緒均有特定情緒歷程。雖然情緒時常具複雜型態，但同時也是「分化的情感」（*Izard, 1991*）。不同情緒被不同方式激起，且有其獨特的功能。

　　第四個原則，情緒是動態的歷程（*Thompson, 1990*）。如同富利基達（*Frijda, 1988*）所說，「情緒不一定因有利或不利情況的出現而引發，而因真實或預期中的有利情況而引發」（*p.353*）。因此，情緒受到先前的、現在的與參與過的經驗（至少在嬰兒末期）影響，因為這些都影響著對正在發生事件的評價。

　　第五個重要關係規則是「每一個情緒是被一個單獨特定的關係意義所定義」（*p.39*）。這樣的關係意義受制於對事件的情緒、個人人格以及經驗導向的評價。萊瑟勒斯的關係意義概念與富利基達的情境意義和關係規則相似。前者假定於不同情境中「不同情緒是因應不同意義架構而產生」（*p.349*）。後者認為「情緒是因應對個體目標、動機與關切

情緒發展

的重要事件而產生」（*p.351*）。這第五規則是一個檢驗情緒發展的重要規則。這些規則，以及在第三章呈現的發展普遍本質論點，將引導我們對早期情緒生活發展的考量。

研究情緒發展的概念與方法議題

　　早期情緒研究在理論與研究最主要的議題著重在情緒的定義與效標。情緒如何定義以及什麼是情緒表達的訊號，大大地影響對於情緒原因、結果與關聯的發現，而因此影響理論的效度。在早期情緒發展領域，效標問題是特別傷神的，因為這時期不可能使用口語報告來佐證其他情緒指標。而使用臉部表情來作為情緒的單一效標也有許多爭議。

情緒效標

　　我們如何決定一個嬰兒已具有特定的情緒？如同先前討論的，情緒常被視為複雜的現象，包括外顯行為、主觀經驗與身體的改變。例如，害怕與生氣的定義常是強調動作行為（退縮或攻擊，如 *Cannon, 1927; Hebb, 1946*），以及臉部與生理反應（如 *Arnold, 1960; Funkenstein, King. & Drolette, 1957; Izard, 1978*）與評估和判斷（如 *Lazarus, 1991*）等認知因素也扮演一個重要角色。嬰兒如果自一個可能嫌惡的事件移開、轉身或轉移視線，或如果他們哭、皺眉或表現出一個害怕臉孔，或如果她們表現出心跳持續加速的情況，嬰兒

就被推論為感到害怕（*Bronson, 1972; Izard, 1978; Rheingold & Eckerman, 1973; Schafer, 1974; Waters, Matas, & Sroufe, 1975*）。以這樣的方式來指認害怕，將可找出各情緒的起始年齡。

一個主要的問題是許多指標常無法獲得一致性的同意（如 *Plutchik, 1983*）。例如，逃避（轉身）被認為是一個害怕的明確行為指標，特別是在某些情境中（如 *Hebb, 1946; Rheingold & Eckerman, 1973*）。但在嬰兒接近陌生人之反應的詳細研究中，發現行為的逃避與心跳的加速無關（*Waters et al., 1975*）。研究者結論嬰兒自主的「害怕」反應事實上因轉身而中斷。也就是說即使以外顯行為效標判定她們表現出一個明顯的害怕反應，實際上他們並不害怕（*Hiatt, Campos, and Emde* ［*1979*]亦根據另一研究報告類似的結果）。而較細微的注視嫌惡物的反應可能不被視為害怕的行為指標（見 *Rheingold & Eckerman，1973*），但在華特斯（*Waters*）等人研究中卻伴隨著心跳加速出現。因此，若以自律反應為有效的指標，那麼注視嫌惡物（而非轉身）則是害怕的指標，這顯然是很弔詭的。

這些研究指出效標問題的複雜性。在知道這樣的複雜性之後，我們該如何進一步決定嬰兒何時出現或產生情緒？下列是幾個已被採用的取向。

依據反應或以刺激界定情緒

以行為的逃避來界定害怕，這是一個依據反應界定情緒的例子。如果逃避行為已經發生，這是害怕；如果沒有，這

情緒發展

就不是害怕。哭是另外一個例子。因為哭時常是嬰兒最後憑藉的手段，發生在有組織的行為被打斷時，它呈現一個比逃避更受限的效標且可被用來描繪依據反應定義的問題。也就是說，在生命的第二個半年中，如果嬰兒有任何其它處理上的選擇，他們就將不哭，而且哭只有在最嚴重的情況下才被觀察到。通常嬰兒在面對心理實驗中的小壓力時是不哭的。因此，如果倫歌德（*Rheingold*）與艾科特門（*Eckerman*）於*1973*年的研究，我們可能下一個結論，那就是認為在此效標之下，陌生人並不比自己的母親更有威脅性。事實上，這兩個「刺激情況」其實具有完全不同的行為組織型態而且大量證據均指出嬰兒主動的在陌生人情境進行各式調適。嬰兒可能鎮靜、退縮、主動地逃避、拒絕再投入等等，但仍不哭。因此，哭是一個相當有限制的負向情緒效標（這將在第六章有更進一步的討論）。

　　以反應為界定依據則可能是過度包含的。例如，看到嬰兒於初生時的笑臉便結論其經驗到愉快狀態。然而這樣的結論完全忽略了以下的事實：（1）事實上新生兒的微笑多發生在睡眠時；（2）早產新生兒微笑的頻率比足月的嬰兒高；而且（3）甚至畸形小頭的新生兒（帶著沒有功能的皮質）都表現出這些微笑（第五章）。因此，這些新生兒的微笑明顯地無法指稱愉快的情緒。同樣地，新生兒出現「害怕臉孔」（*Stirnimann, 1940*）無法指稱為害怕，也不能用來意指擁有威脅意識。如同福基（*Fogel*）和賽倫（*Thelen*）於1987年曾主張一個系統的組成元素（如，臉部的改變）的出現可能遠早於整個系統完全組織以及該元素的成熟。本書中情緒定義的核心是嬰兒與環境之間的主觀關係。因此，依據反應

界定情緒會導致過度包含或過少包含的結果。

在提出依據反應的定義時必定要參照情境和刺激狀況，但這並不是認為外顯行為不重要。可觀察的行為決定了科學心理學中的研究問題。但行為必須在情境裡觀察瞭解，許多行為反應可能有相同的意義，而「相同的」行為可能有不同的意義（見第三章）。

臉部表情是情緒的指標

艾勒（*Izard，1991*）和一些研究者提出一個以臉部情緒表情為中心反應作為界定情緒的論點的依據。從演化論者的角度，情緒基本上密切地與它的溝通功能結合在一起。正如同一隻章魚以轉變為暗紅色來面對一個具威脅的侵入者，而在侵入者以訊號表達自己的無傷害性之後，章魚又變回淡粉紅色。人類擁有更複雜、無數種地的訊號系統與自己種族成員溝通。微笑表示想要親近、滿足、愉快、想持續的願望等等（見第五章）。皺眉表示不愉快。煩躁和害怕表示警告其他人以及需要幫助。這些均毫無疑問地，在溝通功能上具重要性。

此論點最終是以反應為依據。當一個特定臉部表情可被觀察到，且只此表情出現之後，嬰兒才算是具備此情緒（*Izard, 1978, 1990, 1991; Izard & Malatesta, 1987*）。其他行為無法取代。如果嬰兒表現出鎮靜、強烈的心跳加速、移開視線、重新再注視，且再一次表現出心跳加速。即使此反應組態與一個特定刺激事件重複有所關聯，若無伴隨害怕臉部表情還不是害怕反應。即使哭也不代表害怕，但也並非煩

38

躁。而且,不論嬰兒在影片幾千呎內表現出害怕臉孔,不管
什麼情境下發生臉部表情,也不管此反應是否能在同情境中
重複驗證,他們都被認為嬰兒已有害怕產生。

臉部表情的論點有其長處。客觀性記錄臉部表情已有很
大的進步(*Ekman & Friesen, 1975, 1976; Izard, 1978, 1990;*
Oster & Ekerman, 1978)。不管是從臉部動作或特定臉部肌
肉的活動,均可能得到記分者之間的高信度。這樣分析上的
進步可能有助於研究多樣情緒的產生(或嬰兒情緒控制能力
的發展),因為部分臉部表情或特定肌肉反應可能在發展上
先於(或跟隨)完整臉部反應的出現,反之亦然。隨著可信
的記分技術發展,也有可能藉此來檢驗面部情緒的前驅物與
其關聯性。它也可以決定是否許多臉部反應的改變與自律反
應的特定組態有關(如,驚訝與心跳減弱、害怕與心跳加
速),自律反應的改變是否先於或跟隨臉部表情改變(如,
Barrett & Campos, 1987)。臉部情感的研究更普遍地為情緒
研究提供一個重要的途徑。

更重要的是,雖然某些典型情緒臉部表情在嬰兒期相當
稀少,但有一些證據證明它們(或它們的組成元素)確實存
在,它們傾向於發生在其他層面發展成形之時(*Hiatt et al.,*
1979; Izard & Malatesta, 1987; Vaughn & Sroufe, 1979)。例
如,驚訝臉孔的組成元素出現於生命第二個半年中,這與認
知發展和此情緒的其他效標一致(見第六和第七章)。

然而,完全倚賴在臉部表情為情緒效標不論在理論與實
務上仍有問題。理論上,當強調溝通的功能而無明確的效度
時,極可能模糊情緒對個人的功能。情緒反應顯然在指引、
導向、增強與協調個體行為上扮演角色。除了為什麼產生臉

部情緒表情（溝通）的問題之外，還有一個問題是爲什麼會發生情緒？一旦概念上把溝通從其他功能中分離出來（如，逃跑或戰鬥準備、釋放緊張與自由行動），似乎情緒的發生與發展至少部分是獨立於臉部表情的。更在這個爲什麼發生情緒的問題之外，在發展的觀點裡我們也同時著重情緒如何在何種環境下發生，特別是這些問題隨年齡的改變。這些問題均較以產生面部表情爲單一焦點更具廣度。

過份重視臉部表情最大的實務問題是，一些標準臉部表情很少在嬰兒期表現出來。但不論以任何效標都可確定在嬰兒期，至少在生命第二個半年中能表現出一定範圍的情緒（*Matsumoto, 1987*）。普拉特契克（*Plutchik， 1983*）討論超過「一百個不同行爲或表達或組態（*p.233*）」連結到嬰兒身上的情緒表達，其中包括帕普希克（*Papousek， 1977*）所描述的手部動作。過度強調面部情緒表情此單一層面是不合宜的。許多其他研究者，包括研究臉部表達的學者，已經極力主張描述情緒時應使用多重測量方式（*Campos et al., 1989; Ekinan & Oster, 1979*）。在獨特的臉部表情出現之前就不認爲一個情緒已經出現（以及在臉部表達出現之前否定情緒在年齡上的改變）將大量削減發展研究的可能。研究顯示臉部表情本身隨年齡的改變以及隱藏情感表達能力的改變。尙待解答的是早期與之後情緒反應之間的連結，特別是情緒與認知組織的持續改變。更進一步來說，不同的機制可能跨年齡構成相同情緒表達的基礎，發展的議題可能很難以被簡約爲某特定臉部表情初次出現時作爲解答。例如艾勒（*Izard*）並不區辨早期反射性的情緒表情和之後以意義爲基礎的情緒，但在本書中則是一個關鍵的議題。

40

情緒發展

瞭解發展的主要工作是從不同（或相同的）前驅物來追蹤多種不同的情緒，可是臉部表情論點認為在情感系統中在情緒表達發生之前的發展是不重要的。同樣地，以臉部反應探討不同外顯情緒之間的發展關係是困難的。如果兩個情緒（如生氣和害怕）導致不同臉部的肌肉組織，則將難以確認它們具相同的前驅物，一個簡單的假定是它們不存在。此外，情緒間發展的關聯性或甚至在同一情緒系統中，可能有環境引發的共同性而非臉部反應元素的共同性。單獨強調臉部反應意味著與其它層面的發展必須保持單一方向性；也就是先找出情緒表達所發生的年齡，然後找出其間相關。

評估面部表情與其他效標

我們用兩個研究來說明以面部表情作為定義情緒的單一效標時所面臨的問題（*Hiatt et al., 1979; Vaughn & Sroufe, 1979*）。這兩個研究中均以大於八個月並小於十七個月的嬰兒作為受試者。兩個研究都請受過訓練的研究者，使用高顯像影帶錄影，以及使用發展完備的面部表情計分系統。此兩研究中皆使用引發目標情緒的方式，而且提供獨立的效度證據。基於發展理論與相對效標，被觀察的嬰兒應該表現出驚訝和害怕（兩個研究目標情緒）。根據某些效標，他們確實如此表現。然而，卻沒有充分的證據顯示在多達200次觀察中，有典型的害怕或驚訝的面部表情。

兩個研究中有相似處亦有相異處。兩個研究都有同時效度的資料（馮漢（*Vaughn*）與索洛夫（*Sroufe*）的研究中是心跳，喜雅特（*Hiatt*）等人的研究中則是行為改變）。馮漢與索

洛夫強調所有呈現的整體臉部反應。而喜雅特與他的同事則使用強迫選擇判斷；也就是說，他們研究中進行判斷者必須把他們所看到的面部情緒表情視為以下列表情中的一個：高興、驚訝、生氣、害怕、厭惡、悲傷，以及中性表情。馮漢與索洛夫研究中的計分者可以把一個目標情緒視為上述中的任何一項，此外，他們還可以把這些目標情緒視為有趣、煩躁不安、害羞或任何其他的情緒，但只有典型的驚訝或害怕臉孔才會被登錄下來。不過，在兩個研究中，計分者都會檢驗是否有特殊臉部表情元素的出現。

　　喜雅特等人的研究中（*1979*），有兩種驚訝情境（物體消失與玩具突然更換），兩種害怕情境（陌生人趨近與視覺懸崖），以及兩種高興情境。

　　在兩個研究中驚訝情境的結果是混合的。我們很少發現有對於完整面部表情的證據。喜雅特等人並未報告是否二十七個嬰兒均顯現出典型的驚訝表情，但是只有20%的小孩展現出與驚訝一樣的張嘴反應。雖然張嘴反應也會在小孩感到有趣時產生，但是，這仍是判斷驚訝表情的關鍵，也是一個對實驗程序很可能產生的反應（也是未被記錄到的反應）。在這個情境下產生的微笑反應多於我們所預期的驚訝反應，顯示對小孩來說，情境是非常重要的（與觀察到的搜尋行為一致）。而且對嬰兒而言，產生純粹的驚訝是困難的。在其中一個驚訝情境中，計分者能夠區辨驚訝與高興，但是那是一種強迫判斷。而典型的驚訝面部表情發生時並不應排除發生高興面部表情的可能。在這些錄影帶中，計分者究竟是否真能區分驚訝與也涉及睜大眼睛以及有張嘴的動作的感到興趣的表情，仍值得存疑。

42

情緒發展

與喜雅特等人所得的資料一致，馮漢與索洛夫發現，一百多個八到十六個月大的嬰兒中，雖然有更多嬰兒顯示出典型的驚訝表情元素，但是卻只觀察到兩個驚訝的臉部表情。在他們的研究程序中，嬰兒的母親在螢幕後面玩著反覆遮臉又露臉的逗小孩遊戲，直到小孩全然（快樂地）投入遊戲之中。然後母親在兩次嘗試中戴上面具出現。最後當小孩在其中一次中能預期母親會戴上面具時，一個陌生人便戴著面具出現。陌生人並且戴著面具與嬰兒說話，製造了另一項不協調。最後，陌生人拿掉面具，並且嚴肅地逼近小孩的臉。實驗者預期（並且也由心跳與注意力觀察資料確認）實驗的早期階段會有高度明顯的激發以及驚訝，然而，卻沒發現什麼找到驚訝表情的證據。

　　同樣地，在查勒斯沃斯(*Charlesworth*)和索洛夫（尚未出版的資料）使用玩具消失派典的研究中，儘管我們看到由此程序產生大量持續的注意（伴隨著心跳速率減低）以及搜尋行為（從實驗者手中或地板上找尋物體）；也就是說，依其它可接受的行為標準而言，許多嬰兒都很驚訝。但是，在對於七至十二個月嬰兒的大量觀察中，也只看到極為少數的驚訝面部表情及其元素。

　　有關恐懼臉孔的研究資料則是更為一致的查無此據。喜雅特與其同事並沒有觀察到典型的恐懼面部表情，而且甚至連眼皮與眉毛的元素都無法區辨。尤其甚者，計分者對於害怕的分類普遍沒有信心，而只記錄了悲傷，生氣與厭惡。「這種行為組型的缺乏代表著將在兩個害怕情境中所出現的負向表情視為籠統的煩躁是更合適的描述」(*p.103*)。如同馮漢與索洛夫的觀察，就算當陌生人嚴肅地靠近小孩子的臉

孔時，雖然小孩常常出現哭泣的臉孔、哭出來以及持續的心跳加速，研究者卻也沒能觀察到任何的害怕面部表情，這個實驗程序很明顯的使得許多嬰兒不舒服，然而，害怕的面部表情仍然沒被觀察到。

喜雅特與其同事的研究中，許多受試者拒絕跨越「視覺懸崖」（用一種玻璃桌創造出墜下的錯覺）或有落差的斜面，並清楚地展現他們厭惡這種作業。有些應對的方式（例如，凝視厭惡的事物，或當陌生人趨近時轉過身去）確實可以避免充滿害怕情緒。然而，更年幼的受試者沒有這些情緒分化反應以及心跳速率的改變。毋庸置疑，雖然缺乏面部情緒表情發展的證據。我們無法僅因為它們出現於一般性的害怕面孔之前而忽視這些發展上的轉變。

這些研究的主要結論並不是說，面部表情不是情緒的有效指標，甚至也不是指在八到十六個月大的嬰兒身上從未表現出這些面部表情。雖然曾有人拍攝到這種表情（*Izard, 1978, 1990*），但這些表情與特定的情境之間卻並無可預測的關聯性。然而，害怕面孔似乎發生在會引發強烈痛苦的情境之下（例如，接種疫苗），並且發生於整體的煩躁反應鏈中。學步兒也確實在心理嫌惡情境中表現出更多這樣的反應，這可能是因為學步兒的臉部肌肉更成熟，以及能更迅速的做出認知處理－這些也許是害怕出現的先決條件。

艾勒(*Izard*)所發展的 *MAX* 或 *Affex* 等面部表情系統，可以用來分類情緒，因為有極大比例的反應符合系統的分類或類別的混合，尤其當我們使用「感到興趣」為分類時更是如此（如 *Izard, 1991*）。儘管如此，此處仍然存在著兩個主要的問題。也就是在嬰兒早期，我們是否能夠加以區分

44

密切相關的情緒表情？以及當這些表情產生時，究竟代表什麼意義？例如，奧斯特、海格利和諾吉（*Oster, Hegley & Negel, 1992*）在他們的研究中指出生氣與悲傷的表情無法與一般性的煩躁反應清晰地加以區別。有人認為，此種區分可能與負向情緒的強度互相混淆。例如在修伯納與艾勒的研究中（*Huebner & Izard, 1988*），母親抱起露出諸如煩躁、生氣、悲傷與感興趣等預設情緒的嬰兒的可能性並不同。這種區分並無法真正地驗證特定情感理論，因為研究中的四種情境是由哭得很厲害到不哭泣加以區分，而這種區分幾乎呈現完全的線性順序。此外，我們往往發現，某些特別在早期就發生的情緒表情（例如，悲傷，一種二個月大就具有的心情概念），並沒有隨著發展而變得更為經常出現（*Izard, Hembree, & Huebner, 1987*）。

這個議題並不質疑情緒，尤其是面部表情是否為天生的。這仍是確定的。這些研究的共同結論是在嬰兒期，面部表情並非唯一或最佳的代表情緒反應的指標（*Campos et al., 1989; Ekman & Oster, 1979; Plutchik, 1983*）。艾勒認為有一個所有反應單位（面部表情、生理改變、感覺）的激發傾向的主張很可能是對的。但是發展與經驗在激發此種反應上扮演了重要的角色。他也明確指出嬰兒時期面部情緒表情的重要性，不過，最重要的重點卻在於面部表情如何與情緒的其它面向以及如何與一般性發展原則整合與組織。正如普拉特契克（*Plutchik*）所下的結論，「對嬰兒而言，面部表情與特定對應的主觀經驗之間極可能沒有一對一相對應的關係存在」（*p.245*）。

邁向統整之路

目前並不一定需要新的情緒理論以及研究方法。但既存的理論觀點必須與古典的和新的發展資料互相驗證。將現有的研究程序以及對於現有理論觀點，如亞諾德(*Aronld*)、坎伯斯(*Campos*)、富利基達(*Frijda*)、艾勒(*Izard*)以及萊瑟勒(*Lazarus*)結合延伸，將提供我們檢視情緒發展的充份框架。大部分過去重要的研究著眼於領域中的一部分。有些研究者，如艾勒，著重於情感的表達；其他人，像是曼德勒(*Mandler*)，則著重於情緒的引發。然而，其他研究者雖然整合了關於情緒調節的文獻（*Bridges & Grolnick, 1995; Schord, 1994; Thompson, 1990*），但是卻並未把此項工作與特定情緒發展的發現相互連結。

另外更多的理論在重要的關鍵點上模糊不清，並且在其它理論的優點上立論甚為薄弱。例如，亞諾德(*Aronld*)沒有談論到情緒的溝通功能，而這方面卻是艾勒(*Izard*)的理論的優點。更嚴重的是她並未適當地處理認知歷程的角色，也就是並未指出直覺評估運作的特定方式以及個體如何警覺到對於這些評估的需要（相對於曼德勒(*Mandler*)以「干擾」來解釋）。她解決這個問題的方法是主張評估一直存在。而我們所需要的是一個能同時考慮情境以及個人因素是如何導致個體以不同方式理解與評估事件的論述。例如一個生病的嬰兒在母親離開時會比健康的嬰兒更容易感到沮喪。對於相同事件的立即直覺的評估隨情境而變。這是富利基達(*Frijda*)與萊瑟勒斯(*Lazarus*)論點的長處。

相對地，萊瑟勒斯(*Lazarus*)的理論，與艾勒(*Izard*)的

46

理論正好相反。萊瑟勒斯（*Lazarus*）的理論主要是關於情緒
是如何被激發的（何時以及何種情緒），卻並不怎麼強調情
緒為何被激發。適應，如萊瑟勒斯所論及，主要是指心理健
康上的個別差異，但卻很少觸及個體一生中的情緒經驗與表
達的功能，而這個部分則是亞諾德（*Aronld*）理論的優點。

　　心理分析理論的新發展對我們探尋統整是相當重要的。
心理分析理論（即使是早期理論）具強烈發展性，行為的普
遍性，且以情緒為其核心。然而，心理分析論直到最近它才
成為情緒的中心理論，主要是因為它長期被視為與減弱生物
動機與能量保存概念有關。這些概念現在被認為不適用於理
解行為。許多重要的人類與動物行為，如探索與遊戲，皆可
不依動機減弱概念來解釋（*White, 1959*）。有趣的刺激將使
一個嬰兒的餵食中斷，延長他清醒時間，且使他不再哭泣
（*Wolff*，　引自*Emde, 1980*）。哈洛（*Horlow*）於1958年的絨布
媽媽與鐵絲媽媽的經典研究與鮑貝（*Bowlby*，　*1969/1982*）
的人類嬰兒－母親依附研究顯示，依附行為（心理分析論的
基石）最好被解釋為以演化基礎的能力逐漸開展，而非藉由
母親與動機減弱的關聯來解釋。

　　因為生物動機的論點不適當，許多理論也就放棄了動
機。放棄所有動機的概念有一個問題是一個人完全藉自主認
知－如自發性來安排計畫與實踐。明顯地，我們的目標是建
構一個理論不以生物動機為行為的動力而仍保有自主動機的
概念。這恰好與心理分析理論本身的進展一致（如
Loveringer, 1976）。

　　許多以心理分析觀點來研究情緒的人已經不再認為嬰兒
行為的驅動力僅是為想維持最低程度的緊張。取而代之的是

強調以情緒調節的目標與互動的同步性、一致性或共同性（如 *Beebe & Lachman, 1988; Emde, 1980; Lichtenberg, 1989; Schore, 1994; Stern, 1985*）。這樣的「目標」不需要單純特定的企圖（*Fogel, 1993*）；但是嬰兒被視為有動機去維持社會與物理世界的參與以及內在和諧。在這樣的觀點裡，動機得與高程度的興奮或緊張相容，且甚至可以說是尋求緊張的。我們將於本書中詳細地陳述這些想法。

較先進的觀點很快地與當代的「漸成說」立場整合，把所有層次的功能視為相互影響（如 *Gottlieb, 1991; Schore, 1994; Fogel & Thelen, 1987*）。情緒不僅被視為是負向、分化的結果，同時也被視為是正向動機與整合。它們與知覺和認知結合用以解釋社會性與其它適應的行為。這樣的想法引出複雜合理的發展問題，如，情緒反應的組成元素如何與經驗或內在狀態整合以引起感覺和認知？以及複雜組態的情感（如罪惡感和憂鬱）與之前出現的較簡單的特定情緒如何產生關聯（*Emde, 1980, p.79*）？在嬰兒期，情緒生命質性的改變主要是在預期力、企圖性與（一般）意義的成長上的改變。在第二個半年中，情感提供訊號給個體本身，而不僅只是提供給其他人：「換言之，社會訊息也成為心理訊息」（*Emde, 1980, p.101*）。這樣的想法呈現出一個發展立場的真正核心。

情緒發展

結論：經典議題的發展觀點

在後續的章節中闡述發展觀點時將論及此領域的經典議題。首先，什麼引起情緒？除了新奇性、不一致性與中斷、受他人激發等因素之外，因發展而產生的肇因改變，事件的重要性，以及幼兒在決定事件重要性的增強角色均將被強調。例如計畫中斷似乎在九個月大小孩身上是一個相當可能的概念，且與在那個年紀的情緒質變有關。但對於四個月大的小孩而言，這就不具有說服力。因為四個月大時有動作「計畫」，但不是真的能被視為具有解釋計畫「中斷」意義的能力。這些發展的差異提供了情緒在不同年齡以不同方式被激發的線索。

第二，不同的情緒如何被界定？之前認為不同的情緒具備不同的行為特徵（如，坎農(*Connon*)的逃跑或戰鬥），因而具不同生理改變、主觀經驗或標記、以及強度。例如嬰兒的煩躁可被視為與生氣相似，但強度較強（*Plutchik, 1980*）。從發展的角度，前驅物（原型）與分化的概念可以被用於刻劃複雜情緒（如，罪惡感）如何不同於基礎情緒以及如何由更基礎情緒（如，生氣與/或害怕）發展出來。由此觀點，嬰兒的煩躁不僅是比之後生氣強度要強，且它同時被視為較不分化的（較普遍與渙散的，以及較少聯繫於事件對個體的特定意義）。具特定性的生氣反應則是由其前驅物發展演變而來。其他相關的情緒（愉快與喜悅，警覺與害怕）被視為發展上有所關聯，而不僅是型態上的相似而已。

第三，什麼是情緒的功能？情緒的功能被視為發展的主題，它不但被演化學家所強調並且為亞諾德(*Aronld*)所使

用。亞諾德(*Aronld*)、坎伯斯(*Campos*)與許多當代的研究者強調情緒對個體行為和人格整合有引導性與指引性的影響。這些引導功能如何隨發展而轉變將被特別重視。

行為鏈中情緒的定位也將被考慮。過去研究的重大貢獻是在複雜的感覺－認知－生理行為反應中定義情緒。在此關係中，發展的改變是很重要的。在此反應鏈中，主觀評價的角色隨著發展而漸增，同時吸納後續資訊的能力亦隨產生情緒反應而增進。

最後，情緒在發展中的地位究竟是什麼？本書的中心議題就是探究情緒與情緒調節在全人發展以及決定個別差異的角色。當然，這個議題的另外一面關切著情緒發展是如何影響一般正常的情緒經驗與情緒表達，以及有何個別差異。這些議題將自第三章起逐一探討。

50

第三章　情緒與組織化的發展

　　新近的生理、心理和心理分析的發展模式，其主要核心是漸成原則。這個原則強調發展的互動本質、以及發展中的個體與環境變化兩者間的連續辨證。

　　　　　　　　　　　　　　　　　—舒爾（Schore，1994）

　　一般性發展理論必須假設個體是主動的系統，維持某種程度的健全、穩定或自我調控，（且）應該把改變視為一種朝向錯綜複雜組織的轉變，包含多層次功能與整體的組織。

　　　　　　　　　—聖多史達分羅（Santostefano，1978）

　　在本章我們關心的議題是更廣泛地探討發展的本質與在人類發展研究上情緒所佔的地位。在此提出一個獨特的發展觀點，就是「組織性」觀點。這個觀點闡述整合的與組織化的發展本質，以及描繪出許多早期發展主題的輪廓。以這個觀點來探討傳統情緒發展中的特定主題將於本章以及後面的章節中詳述。

　　本章中的討論以兩個發展的主要原則為核心—整體性和複雜漸成性。這兩個原則取自重要的發展學家，如鮑文（Baldwin，1987）、威爾樂（如 Werner & Kaplan, 1963; Glick, 1992）與皮亞傑（Piaget，[1952, 1962]譯註）的研究。它們描述著所有動態系統，不論是生活型態的發生、經濟活動、人類大腦或人類心靈的發展（Edelman, 1992;

Gould, 1989; Schore, 1994; Waldrop, 1992）。

　　整體性是指個體的發展是整體全面的（*Fogel, 1993; Gottlieb, 1991; Magnusson, 1988; Thelen, 1989*）。這個原則的證據是發展中的個體其不同的領域無法也確實不能單獨發展。在人類發展的過程裡，例如，認知、社會與情緒發展都是整體歷程中的一部分。

　　複雜漸成性意指新的、更複雜的行為（或一個新的組織）自既存組織中產生並且具備新的屬性（*Fogel, 1993; Gottlieb, 1991; Waldrop, 1992*）。發展的特徵是有方向性（朝向更複雜）以及質的改變。組織複雜性係藉由已存在成份之間互動（共動）而產生的。但是這樣的發展被視為是或然，而非必然（*Gottlieb, 1991, P.7*）。先前的行為讓後來的行為有可能產生，但這樣的關係並非是特定的，因為新的行為更具複雜度和組織性，並非因襲先前條件而已。我們將討論前驅物與結果之間存在某些關係存在，但是沒有人能說前者導致後者的發生。漸成複雜是發展本質（*Fogel & Thelen, 1987*）。

　　整體性與複雜漸成性原則在人類胚胎從第一個細胞分裂開始即明顯可見。胚胎的發展不僅具代表性，也是一個基本的模式，一個發展基本性質的範例。剛開始只是簡單的細胞分裂，一個量的增加過程，經過一系列質變自初始結構至細胞胚層（外胚層、中胚層、內胚層）形成互相連接之結構與系統，功能於為產生。這個發展中的個體在不同階段被給予不同的名稱（如受精卵、胚囊、胚胎、胎兒）。在個體以整合且統一的型態進行發展時，每個階段都較先前的更為複雜。

　　早期情緒的發展也必須在這些原則架構中被探討。尤其重要的是情緒發展的研究必須整合其他發展觀點的研究，並

52

且必須以持續漸趨複雜的系統作為描述的焦點。

發展的整合

　　瞭解情緒的成長與了解一般人類發展實際上是相同的任務，因為情緒是與其他人類功能整合在一起的（*Fogel, 1993; Kitchener, 1983; Magnusson, 1988; Turkewitz, 1987*）。也許我們以為能單獨研究其他發展領域，但其實很難；不過我們可以確定的是研究情緒發展需要研究發展的整體。

　　例如許多人類情緒本質上是社會性的，所以情緒的發展不能從它的社會情境裡被分離出來（*Fogel, 1993*）。好感與憤怒均有對象。羞恥需要一個觀眾。罪惡是根基於社會價值的內化。當嬰兒與其他人在一起而非獨自一人時，表現出較頻繁的與多樣的笑容。而且以演化的觀點而言（*Darwin, 1872/1965; Izard, 1977; Plutchik, 1983*），社會溝通是所有情緒最主要的功能。因此，情緒的研究與社會發展的研究是非常相關的，且情緒生活是鑲嵌在社會關係裡的。例如，許多的理論家強調嬰兒與照顧者在情緒發展上彼此交流的重要，以及情感對於所有人格與社會層面發展均很重要（*Fogel, 1993*）。史匹茲（*Spitz，1965*）如是指出：

　　情感的交流是最重要的，不只對嬰兒情感的發展，也對這個孩子的成熟與發展最是重要...這個情感的交流發生於母親(或是她的代替物)與小孩之間...剝奪小孩情感的交流是嚴重的，在極端的情況下將對人格每個部分的發展造成危

險的障礙（*p.454*）。

舒爾（*Schore, 1994*）認為甚至連出生之後大腦本身的發展都會受到持續的社會情感交流所影響。

相同的，情緒研究包含研究認知的發展。當情緒被定義為人與事件之間一個主觀的關係，認知常涉入其中。情緒（情感）與認知是「不可分離的」（*Piaget, 1962*）；它們是無法被分開的。情緒發展與認知發展是人與環境交流中，相同歷程裡的兩個不同面向。如同馮高斯基（*Vygotsky, 1962*）曾經說過，認知與情感的分離「使得思考歷程成為自動流動的思維，從生活、個人需要與興趣、以及思考者的傾向與愛好中被隔離」（*p.8*）。

有時研究者可能會認為認知引導或決定情緒發展的改變，但這樣的說法並不完全正確。嬰兒若沒有某些認知能力就無法達到情緒領域的某些成就，而且智力遲緩的嬰兒在情緒發展上與他們的心理年齡一樣表現出落後的情況（見第七章）。這樣看來，認知發展「影響」情緒發展。除此之外，先於情感反應的評價活動被視為是一個認知歷程。事實上，有些情緒被認為是這樣的認知歷程的結果（如 *Arnold, 1960; Lazarus, 1991*）。例如只有在違反預期時嬰兒才經驗到驚訝，只有在察覺到威脅時會感到害怕。研究情緒的發生就是研究認知和意義的增長。

這個認知導引情緒的觀點就某種意義來說是有根據的，但在一個重要的方向上這樣的觀點卻是個誤導，因為情緒與情緒發展對認知的影響亦同等重要。假定一個認知歷程在觸發一個情緒反應發生時為必要，這個「認知」必是融入「情

54

情緒發展

感記憶」（*Lazarus, 1991*）的─也就是說，必須在這個情境下有某些過去情緒的經驗。除此之外，如同皮亞傑與其他發展學家曾經提過的，認知服務情感，而且情緒經驗改變認知結構（見第七章）。當暫時性的與不確定的認知進階使情緒產生，這些經驗也會回饋到認知系統。情緒與認知彼此不間斷地相互影響。而且所有認知/情感發展都在一個社會網絡中發生。人類的特性是這個獨特的發展組織，而不僅只是些特定的能力。

發展的本質與組織

　　發展的組織意指發展歷程的本質，行為如何以階層化方式組織於更複雜的發展系統中，後續的形式與功能如何從先前的原型發展而來，以及部分的功能如何被整合而成整體（*Breger, 1974; Emde, Gaensbauer, & Harmon, 1976; Fogel, 1993; Sameroff, 1983; Santostefano, 1978; Thelen, 1989; Vygotsky, 1962; Werner & Kaplan, 1963*）。它涉及系統間─生理與心理，或認知、社會與情感─與其中的子系統間的關連（*Brody & Axelrod, 1970; Cicchetti & Beeghly, 1990; Emde et al., 1976; Schore, 1994; Sroufe & Waters, 1976*）。它指的是先前適應對之後適應的影響（*Erikson, 1959; Magnusson, 1988; Mahler, Pine, & Bergman, 1975; Sander, 1975, in press; Sroufe, Egeland & Kreutzer, 1990*）。它也是行為鏈的流暢與和諧，和此行為鏈逐漸不再受制生理反應而成為由心理（預期、記憶、意圖）所控制的傾向（如

Emde et al., 1976）。

　　這個發展觀點的一個特殊特徵是強調發展的歷程—質變與結構的改變—對比於認為發展是能力的加成或既存能力的增量。接下來的例子可以說明這其中的不同。

　　當六個月大嬰兒的母親（照顧者）把布的一端放在她的嘴巴裡，然後在她的嬰兒面前來回搖動她的頭以晃動布的另一端，這個嬰兒被布吸引住了。所有活動停止之後，這個嬰兒仍專注地看這塊布。檢視一段時間之後，這個嬰兒有條理地伸手去拿這塊布且從母親口中拉走它，所有的行為都露出一致的審慎表情。幾乎是無可避免的，這塊布立刻被放到嬰兒自己的嘴巴裡，如同這個年齡的嬰兒抓到東西之後一樣，都是放到嘴巴裡。

　　十個月大的小孩在相同的情境下會先全神貫注地來回觀看這塊布與母親的臉。很快地，嬰兒的臉變成快樂開朗，微笑或大笑地從母親的嘴巴裡抓取這塊布。也許是母親嘴唇的動作，這個嬰兒試圖把這塊布再塞進母親的嘴巴且高興地笑著。

　　為什麼這兩個不同年齡的嬰兒會表現出不同的行為？在這四個月裡發生什麼樣的發展區隔了他們？是否有某一個「東西」是十個月大的小孩比六個月大的小孩擁有「更多」的？或者是十個月小孩的思考有根本上的轉變，與六個月大的小孩有本質上的不同？這現象似乎在一個觀察的層面上是相當明顯的。較小的嬰兒變成忙於把這塊布看成一個實體，對他或她來說，母親變成背景。這塊布似乎「偶然地」從母親的嘴巴被拉走。這被視為對此物體的一個操作。沒有所謂遊戲的領悟，這塊布與母親的關係消失了。換句話說，在第

56

一個半年中嬰兒企圖伸手去拿引起他們注意的物體，不論是一個在地上色彩明亮的球，在他們腿邊的腳，或是在母親嘴巴裡的一塊布。他們同時企圖把他們能伸手拿到的東西放進他們自己的嘴巴裡。

另一方面十個月大的小孩，擁有把布與母親兩者記在心裡的能力，且更重要的是能夠攫取兩者之間的關係。這個嬰兒必須擁有一些母親的記憶（影像、基模），必須知道他或她能夠引起相反的變化且甚至可以使不一致再度產生。十個月大的小孩以更進階的記憶能力協助表徵一物體（人）或事件做為現在所經歷事件的背景。而且他或她的行為受到自己預期結果的能力所影響。十個月大的小孩有過去與未來，以及現在的經驗。他或她也有人物恆存的概念，沒有布的母親和有布的母親都仍然在那裡。這些都反映在較大嬰兒於此情境中的大笑之中。

有許多方式描述這兩個嬰兒之間發展上的差異。六個月大的小孩當然是忙於得到將來在十個月大可以產生能力的經驗。這兩個年齡之間有連續性。十個月大的行為組織由六個月大的組織型態中衍生。但是有一件事情是明確的：十個月大的小孩不同於六個月大的小孩且有較多的能力。若認為六個月大嬰兒在其他情境下也會大笑（第五章），而因此證明在愉快—喜悅系統在六至十個月中沒有進階那麼就大錯特錯了。在這短暫的時間中有重大的發展發生，而且這個結果最好是以質的改變來描述而不是單獨地以量的改變來看。十個月大的嬰兒能理解這個不一致；六個月大的嬰兒雖然可能對於某件不尋常事情的發生有模糊的察覺，但是仍無法理解。相同的，雖然在生命第一個半年中嬰兒已有「記

憶」與「預期」，但是這樣的能力與十個月大時有性質上的不同。事實上，在許多方面十個月大的嬰兒的功能受到過去經驗的引導，並能操作情境以獲得預期結果，這些能力較似成人而非年幼嬰兒。

最重要的是行為組織的持續改變。在根本上，六個月大的嬰兒就已擁有十個月大嬰兒的反應中的所有個別的行為。這些嬰兒確實可以大笑而且時常以大笑來對強而有力的觸覺與聽覺刺激反應（*Sroufe & Wunsch, 1972*；亦見第五章）。他們明顯地對母親有再認的能力，甚至對於母親臉孔部分變形之後仍能再認辨識出來。而且他們有肢體運作的技能，能夠把布再放回母親的嘴巴裡。因此這並不單純是個別行為的能力，而是組織複雜度的新層次才能捕捉六個月和十個月間能力的差別。因此，十個月大時有更多在社會歷程中較主動與較複雜的參與能力。

嬰兒發展的組織議題

接下來對一些嬰兒發展組織的特定議題的討論是為了能更詳細地闡述發展歷程一些面向。第一個部分討論在生命前幾個月中主要的發展原則。普遍來說，這些原則點明了「狀態」（從熟睡經過覺醒到精力充沛地哭喊之間的連續反應，被區分為有意義的類別）的重要性以及嬰兒在情境調節中漸增的主動角色（*Papousek, Papousek, & Harris, 1986; Sander, in press*）。第一個半年中，嬰兒從普遍的對內在狀態回應，變成為對狀態改變（它們主要是由嬰兒與環境的交流而產生）

58

能更準確與協調的反應。與前述相比，嬰兒也會從前驅情感狀態朝向真正的情緒反應轉變。

下面將主要討論在生命第二個半年中重要的發展議題。這些議題主要集中在事件意義與行為的關係（見第四章與第九章）。

每一個原則或議題除描述嬰兒時期外，亦能貫穿適用於生命早期。此外，發展組織的首要的原則—重複產生新層次的組織（匯聚各層面之發展與後續系統間再組織）—適用於早期與後期的發展。

生命前幾個月中的發展議題

行為的生理脈絡

身體的成熟、內在狀態與生理調控是生命初始幾週與幾個月中最主要的議題而且影響的生命的前幾年。的確，建立一些生理循環的規則性廣泛被視為是嬰兒最早的適應任務（如 *Emde et al., 1976; Sander, 1975, in press*）。研究發現在睡—醒週期、哭的時間與反應上相當大的個別差異（*Brackbill, 1975; Clemente, Purpura, & Mayer, 1972; Korner et al., 1989; Osofsky & Danzger, 1974; Sander, 1993*）。循環或短暫的神經生理狀態與神經功能的成熟是行為表達的主要決定因素，這些在之後與情緒連結（*Korner et al., 1989; Parmelee, 1972; Sroufe & Waters, 1976*）。

例如新生兒在睡眠週期中眼球快速活動期（*REM*）的微笑明顯地反映中樞神經系統受刺激激發產生波動，這個歷

程隨著大腦皮質的成熟而逐漸減少，大約在三個月大時完全消失（*Emde et al., 1976; Spitz, Emde & Metcalf, 1970; Sroufe & Waters, 1976*）。甚至生命早期受外界刺激所引發的微笑（見第五章）也是非常依賴狀態的，在清醒時引發的微笑比在睡著或昏昏欲睡時引發的微笑更晚出現（*Wolff, 1963*）。同樣地，大多數研究同意早期煩躁不安主要起源於神經感應器的刺激（如：痛、飢餓）；嬰兒在生命的前三週或前四週對於有害的外在刺激是相當不敏感的（如 *Tennes, Emde, Kisley, & Metcalf, 1972; Wolff, 1969*）。這種不靈敏同時反映在嬰兒很難在早期建立制約、習慣與減低心跳速度（心血管導向的反應）（見 *Emde et al., 1976* 和 *Sameroff & Cavanaugh, 1979* 的文獻回顧）。

我們可以概括說：在嬰兒早期的行為是深受刺激所在的生理脈絡所影響。這樣情境因素包含個體可能的持久性特質（氣質）以及瞬間短暫的興奮狀態。氣質、狀態與神經成熟雖仍重要，但在與經驗的連續互動中變成發展組織原則之附屬。例如，在半歲之後，飢餓不再引起在平常環境下興奮或甚至顯著的行為改變（*Escalona, 1968*）。行為組織的生理原型讓步給心理性的生理歷程，在我們對於正向情感（第五章）與害怕（第六章）的討論裡將會更加清楚。

主動產生刺激的傾向

出生數週內的主要發展是嬰兒清醒與警覺的時間大幅的增加。平行於這個的是一個心理歷程，表現出與週遭增加互動以及更主動參與產生情感相關刺激的傾向。趨向主動

情緒發展

的參與可能是整個嬰兒期最主要的發展議題（*Sroufe, 1990; Sroufe & Waters, 1976*）。自嬰兒早期，吸納刺激激發的型式逐漸反映嬰兒與外在事件的關係，而不僅是與外在刺激量有一對一的對應。一開始時嬰兒需要持久的注意並追蹤刺激的改變。但在第三個月起，它還包含對於刺激內容的處理。嬰兒不僅是被刺激興奮；嬰兒還漸漸會創造刺激。

　　以正向情感的發展為例。第一個有效地誘發出微笑的是輕柔的調控性的刺激。在這裡，量與其他刺激的物理參數量是重要的，任何能有效地激發神經系統的刺激將會產生作用。之後，微笑會在強度較小但為動態的刺激物（如，點頭與聲音）出現時產生，且此時穩定不動的視覺刺激開始變成有效用（見第五章）。事件的意義是重要的：換言之，激發是由認知或再認歷程所產生。這些在十週時普遍出現的微笑則是因嬰兒主動處理事件而產生。我們可以說此時是真實情緒的開始。主動參與的觀念也能解釋華森（*Watson*）在1972年所觀察到的嬰兒在第三個月對旋轉輪表現出強而有力的微笑與咕咕聲有賴嬰兒自身的行動。

　　嬰兒也對負向的刺激有積極參與的傾向。煩躁起初主要是因刺激引發神經衝動而產生，之後是因有害或引人注意的外在刺激，然後是發生在愉快的互動被迫終止時，最後則是被一個具有特殊負面意義的刺激所引發（如 *Bronson, 1972; Escalona, 1968; Sroufe, 1977; Tennes et al., 1972*）。起初，任何引起或吸引新生兒注意的刺激最後都會導致煩躁的產生。之後只有某些的事件才能，並且嬰兒主動使過去經驗變成有意義（見第四章與第六章）。

　　對特定情感系統的更進一步討論顯示，嬰兒主動參與經

驗的能力增加，是基於記憶與預期能力增長，持續地貫穿整個早期發展。同樣的情形發生在刺激意義（及之後是與嬰兒行為相關的特定意義）逐漸優先於刺激量。當然，除狀態與氣質仍是重要的外，刺激的量也一直是相關的；即使較大的兒童亦可能會在劇烈的遊戲裡高興地大笑或因受到過多的刺激而變得煩躁。

從整體/渙散到特定/協調的行動

當一個嬰兒在生命早期的前幾個月中顯現出煩躁，即使是因為受到特定外在來源引起，他的反應傾向是渙散的、全身性的反應。後來才會對於事件有特定的方向與協調的反應。查洛德‧布勒（*Charlotte Bunhler, 1930*）在一篇經典研究描述嬰兒對於被捏鼻子這個普遍的早期事件的負面反應的發生現象。起初，捏嬰兒鼻子使嬰兒產生全身性反應包括揮舞四肢。只有在之後才能有效協調將捏鼻子的手擋開，更後面才會遮住鼻子（如，七個月大）。直到八個月大時，嬰兒才能從事預期性阻擾的行動。同樣地，此時在害怕情境中也可以看到這樣明顯的兩階段反應的行為組織。八個月大與十個月大的嬰兒將首次表現行為與生理的導向（評價），然後是負向反應（*Emde et al., 1976; Sroufe, Waters & Matas, 1974*）。這個年齡時，負向反應不再需要經由一般性激發的逐漸增強而產生。

同樣地，正向反應逐漸變得明確且行為變得更加協調。年幼嬰兒的微笑與咕咕聲從一般性活動中建立。之後，我們可以看到嬰兒出現注意與預期性的沉默，然後微笑。最後，

62

微笑可以在缺乏生理活動時發生（*Escalona, 1968*）。因爲有更進階的認知發展，從事特定意圖行動與預期結果（如在躲貓貓遊戲中拉下遮臉的布），皆視爲和正向情感有關。一般來說，反應的預期性與特定性是嬰兒逐漸增加能力去和物體與事件進行有意義互動的兩個重要指標。這樣的效標與出現適當情緒的表達有高度相關（如，愉快、原始的生氣與警覺；與之後的高興、生氣與害怕），而不同於他們的前驅物。我們將在第四章再繼續討論這個原則。

感覺，感覺運動與感覺情意：控制的基礎

　　嬰兒早期對重複刺激的反應並沒有從一個刺激表徵延伸至其它刺激的證據（如 *Tennes et al., 1972*）或從一天延伸到另一天的習慣化反應（如 *Emde et al., 1976; Sameroff & Cavenaugh, 1979*）。然而很快地，就能觀察到累積的效果。例如，譚尼斯與同僚（*Tennes et al., 1972*）報告在第三個月時，在響亮的號角聲多次的出現下會有逐漸增加的動作活動然後煩躁反應，但在早些時則會出現反應下降或沒有一致性的反應。這樣的知覺整合也和正向情感有關，因爲正向與負向情感均包括激發的增強（見 *Sroufe et al., 1974*；亦見本書第六章）。

　　譚尼斯與同僚（*1972*）也提供一個知覺、動作與情感行爲彼此協調的例子。嬰兒早期，參與視覺刺激有時因而導致行爲長時間的中斷，偶爾導致煩躁。但是在二個月大時這樣的固著反應不時被肢體活動、微笑與咕咕聲（正向的「排解」）打斷，也會短暫地看一下別處。這樣的行爲變成主要的反應

形式：

　　木然和反應遲緩是愉悅情緒的起點……它代表肢體活動與凝視的調節，兩者前後彼此交替……對刺激的反應增加可能導致煩躁，但是交替的活動增進了運動知覺系統間的協調性，而可以承受較長時間的、更多的刺激卻不會感到不安（*p. 218*）。

　　因此，注意力與肢體活動兩者的協調引發形成正向情緒，並且因能幫助嬰兒持續注意刺激而得以增進認知發展。八週大的嬰兒不再受所有引他注意的刺激所支配，儘管某些刺激仍能優先吸引嬰兒的注意，這些我們都將在第四章與第六章中討論。

　　情感成分的標記與調節對早期行為是如此重要，以致於史泰勒與卡派特（*Stechler & Carpenter，1967*）在一篇十分重要的論文中提及在發展的初始階段中以「感覺—情感」來代替「感覺—運動」（亦見 *Schore, 1994*）。行為鏈中由感覺與情感連結所組成的情形往往多於單純的感覺與運動連結。情感表達在社會與非社會互動中可以標記、調節速度或完成執行的迴路，並且在持續的參與裡扮演調整激發的角色（*Sroufe & Waters, 1976; Stechler & Carpenter, 1967; Stern, 1974, 1985*）。例如史登（*Stern，1974*）就曾描述正向情感表達與迴避注視如何協調以建立照顧者—嬰兒之間的互動。嬰兒與照顧者互動流程以環繞「有目的」的正向情感交流並遠離負向情感的方式組織起來。這樣的一個引導著互動強度起伏的目的，最好以象徵性來看，因為它只有時清楚地表現在照顧者身上而且很少在嬰兒身上出現（*Fogel, 1993*）。

64

後續的感覺與感官動作的整合，也就是皮亞傑（*Piaget，1952*）所說的「基模的協調」，也和情緒發展明顯相關。如同將在本書第二部份出現的內容，承受攻擊而表現出尖長笑聲、對新奇事物的警覺、害怕與強烈生氣都起因於感官印象的協調或是協調預期的失敗（中斷）。例如，五個月大時大聲笑是與照顧者面對面時產生的（如，一個很大的聲音搭配者照顧者的臉），但哭聲則不預期地發自於照顧者背後。之後，十個月大嬰兒的笑是當他把布再塞進照顧者的嘴巴時，此時需要有視覺經驗的記憶以協調他的活動。或者這個嬰兒可能因一個陌生人從布幕後走出來，而非預期中母親的出現而哭，或當企圖拿到某個物體卻失敗時可能會生氣。依照記憶協調行動去拿一件想要的物體卻拿不到導致挫折的經驗。此時出現將經驗排序的傾向。當秩序能從新奇、不一致（*Berlyne, 1969*）或不確定（*Kagan, 1971*）之中，經過熟練與重複經驗獲得時（*Piaget, 1962*），便常產生正向的情意；當整齊有條理的認知或行為秩序總是被打斷（*Mandler, 1975*），便常產生負向的情意。

這些在生命早期幾週與幾個月佔主要地位的生理狀態、主動參與和感官情意的協調等議題，將在之後的章節在陳述特定情感系統時有更詳盡的論述。然而，因為他們具連續相關性，這些並不是最能描述嬰兒末期發展的議題或原則。許多基本人類情緒產生在六個月至一歲間，我們關切的是意義的浮現—也就是說一個主動行為者的行為組織是受到過去經驗與預期結果所影響，而且開始理解物體與其他人均獨立存在於他或她的行動之外。

65

生命第二個半年的發展議題：意義、脈絡與動
態行為

情緒反應是否發生與產生何種情緒，逐漸於此時期由事
件對嬰兒的意義決定。意義本身很少以「客觀的刺激」來定
義，而較常依賴嬰兒過去經驗與週遭環境的主觀經驗來下定
義。因此反應可能不只是更分化與更快的反應，而是更特定
—也就是更依據特定嬰兒的特殊經驗所決定。當然這全部都
是我們嘗試瞭解嬰兒情緒所面對的問題，因為相同的事件可
能在不同嬰兒身上導致不同的反應或甚至同一個嬰兒在不同
情境中也會有不同的反應。這個複雜性主要是因為較大嬰兒
處理事件意義時對情境的敏感度所造成。

情境脈絡

一歲時嬰兒不再只對孤立刺激事件（如一個正接近的陌
生人）反應，卻忽視其發生情境。情緒因應情境而生。環境
（實驗室與家）、熟悉時間長短、先前事件（如，一個與母親
分離的事件）、照顧者是否在場與其位置，以及其他影響反
應的環境因素（見第八章）。情境效應在嬰兒早期有相當重
要的改變。如同史泰勒與卡派特（*1967*），發現不安反應出
現在看見母親露出與情境無關的表情時，或母親表達負向情
意到完全無臉部反應的時候（*Tronick, 1989; Tronick,
Adamson, Wise, & Brazelton, 1978*）。但在第二個半年中，上
述情形更為細緻廣泛；例如，一般的正向反應是對母親帶面
具走近之時，或負向反應是對忽然闖入的陌生人的反應，這

66

些都會受到接近方式或其他先前事件所影響（*Emde et al.,
1976; Skarin, 1977; Sroufe et al., 1974*）。

　　這些情境效果反映了嬰兒有回憶與預期經驗的能力，且
對事件更加分化增加了嬰兒對事件的主觀關係的導向。例如
上述行為順序和情緒效應中的心跳資料並不是因為狀態的改
變；而是反映著對威脅閾值的改變（*Sroufe et al., 1974*）。嬰
兒安靜時的心跳在家與在實驗室裡沒有差別，這表示在這兩
個情境下一般的生理激發沒有差別。在有害的事件之後，即
使在實驗室，心跳也會回復到基準。儘管如此，對事件的反
應會受到情境或先前的情緒經驗所影響。在情緒激發事件之
後，甚至在完全自發的恢復情況下，嬰兒之後對相同的事件
表現出更大（更快）的情緒反應。近一歲時，嬰兒能在情境
中評量事件（包含他們自身經驗的觀點），而且他們的反應
必須在情境脈絡中賦予解釋（將於第八章詳述）。

　　不管是推論個別嬰兒的情緒狀態或決定持久的特質，檢
驗他在情境中的行為均是重要的。如艾斯卡羅那
（*Escalona，1968*）所說的「在嬰兒行為組織中維持相當穩
定的不是明顯的行為，而是對不同狀態與外在情況所做出的
行為改變方向與程度」（*p.200*）。例如兩個嬰兒可能與他們
的照顧者保持著相同的接近程度（忽略情境因素），但是兩
者可能在截然不同情況下尋求接近（他們的行為組織性）。
一個可能只在分離之後、或受傷或受威脅時欲接近照顧者；
另一個可能在這些情況下都不會尋求接近，只在不受威脅時
才會想要接近照顧者。另一方面，兩個嬰兒可能表現出需要
不同的接觸量，但是表現出相似的行為型式。因此我們並非
單純只考慮尋求接近的傾向，還須考量包含了依附關係品質

的情境因素（第十章）。同樣地，考量不同情境背景才能推論學語前嬰兒的情緒反應，而這些反應並非單獨只靠成人的臉部表情。

情緒動態學

第一年的結束時，行為是有動力與流動的，它能由一個反應引起另一個反應；換句話說，行為與經驗變成下一步經驗的部分情境背景（如 *Field & Fogel, 1982*）。例如表示興趣可能使嬰兒探索具威脅性的新奇事物，而後引發嬰兒去尋求與照顧者的接觸，然後照顧者的支持使嬰兒再回來繼續探索。

動物行為學家所認為的「行為系統」代表一群不同的行為扮演著共同的功能並且與其他系統互相影響。畢斯考夫(*Bischoff*)在1975年曾述及依附、親近、警覺與好奇心／探索等幾個行為系統與它們之間的互動。

系統是包括多種不同行為的彈性結構，它通常會隨發展而改變。例如鮑貝(*Bowlby，1969/1982*)曾經討論過的注視、圍繞、哭與笑都全是依附行為系統的一部分，因為他們都以增進與照顧者的接近度為目標。從此角度而言，這些行為都有一個相似的意義。他們任一個都是用來幫助嬰兒接近目標，然後，當之後的需求加入嬰兒的表單後，嬰兒就可能對於行為的選擇表現出更大的彈性。

同時，特定的行為可能出現在不同的系統中。例如注視因為與其他行為和情境背景的整合，而可出現在畢斯考夫(*Bischoff*)所論及的四個系統中的任一個。微笑也是如此，

68

當緩和（*van Hooff, 1972*）與緊張調節（*Sroufe & Waters, 1976*）的意義均可被接受時，微笑就代表探索與警覺，也代表親近與依附。微笑確實可在視覺搜尋與單獨遊戲中會出現，以及發生在和照顧者互動或與陌生人接觸時，甚至在明顯的警覺訊號之後（如 *Waters et al., 1975*）。此外，一個系統可能具多樣的動機，多樣的系統也可能在一個相同的外在情境下同時或相繼地被激發。對嬰兒的觀察中可見微笑、轉過去（害羞行為）與在探索環境遇到陌生人之後退回到照顧者身邊，只為能轉身再看清此陌生人（*Bretherton & Ainsworth, 1974*）。在這裡，依附系統扮演探索與安撫兩種角色。這樣的複雜性並沒有使我們無法對於嬰兒行為做出精準的解釋，而是這解釋需要從情境中的行為形態或集合去推測意義。

一個動態的、組織性的觀點時常能解決在情緒發展研究中產生的困惑或爭議。例如學界曾熱烈爭論嬰兒究竟是警覺面對還是想親近陌生人（*Rheingold & Eckerman, 1973*）。當採用組織的觀點時，就可能將嬰兒小心警覺地對待陌生人的證據和嬰兒對陌生人也會有很強的親近傾向的證據結合。警覺與親近都不能視為唯一「真實」的嬰兒反應；而是這兩種傾向之間複雜地平衡著，受到嬰兒年齡、情境影響與其他系統如依附的影響（*Sroufe, 1977*；亦見第六章與第十章）。

一個系統性或組織性的觀點所指的是與嬰兒行為與發展的複雜度相稱之行為組織結構。許多研究者曾述及對於適應的基礎在於彈性與機會的物種而言，行為系統的複雜性誠屬必要（如 *Bowlby, 1973; Breger, 1974; Bronson, 1972; Sroufe & Waters, 1976; Thelen, 1989*）。這使強盛的好奇心/探索傾

向與謹慎形成動態平衡極具意義—例如在面對新奇事件時抑制立即行動。同時因人類的適應具有社會性基礎，照顧者的現身在這個平衡中是重要的。

結論

　　情緒位於發展研究的中心地位，而一個發展的/組織的觀點提供了探討情緒與情緒發展在傳統上的問題領域的重要起始點。組織的觀點將被使用來指引我們定義情緒，追溯特定情意的起源與其發展上的改變，將情緒發展與其他發展觀點的關係概念化，以及瞭解情緒在個體適應上所扮演的角色。考慮常態性發展時應包含照護關係的發展及其對威脅閾值和平衡興奮與抑制系統的影響，因而奠定了瞭解情緒表達與情緒調節的個別差異之基礎。

70

第二部份　情緒的開展

第四章　情緒發展的組織觀點

　　發展有其特定型態、組識性與普遍性，但這些並不
意謂有一個地圖、計畫或基模來決定這些型態的出
現。系統性的發展轉變歷程可於個體與環境系統之成份
間的相互限制中形成。

—福基 (Fogel, 1993)

　　組織的觀點假定某特定情感的出現和情緒開展的順序性
是有邏輯的一從出生時的初始型態（前驅物）與嬰兒早期的
形式轉變成幼童期較複雜的情緒。這並非否定基因在特定情
感表達分化上的角色，而是認爲基因被嵌在由各組成成份共
動與互動的發展歷程中。

　　情緒（如，害怕與高興）的發展如同其他的發展一樣依
循相同原則，且因發展的統整性而預期其具備衍生自前驅物
或原型的共同歷程。後發生的形式應更分化、更有心理上的
基礎（強調意義而非一般性激發），且更與情境複雜地組織
起來，但後發生的形式仍被視爲自先前形式演進而來。因
此，以害怕爲例，害怕應從一個包含在較成熟反應中的前驅
物發展而來；換言之，害怕前驅物的核心特質仍出現於後發
生的害怕反應中，只不過更爲複雜並轉變爲較成熟的反應。
前驅物與情緒的區分在於前驅物是較整體、較少分化的形
式。正式的情緒則更精確，而且對個體更具特定意義。平行

71

於一般嬰兒發展，新生兒的情感相關行為也是以反射為基礎。嬰兒期之中情緒發展與認知發展相互協調使情感更具有心理基礎或意義基礎。

同時，研究情緒的開展應能提供關於認知發展歷程（第七章）與一般發展組織的重要線索。不同的情緒在同一時間點出現表示它們在發展上具共同特性。新情緒的出現或情緒系統的質變與主要發展結構的重組有關（*Emde et al., 1976; Schore, 1994; Sroufe & Waters, 1976*）。

本書第二部分的任務是揭開主要情感系統發生的順序以及其與早期一般性發展順序間的關係。這意指著在任何發展領域中均有發生的順序，這也代表著順序非常重要，而決定某個情緒發生的確切年齡則較不重要。年齡時常因採用的標準而改變。一個系統各成份間常表現出明顯不同步（*Fogel & Thelen, 1987*）。但是如果情緒領域與其他發展領域之間有一致的証據就能彰顯出一個協調的發展歷程。

情緒架構

當情緒被視為是發展的構念，情緒反應就被視為發生在一組能夠重覆引發嬰兒或兒童在先前所建構的反應預設環境條件之中；也就是說，推論來自多重指標而非由某個單一指標所界定（亦見 *Plutchik, 1983*）。多樣行為，尤其是它們的組合，包括表情、動作、口語反應與自律神經變化均被視為彼此相關。

72

　　我們對情緒的一般性定義強調嬰兒與事件間的主觀關係（見第二章），意義在情緒中扮演關鍵角色。這就是為什麼我們不會推論新生兒有害怕情緒，即使他們有驚嚇、哭泣、轉頭，或甚至是一個「害怕臉孔」的出現，或是推論新生兒睡中帶笑為愉悅的原因。這些新生兒的反應並不是基於對事件內容的處理，而僅是內在中樞神經系統波動或對外在刺激強度的簡單參數所做出的反射性反應。因此，沒有所謂主體－客體關係。

　　我們進一步分辨可以完全不依賴事件內容的新生兒反應，慢慢形成的處理事件反應，以及此兩者與更後面立即性對特定事件意義反應間的差別。新生兒出生一段時間之後，會因為他們的頭不能動而扭動尖叫。而且之後一段長時間中，嬰兒會因一個已形成的動作模式被打斷而哭泣。但是只有在大約八個月左右，嬰兒才會因為無法立即完成一個意圖行為而哭。雖然先前的反應也是很重要，但從我們的發展觀點，只有這時的反應才被稱為生氣。對妨礙一個已建立的反應模式所緩慢形成的反應，可視為是生氣的前驅，在發展上同樣是重要的。這些區分雖有些任意（它們可以被稱為生氣一、生氣二與生氣三），但沒有這樣的區分則無法辨認出重要的發展歷程。

　　因為一個情緒不能索引於單一特定反應而獨立於情境之外，它必須經由推論。持續整合實驗、觀察與發展資料，使我們更有信心認為情緒是嬰兒經驗表單中的一部份。八個月大的嬰兒當他或她無法獲得一個球時，所立即表現出的沮喪反應，加上在此時期意圖發展的獨立資料，使我們得以推論

已出現生氣情緒。對於這樣的推論，我們仍在等待此年齡嬰兒在一特定情境中穩定且規律的出現「生氣臉孔」的證據（*Camras, Holland & Patterson, 1993*）。當獲此證據時將更增加對這個情緒建構的信心。

決定一個尚不會說話的嬰兒是否有情緒經驗是複雜的，而且經常需要作某種程度的推論，但這並不會令我們陷於無助的狀態。以害怕為例，我們可以說它在第二個半年中產生，但無法確定以哭泣或是害怕臉孔作為害怕反應的指標（它將使我們決定是新生兒時就出現害怕，或是在第一年之後才出現害怕）。不過，害怕的出現與早期的情緒發展，害怕與認知和社會發展的關聯，甚至是此處所謂「害怕」與是否確實出現害怕臉孔，我們都能追溯其發展軌跡。這將與本書所界定的情緒發展研究領域的目標較為一致，而非僅定義情緒於某個年齡時發生。

情緒的個體發生學

情緒發展的形成受數個假設所引導。真正的情緒不存在於新生兒階段，但主要情緒，如生氣、害怕與喜悅在嬰兒一歲時出現。於是發展的議題是去解釋如何發生先前未存在之情緒。我們的發展觀點假定它們代表先前的非情緒反應發生轉變；也就是情緒自前幾個月中已存在的東西中產生。這既不是無中生有，也不是單純成熟；成熟的情緒包含早期的雛型。當嬰兒發展出與環境的互動時，成熟的情緒將產生自

74

半歲前的前驅情緒，以及新生兒在前情緒反應中的前驅情緒原型。

　　前情緒反應、前驅情緒，與主要情緒在分化歷程中相連結，不但各具獨特性且在觸發方式與型態上也有所不同。意義的角色持續改變，在後發生的情緒中更加精準。前驅物是對廣泛刺激類別的全面反應，成熟的型式則是精準而且常是對特定、有意義的事件所做的立即反應。這個觀點不同於認為所有個別情緒均於生命初期出現（或個別完整形成），以及情緒簡單形成自新生兒時期未分化的混沌的論點。它既不是一個特定情感理論（*Izard, 1978, 1990*），它也不是一個單純分化理論（*Bridges, 1932*）。

　　柏力吉斯(*Bridges，1932*）在她論述情緒個體發生學的經典報告裡，首先正式提出情緒分化的見解。她的看法摘要於表*4.1*。柏力吉斯的分析對研究情緒發展設立了一個標準，清楚地建議著與一般發展整合。特定情緒衍生自先前、未分化的煩躁不安或非煩躁的「激發」狀態的概念，也就是遠離一般化到更特定的反應，均保有一部份有待發展的基模。第三章已呈現一些支持此觀點的證據，而更多的支持證據將遍及於這一部分（譯者註：本書的第二部份）。然而，柏力吉斯並沒有具體說明她根據什麼來推論參與她研究的受測者確實擁有特定情緒，而且她的論點仍需要相當多的討論與修訂。

　　柏力吉斯的想法是正確的，如果過度興奮，年幼嬰兒的反應會變為不安，且這不安與新生兒時期連續受到刺激有關。在邊緣結構和皮質與邊緣連結部份成熟之前，它可能只

是未分化大腦腦幹的激發，而不是激發和不同情緒的連結（*Gellhorn, 1968; Schore, 1994*）。反應單純根據刺激的物理參數，當新生兒變得高度興奮，就會產生沮喪不安。因此，在生命最早數週中並沒有情緒的主觀─客觀關係（如，一個事件對孩童的意義）。

但早在*1934*年，芙羅倫絲·古登那夫（*Florence Goodenough*）指出非常小的嬰兒事實上比柏力吉斯所想的更有能力和更複雜。「一般性興奮」無法涵蓋小嬰兒的全部能力。一般認為，柏力吉斯沒有真正把特定情緒與它們的前驅物做連結，或闡明分化的歷程。例如，她沒有指出早期挫折與後續生氣情緒之間的共同元素。她沒有提出害怕或其他情緒的前驅物為何，或指出一個情緒如何衍生自另一情緒。最後，她並沒有考慮以一般性的發展理論來解釋為什麼特定情緒何時會出現。柏力吉斯的情緒個體發生學觀點，可以藉由考量產生煩躁的不同路徑是後續負向情緒反應的根本，而得以進一步論述。

76

情緒發展

表4.1　柏力吉斯基模─二十四個月中的情緒分化

出生

一般性興奮〈〝興奮〞〉

一個月

興奮分化出興奮與煩躁

三個月

興奮分化出快樂。

情緒表現：興奮、煩躁、快樂

六個月

煩躁分化出煩躁、害怕、厭惡與生氣

情緒表現：興奮、快樂、煩躁、害怕、厭惡和生氣

12個月

快樂分化出快樂、興高采烈和愛

情緒表現：興奮、快樂、興高采烈、愛、煩躁、害怕、厭惡和生
　　　　　氣

18個月

煩躁分化出忌妒；愛分化出對成人的愛與對孩童的愛

情緒表現：興奮、快樂、興高采烈、對成人的愛、對孩童的愛、
　　　　　煩躁、害怕、厭惡、生氣與忌妒

24個月

快樂分化出快樂與喜悅

情緒表現：興奮、快樂、興高采烈、喜悅、對成人的愛、對孩童
　　　　　的愛、煩躁、害怕、厭惡、生氣與忌妒

本章試圖根據實徵文獻與現有的理論發展出新的論述。類同柏力吉斯與其他學者，此處主張真實情緒直到「自我」與環境之間有一個基本的區分後才開始—也就是直到自我察覺或基本意識出現（如 *Spitz, Emde & Metcalf, 1970*）。當內在經驗與環境之間沒有區別，無法做出「關聯」；就沒有主觀—客觀關係，也就沒有此處所定義的情緒反應。如果情緒在個體—環境交流中扮演一個整合的角色，那麼這個定義特徵就是必要的。然而在自我覺察開始前，嬰兒就會為了明顯的生存需求表達出煩躁不安。他們也表現出一個後續正向情緒的原型，也就是「轉向」的反應（*Spitz, 1965*），代表著整個身體和感官均朝向某些刺激事件。

新生兒時期各式變化的激發狀態和反射反應是後續情緒的基礎。新生兒睡眠中的微笑反映出中樞神經系統激發的中度波動，是後續正向情緒的原型。持續的生理激發與全面性煩躁，可因多種原因發生：痛、餓、生理抑制、醒目或突然的興奮。負向情緒與驚訝基本上肇因於這些高度激發。基本負向情緒（如害怕和生氣）從源自早期混亂反應到高度無法控制的生理激發。它們確實是新生成物，但是我們仍可在產生早期煩躁的多樣情境中看到每個反應的核心原型。不過因為早期煩躁（或固著）僅只是單純隨激發而反應，仍不能稱為情緒。意義（主觀的關係）尚不扮演主要的角色（痛並不是情緒，即使年歲增加仍是如此，雖然它顯然可以導致生氣或害怕）（*Izard* 等人，*1987*）。

驚嚇和厭惡反應，因明顯出現於嬰兒期而時常被視為「情緒」的例子。然而，「驚嚇」反應顯然只是一個反射且能從型態與特徵上區隔於之後的驚訝反應（*Ekman, Friesen,*

情緒發展

& *Simons, 1985*)。「厭惡」出現於一個新生兒對苦味的皺鼻
反應,也是最好將之視爲一個反射反應。雖然在型態上與之
後的心理反應相似,但仍不足以推論它們是一個情緒經驗。
還有新生兒的微笑,這些反應也可能在睡覺時發生。這些新
生兒反應可能是其後眞實情緒的原型,但它們最好不要被稱
爲是情緒。

　　這發展概念之所以不同於柏力吉斯是因爲此概念致力於
釐清前驅物與其後情緒間的關係。情緒衍生自早期、未分化
的正向與負向情感,但它們以一個規則性、特定的方式發
生。因此,主要情感系統可追溯自新生兒時期,即便情緒要
到後來才發生。

愉快/喜悅系統

　　愉快/喜悅系統提供一個演變中情感系統的絕佳例子。
在新生兒期我們所看到的是一個幾乎是單純生理基礎的原
型。從此產生一個中介的前驅物,是嬰兒對一個特定事件的
心理參與中介產生一個類似的生理反應的一個心理生理歷
程。最後,一個更單純的心理反應出現,以特定事件對嬰兒
的意義成爲主導。這反應可能立即的,而且可能是對預期結
果的反應,也就是它們可能獨立於環境刺激。

　　新生兒的微笑隨內在中樞神經系統波動而反應,主要與
快速動眼睡眠有關(見第五章)。大多起因於神經系統的不
成熟狀態,故常出現在早產嬰兒,並且在出生後三個月內逐
漸消失。即使是初始引發的微笑也大多起因於「人爲的」、
內在歷程的反射產物。當嬰兒睡覺時,一個鈴聲或其他溫

79

柔、緩和的刺激可引發一個大約五到八秒的微笑，這個刺激先增加然後再緩慢地平靜。依據大量的文獻，我們將在下一章結論這些早期睡眠中的微笑與早期清醒時的微笑均是對刺激的量反應，而不能代表情緒。任何具備生理激發波動的刺激均能引發微笑。情境或意義與這些新生兒的微笑無關。

同時我們假設早期與狀態相關的反應與後來的愉快有關。始於量化、以狀態為基礎的反應變成一個根據刺激情境的質性反應。當三個月大的嬰兒對臉孔或垂懸玩具微笑就被推論為是愉快情緒。這是一個情緒反應的原因是事件的特定內容是關鍵。例如，微笑只在新奇的小丑出現幾次後才發生，以及替換一個新物件時將抑制笑容。更成熟的微笑反應包括張嘴和瞇眼等。因為每次都出現同樣的刺激，所以這些並不是單純對呈現的刺激反應，而是因為幾次接觸後才產生的再認。一個認知的（心理生理的）反應凌駕於一個生理反應（*Emde et al., 1976*）。然而，原始激發波動的型式仍保留在較成熟的反應中。緊張和再認是外因性微笑所必須，事實上當事件連續的出現（無須努力的同化），嬰兒將會停止微笑。這些都在下一章有更深入的討論。這裡只是概括陳述新生兒的（非情緒）笑容是後續愉快的原型。

對外在事件反應之早期愉快微笑，是泛文化的，因此可視為是「分化的」情緒，但它們並不會在沒有前驅物時就出現。此外，它們需要統整多項成份的歷程，通常發生在臉部微笑初次出現許久之後。

早期愉快進一步演變為更分化的情緒，稱為「喜悅」。這兩個情緒名詞不及它們之間的發展關係那樣重要。愉快的定義是一個對激起波動的認知所產生的正向情感反應。在它

80

早期的型態中需要一些時間（一個新奇刺激的數次嘗試）讓反應發生。嬰兒觀察一個臉孔，先注意眼睛，然後露出笑容（或在一個玩具幾次呈現後微笑）。費力的觀察產生了生理激發，然後在進行臉部再認時被調節。所謂的「喜悅」是更立即的且不單只依據一個特定的內容而且包括它的特定意義。事實上，「刺激」就是意義。例如，十個月大的嬰兒可能對照顧者的到來表現出一個立即喜悅的迎接，或是在預期媽媽將回來玩躲貓貓而大笑，他們也可能在母親假裝吸吮奶瓶時大笑。這個反應不再是因為對於物體的再認，而是因為對於意義的瞭解。然而，我們推論的是一個核心的激發波動歷程（見第五章）。更進一步的意義來自學步期所延伸出對自我的瞭解，而使愉快／喜悅系統有更進一步的變化（第十一章）。這些都與組織性原則相符合，其中相同的行為反應可能隨著發展而改變意義。

害怕系統

　　害怕系統提供另一個例子。在前幾週中有時哭泣是「強制注意」的產物（*Stechler & Latz, 1966*）。某一刺激引起嬰兒的注意，接著無法中斷這注意，嬰兒就哭了。我們假設停止行為的動線導致生理激發增加，然後最終產生煩躁（*Meili, 1955; Sroufe, 1984*）。如同早期微笑，這不被視為是一個情緒，因為事件內容與此大多無關。任何事件中斷了行為動線都將引起這樣的反應。然而，煩躁反應是害怕的前驅和原型，因為它起因於外在事件（具知覺基礎）。

　　接近半歲時，嬰兒有能力不去理會刺激（「強制性注意」

逐漸消失）。然而，特定的事件（如陌生人的臉孔），因爲混合熟悉與不熟悉的元素而足以引起嬰兒的注意。即使視線轉移開了，嬰兒又會回來注意這個事件。在長時間的檢視後，又出現煩躁不安。雖然努力，嬰兒仍無法將這個事件歸入已知事件的類別中。這樣無法避免又無法同化的反應稱爲警覺（比較 *Bronson, 1972*）。因爲它是由事件內容所決定，因此具備情緒反應的條件。只有非常有限的事件類別可以引發這個反應。由於有知覺的和心理的依據使它成爲害怕的前驅反應。然而，害怕這個名詞和喜悅一樣，將被保留作指稱基於嬰兒對事件的特定負向意義所作之更立即的反應。因此，看見陌生人立刻產生煩躁（也許是在第二次嘗試時），不是因爲同化失敗（和持續緊張所造成的結果），而是因爲其負面意義。這是一個較立即的負向反應，一個「我不喜歡這個」的反應。正如將在第六章所討論的，中介這些害怕反應的機制不同於中介新生兒的反射反應的機制。

生氣系統

相同的，生氣，被定義爲針對一個受干擾的意圖行動（和後來對特定種類的威脅）的一個立即、負向的反應，是從早期的前驅物分化而來的。甚至在生命最初的幾天，嬰兒可能因爲他的或她的頭受到約束而引起一個全面的、擴散的負向連鎖反應。與強制性注意相似的是這個反應肇因於一個長時間的行爲延宕與後續累積的生理激發。一段時間之後產生了煩躁不安。然而這裡的中斷是物理性的，提供了挫折反應與生氣的原型。同上例，早期反應不被視爲一個眞正的情

情緒發展

緒，因為缺少意義的判準或主觀性。

　　然而幾個月後，無法執行已建立的動作型式導致一個相似的反應。布列斯頓（*Brazelton, 1969*）對此反應的描述如下：

　　這個年紀的嬰兒的統整能力，可以被單獨留下來玩一個無法拿到的玩具所引發。因為拿不倒，他只能用眼睛和手指，這樣也能快樂地玩一陣子。然後，當他使勁想抓玩具進嘴巴咬時，挫折就增加了。當他無法用口、手和眼充份細查這個玩具時，最後小孩就以大聲喊叫作為結束。

　　這的確就是一個包含了初始意義的情緒反應。它是因無法做到已建立的行為組型使嬰兒感到挫折，而不僅是無法移動而已。這樣一個執行已建立動作組型的失敗是一個「挫折反應」的例子。正如同前述「警覺」的情形，負向反應需要一段時間醞釀，但它仍是籠統和渙散的反應。生氣、喜悅和害怕同樣發生在第一年的後半年，它們是較立即的反應，而且它們可能發生在先前從未嘗試過的行為失敗之時。它不是一個舊行為組型的崩解，而是一個意圖行為受阻（如，無法伸手拿到一個滾到沙發下方的球）。這個反應可能相當特定且指向明確目標。不過如同喜悅和害怕系統，生氣被視為從挫折反應和它的前驅物發展而來。生氣的本質是對行為阻礙的原始反應。在學步期有更進一步的發展型式「忿怒」出現。忿怒具有早期嬰兒挫折反應的強度與後來生氣反應的引導力。

小結

　　每一個基本情緒均可視為在生命最早的五個月中從其前驅物發展而來。前驅物是後來情緒核心特徵的原型。這些前驅情緒（愉快、警覺、挫折反應）亦從早期對調節或維持生理激發的反應而來。雖然小嬰兒的情緒表達有限，但激起不同表達的路徑各有不同，這些不同的路徑是不同情緒的源頭。各情感系統發展的共同歷程摘要如下：

1. 上述三個基本系統均有一個生理原型出現在新生兒時期。在每一系統中，寬幅的內在與外在事件皆可導致生理狀態產生。反應起因於刺激的單純物理性與量化（柔和的、調節的、持續的）或是內在歷程。與柏力吉斯相同，後來會形成生氣和害怕的負向反應，在早期幾週內是無法區辨的。然而，因為產生煩躁的路徑各自不同，因此我們可以將它們視為成熟反應的前驅。因為內容（主觀性、意義性）的重要性十分有限，這些反應尚不能被視為情緒。這原型是一個策略性的情緒定義。

2. 前驅情緒在新生兒期之後發生（愉快、警覺、挫折反應）。它們因為包括引起意義的元件和事件內容的角色，故被視為真正情緒。然而，這些情緒反應需要一段時間醞釀或重複數次，而且它們是包含渙散於全身的反應（微笑、咕咕聲、踢腳、扭轉、轉身和拍打等等）。它們基於一個籠統的而非特定的意義（如再認或再認失敗；打斷一個已形成的動作序列）。警覺與挫折反應的表達成分（都會導致煩躁）仍無性質上的差異，雖然挫折反應通常較強。

3.在第一年後半年所發生的喜悅、生氣和害怕等三個基
 本情緒包含有一個較精確、立即的反應與一個特定的
 意義。例如害怕是一個對威脅相當立即的再認〈「我
 不喜歡那個」〉。它不是因為持續無法再認而導致煩
 躁〈又稱警覺〉。嬰兒的害怕是針對事件的特定意義
 反應。此時害怕和生氣表現方式不同，害怕伴隨著逃
 避，生氣則遍佈著攻擊。穩定的臉部表情差異也逐漸
 產生。

4.更成熟的情緒並沒有取代前驅情緒。流暢的行為仍可
 產生愉快，艱難與不明確的威脅可能產生警覺，且在
 任何年齡，挫折的擴張都可能導致強烈的煩躁。但小
 嬰兒尚無法體驗本章所定義的喜悅、生氣或害怕。

　　此分析能適用於其他情緒，如驚訝亦有前驅物
（*Baillargeon & DeVos, 1991*），或是失去依附者的悲傷反
應，可能衍生自分離不安和甚至更早嬰兒因自身的行為組織
受損所產生的煩躁（然而，這煩躁／悲傷／失落系統迄今仍
未仔細地分析）。

　　這個理論代表一個獨特的立場。它不同於艾勒（*Izard,
1978, 1990*）的特定情意理論所認為情緒以一個相當抽離的
方式產生而且它們也沒有前驅物。相反的，在我們的情緒發
展觀點中，情緒是從早期原型發展而來。成熟形式與早期表
現之間並無外顯共同性。例如，害怕臉孔近乎沒有任何成份
出現於警覺不安之中。原型與成熟型在發展上相關，而非外
觀上有相關。當生理原型含括在成熟情緒中（在愉快／喜悅
時生理反應陡降；生氣與害怕時激發升高），情緒就成為心
理歷程變化的一部分。情緒並不一定外顯，但它們發展且發
展的變化延續到成熟表情出現之後（見第五章與第六章）。

這個立場也不同於柏力吉斯。當強調雙方基模的差異時，柏力吉斯認為早期有一個單獨無組織的團塊（興奮），而且認為沒有發展的歷程，但是在此激發的各個路徑和嬰兒主動性的角色是重要的。第一年結束時，一些分化的情緒，以及混合情緒，都已確實存在但遵循一定的規則自前驅物發展。最重要的，本取向強調情感系統間有發展歷程上的共同性。

　　此發展觀點與新近大腦的發展（*Schore, 1994*）與生命型態的發展（*Gould, 1989*）一致。古德(*Gould*)致力解釋物種的演化，他所面對的問題與我們嘗試瞭解情緒發展雷同。前寒武紀有豐富的生命型態，與現代哺乳類的種類匹敵。古德認為如果我們「能夠讓時光倒流」，我們幾乎不可能預測在這些超過兩百種門的生物中哪些能活下來變成今日現存的四個大類，或者甚至於是瞭解哺乳類、大型哺乳類、靈長類、人類以及意識是如何產生的。此類的發展不是承繼先前的生命型態（雖然它們顯然具潛力），演化的發生混雜著大量未知的因素。今日的物種確實是新產物。但這是否意謂地球上的生命不是自較早的生命循規則發展而來？古德表示有可能描述以及重建哺乳類物種如何從一個早期的類別依循一定法則而來。現在與過去間的關聯必然存在規則。

　　由此類推，新生兒生理激發與情緒表達的型式不能預期生氣與害怕，並不代表成熟型與早期型式之間沒有相關。害怕與生氣均可能發生於新生兒攫取刺激和頸部被固定時的反應，但其結果並不相同。情緒的產生有賴協調發展中多個組成部件間之動態互動。但它們逐步從新生兒期的先決條件依循一定規則而發展。

86

情緒發展

情意發展中的「階段」

在本章所勾勒的發展輪廓是根基於現有的實徵文獻，可說是有理論依據的，其中特別指出跨情意系統間有平行發展的現象。因此，害怕、生氣與喜悅在相同發展時期同時出現。當此平行尚未完全地建立時，一個合理的假定是在生命第三季中發展的重新組織對每一個情意系統均有影響，情感的主要變化將同樣地對此重組有所影響。在此時期嬰兒對物體概念、意圖與瞭解因果上有重要的發展。巧合的是，正向情感系統中（第五章），以喜悅爲例，直到第三季才能俱備預期和主動精熟的能力（*Piaget, 1952; Sander, 1975; Sroufe & Waters, 1976*）。雖然主動參與的傾向持續貫穿嬰兒期，此時似乎有一個性質上的轉捩點。類似的情況也出現在其他情意系統與其他時期的發展重組。

這些對於演化系統中情緒分化的評論引出了對於情感發展「階段」的質疑。就某種意義來說，當情感被視爲如同心理生命的「動力」而認知是「結構」時，情緒發展歷程中就無所謂階段性了。但從一個整合的觀念看待發展，情感與認知是相互依賴的，且發展階段的概念適用於兩個領域。

認知基模由最初集中在孩童自身的活動轉變成孩童建構一個客觀與「去自我中心」世界的工具；同樣地，在同一感覺運動層次中，情感自缺乏區辨自我和物理性或人爲的環境開始發展，朝向建立交流與情緒投入，將分化的自我依附於他人（藉人際情感交流）或事件（藉由不同興趣程度）（*Piaget, 1952, p.21*）。

以下各小節所述及之「階段」，雖然它們大致是獨立地被推論出來，但平行於認知發展卻非偶然（見第七章）。三個主要發展的重組，取材自史匹茲(*Spitz，1965*)，其實啓發自對情緒發展的觀察，如表4.2和表4.3所列出的情緒發展時期。認知與情感發展順序間的平行的關係將在第七章討論。

發展重組與情緒的發生學

史匹茲(*Spitz*)提出早期發展中有三個質性上的轉捩點（「組織性的發展」），每一個都是情意的改變而且都反映心理生命的基本轉變—具產生新功能和不同性質與環境互動的歷程（*Emde et al., 1976; Spitz, 1965*）。史匹茲根據一些證據假定這樣發展上的匯聚以及後續發展的重組與中樞神經系統的成熟有關。

恩德（*1980; Emde et al., 1976*）更以動物比較文獻以及人類嬰兒的心理和生理資料提出更進一步的證據。發展的改變在腦電波、睡眠型態、自動反應和情感表達上得到整合的証據，與史匹茲所述之前兩個時期的重組相符。

最後，晚近神經解剖的證據（包括動物實驗和人類嬰兒解剖研究）證實大腦發展與組織上的質變與史匹茲的階段相同。如同舒爾(*Schore*)彙整文獻提出第一個質性的進展發生於前三個月中當皮質神經樹狀突細密化；第二個質變發生在大約十個月時當前葉成熟、交感神經系統發展和建立皮質和邊緣系統基本的連結；第三個質變發生在學步期，隨邊緣組織的完全成熟和副交感神經系統的快速發展而來（見第二章）。我們陳述大腦發展資料的目的並非是因為大腦是這些重組的起因，而是為了強調人類發展系統的整體性。

88

情緒發展

表4.2　生命早期情緒的發展

月	發展議題	生氣／挫折	警惕／害怕	愉快／喜悅
0	絕對刺激障礙	因身體受限、極度不適引起煩躁不安	驚嚇／痛強制性	內發性微笑
1				
2				轉向，愉快
3	調節緊張（正向情感）	挫折反應		
4			警覺	欣喜，主動大笑
5				
6	相互性的發展（主動參與）			
7		生氣		喜悅
8				
9	建立有效依附關係		害怕（嫌惡陌生人）	
11				
12	練習（探索與精熟）	生氣心情易怒	焦慮，立即的害怕	高度興奮
18	自我概念產生	反抗，忿怒	羞愧	對自我正向評價，好感
24		有意圖的傷害		
36	由遊戲與假扮而精熟		罪惡感	自豪、愛
54	認同，性別角色發展，同儕能力			

表4.3　二十四個月中，認知發展階段和情感與社會層面的相關發展

認知發展（皮亞傑）	情感發展（索洛夫）	社會發展（桑德）
0-1：使用反射 極少調適的天生行為	**0-1：純粹刺激障礙** 先備保護	**0-3：初始調節** 睡覺、餵食、安靜 對照顧者偏好反應 開始
1-4：初級循環反應 初步適應（以身體為主） 以視覺線索產生預期 開始協調基模	**1-3：轉向** 朝向外在世界 易受刺激影響 外生的（社會的）微笑	
4-8：次級循環反應 外在世界引導行為（感官動作「分類」與再認）	**3-6：正向情感** 以內容中介的情感（愉快的同化、同化失敗、失望、挫折）	**4-6：相互交流** 母親與小孩 以情感的、口語的 與動作遊戲 協調餵食和照顧活動
開始目標導向（延長感興趣景象的歷程；延宕循環反應）	愉快是一個興奮歷程 （笑、社會回應） 主動性刺激障礙（情感的投入與疏離）	
	7-9：主動參與 樂於成為起因（精熟、引起社會性遊戲） 意圖行為的挫敗（體驗	**7-9：主導** 早期主導的活動 （嬰兒開始社交、偏好的活動）

90

情緒發展

	中斷）	成功達成目標或受
	情緒反應的分化（初始 猶豫、正負向社會反應 與類別）	阻的經驗
8-12：協調次級基模 與應用於新情境 物化世界（對物性與 關係感到興趣；尋找被隱 藏的物體） 眞正的意圖性〈區分手段 —目的、工具使用〉 模仿新奇反應 開始瞭解因果關係〈視其 他人爲主動行爲者、預期 結果〉	**9-12：依附** 情感性的基模（特定情 感連結，分類反應） 情緒反應的整合與協調 （情境中介的反應，包 括評價與開始因應功能）	**10-13：聚焦** 測試母親的可及性 與回應力（需求集 中於母親） 從安全堡壘向外探 索 依情境線索交流
12-18：三級循環反應 追逐新奇〈主動實驗引發 新效果〉 以嘗試錯誤解決問題〈創 造新意義〉 物理因果推論 空間化並脫離孩童的動作	**12-18：練習** 母親是探索的安全堡壘 在精熟中感到興高采烈 情感是情境的一部分 〈心情，儲存或延宕感覺〉 控制情緒表達	**14-20：自我堅持** 主導性增加 成功與滿足漸不來 自母親

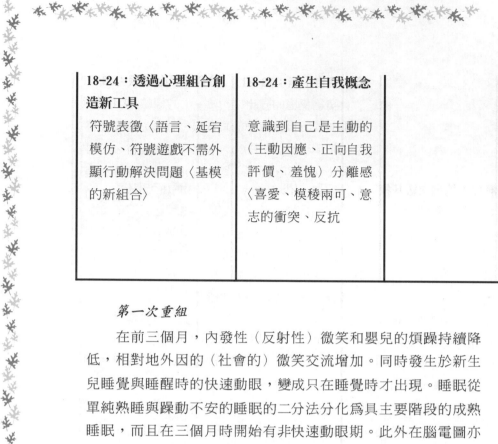

18-24：透過心理組合創造新工具	18-24：產生自我概念	
符號表徵〈語言、延宕模仿、符號遊戲不需外顯行動解決問題〈基模的新組合〉	意識到自己是主動的（主動因應、正向自我評價、羞愧）分離感〈喜愛、模稜兩可、意志的衝突、反抗	

第一次重組

在前三個月，內發性（反射性）微笑和嬰兒的煩躁持續降低，相對地外因的（社會的）微笑交流增加。同時發生於新生兒睡覺與睡醒時的快速動眼，變成只在睡覺時才出現。睡眠從單純熟睡與躁動不安的睡眠的二分法分化爲具主要階段的成熟睡眠，而且在三個月時開始有非快速動眼期。此外在腦電圖亦有相對應的改變。伴隨而來的是發生大量其他的變化，包括一些反射的消失。第一個「組織者」（主要重組），包括開始物體的再認，主要表現是社會性微笑（見第五章）與嬰兒對「在這裡」與「在那裡」的基本區分。這是一個對重複性環境的再認與「覺察預期導向」的開始（*Spitz, 1965；Spitz et al., 1970*）。當嬰兒「在那裡」找到熟悉的事件時感到愉快，而在此連結被破壞時感到失望。對史匹茲而言，第一個眞實的情緒發生在此時，因爲這些反應現在能反映出嬰兒與環境之間的一個關係。能由外在刺激引起微笑代表一種察覺，因爲這樣的微笑僅發生在對高度熟悉事件（如，臉孔）或在一個新奇事件出現數

92

情緒發展

次之後。嬰兒「重新組織」這個特定事件，這是一個發展上的質變。在此之前依賴有限的大腦發展（如 *Chugani, 1994*），嬰兒的行為似乎是符合一個釋壓、冷縮熱脹、或自我平衡的模式。現在，尋求和維持對刺激的接觸更顯重要（*Emde et al., 1976*）。

第二次重組

對環境中重覆事件產生新的敏感度促使發展以一個前所未有的速度向前發展，直到面臨發展上第二次重組。當嬰兒開始協調經驗時，此歷程一部份可被視為由再認的能力帶領著回憶、物體恆存與其他認知/動機的進階。再認是經驗重覆性事件和分類經驗所必備。當現在和過去事件能有所連結以及當能預測事件的發展時，經驗變得更有組織。

最後，在第一年裡，嬰兒可以對並非呈現於眼前的物體反應，能對物體的消失與再現有情感反應，且可經驗到與事件連結的情感性反應。這是一個意識的新層次（見 *Emde*，1980）。在史匹茲（*Spitz*，1965）的觀點裡，第二次的重組是以陌生人焦慮為標記—陌生人臉孔與記憶中母親的臉孔不符合。當分辨人、物體關係與害怕相連結時，一個更寬廣的回憶與預期觀點就更為有力了（見第六章與 *Edme et al., 1976*）。

然而對陌生人的害怕是否超過失去母親的焦慮，則仍須證實（如 *Emde et al., 1976*）。可以確定的是在第一年的第三季或第四季有一個主要發展重組影響著正向情感以及害怕、生氣、驚訝與分離不安。在生理層次，邊緣組織的大小，如海馬迴在此時快速成長為一般成人的大小，而且發現

前葉皮質與邊緣系統之間密集的連結（*Nelson, in press;*
Schore, 1994）。對某些「事件」的知覺可快速地與情感經驗
的資料庫對照。

第三次重組

當能有意圖地預期物體運作方式時，嬰兒便朝向第三次
的重組。許多學者將此描述為自主性自我，大始於第二年，
這時嬰兒能意識到自我是一個分離個體（*Mahler et al.,*
1975; Sander, 1975; Schore, 1994）。例如對馬勒（*Mahler*）而
言，嬰兒朝向外界（「練習」）必導致能意識到分離（第十一
章）。史匹茲（*Spitz*）更強調嬰兒對意志的發現。內在表徵能
力增進、物體技巧熟練與行動力的增加共同支持嬰兒將照顧
者視為探索時的安全堡壘。因為能夠以心理表徵照顧者（知
道他或她即使並非伸手可及仍是隨時待命的），使嬰兒能向
遠處探索。一個人獨自熟悉環境的經驗帶來自主感與孩童對
環境認知上的質性改變，包括內在情感控制，這些也得到中
樞神經系統成熟證據的支持（如 *Emde et al., 1976*）。

早期嬰兒無法從鏡中再認出自己，但在此時嬰兒從鏡中
再認出自己的證據支持著這個發展重組的現象（*Amsterdam,*
1972; Lewis & Brooks-Gunn, 1979; Mans, Cicchetti, & Sroufe,
1978）。它同時也被認知領域（如，皮亞傑的次階段六，從
感覺運動行為轉換到符號表徵思考，以及南寧柏格
（*Lenneberg，1967*）的語言生理準備）與情感領域（見第十
一章）的重要改變所支持。史匹茲主張第三個主要發展的重
組是以否定論為標記。更廣泛而言，抗議、羞愧、愛慕與自
我的正向評價只能隨著產生有自主力的自我而逐步開展。例

94

情緒發展

如，當嬰兒確實在第一年出現依附關係表現出愉快地迎接、探索並且與照顧者互動，或許真正的情感應被視為由一個良好分化的自我對清楚表徵的他人所經驗到的情緒。能不經接觸引發「愛的安撫」在十八個月大時已相當普遍的，但在十二個月時則是很少見。

第四次重組

從史匹茲的系統向外推衍，第四次重組是以重大情感的轉變造成認知發展進步與自我概念更精細的區辨作為標記。這個關鍵反映於三歲大的假想遊戲、角色扮演和開始認同（*Sroufe, Cooper, & DeHart, in press*）。只有在嬰兒期之後、在自我持續分化當中伴隨認同與標準的內化時，我們才可能適切地論及從先前時期的前驅情緒衍生而來的罪惡感、愛與驕傲。愈能分離的嬰兒愈能有更多的連結和更廣範圍的情緒能力（第十二章）。

舒爾(*Schore*)指出在學步末期有第四階段大腦成熟，如同所有先前的發展，這是有賴於小嬰兒的社會情緒經驗。他指出在此時羞愧等基本情緒從交感神經的轉換到副交感神經，語言的開展也代表著從右半球到左半球的轉換進階。在此時期結束之時，已能在興奮和抑制系統間取得平衡。這將在第十一章有更進一步的討論。

嬰兒情感發展的八個時期

根據一些學者的研究（如 *Campos et al., 1989; Escalona, 1968; Mahler et al., 1975; Sander, 1975; Sroufe &*

Waters, 1976），我們進一步區分八個階段來描述情緒發展，它們與認知與社會發展的平行階段相關。如同表4.3所示，啓始於原先是一個相當獨斷、無回應的時期，也就是譚尼斯和其同僚（*Tennes et al., 1972*）追隨班傑明（*Benjamin*）共同將此稱爲被動刺激障礙期（時期一）。在此時期，嬰兒較不易受外在刺激傷害。之後，有一段時間是朝向環境的時期（階段二）。這是一個相對易受傷的時期，因爲嬰兒容易受刺激影響而且僅可使用先備的激發調節機制（*Tennes et al., 1972*）。這些機制包括初始協調注意力、肢體活動、笑和咕咕發聲，並且以強迫性注意所帶來的不安做爲結束（見第三章）。「轉向」的動作包含興趣和好奇，是正向情感的根源。

　　穩定的社會性微笑是第二時期最重要的成就，它引導出正向參與時期（時期三），大約是在三到六個月（如 *Escalona, 1968*）。有趣的是在桑德(*Sander*)1975年以社會發展觀察爲基礎所提出的階段中，相同的時期稱爲「相互交流」，其特性是「自發性情感來回交換的序列」伴隨著大量微笑。因爲在這個時期有察覺與「預期」(*Spitz, 1965*)，動作預期與次級循環反應（*Piaget, 1952*），所以也可能有失望或同化失敗。結果經驗到因挫折反應和警覺等所產生的負向情緒。但是社會性微笑與普遍增加的回應引起了來自照顧者的正向參與（如 *Emde et al., 1976; Sroufe & Waters, 1976; Stern, 1974*），使許多一般性的基模可被實現而不被打斷。可能是因爲成熟，嬰兒期的煩躁已經消失（*Emde et al., 1976*），嬰兒並且已有主動逃避有害刺激的能力（*Tennes et al., 1972*）。嬰兒對他或她自己的腳與長頸鹿玩具，特別是

96

情緒發展

對著照顧者，發出微笑和咕咕叫。這是第一次嬰兒對強刺激反應發出大笑（第五章）。「愉快已經變成一個與高度興奮狀態相關的亢奮現象」（*Escalona, 1968, p. 159*）。

社會覺察繼續在第四期（*7-9個月*）發展，這時期嬰兒參與社會遊戲（*Sroufe & Wunsch, 1972*）以及持續努力引起社會反應（*Escalona, 1968, p. 188*），甚至是來自其他嬰兒的社會性回應（*Goodenough, 1934, p. 258*）。在第一個半年中嬰兒會看著其他嬰兒並且可能微笑。但是現在他們將使用口語、觸碰、誘發或其他方式來嘗試引起他們夥伴的反應。嬰兒也企圖引起與照顧者的互動（嬰兒會堅持直到得到一個想要的回應）、探索照顧者這個人（*Mahler et al., 1975*）、而且試圖在單調的環境產生變化（*Escalona, 1968; Piaget, 1952*）。當逐漸賦予與環境互動的意義時，情緒反應在此階段更加分化，而初見到新奇物體則會表現出猶豫的反應（*Schaffer, Greenwood, & Parry, 1972*）以及認真地看著陌生人的臉孔（如 *Emde et al., 1976*）。這時期是主動參與、投入與精熟的時期。它同時是嬰兒開始覺察到自己的情緒的時期。喜悅、害怕、生氣與驚訝是此時期出現的產物。雖然嬰兒持續表現出強烈親近人群的傾向，包括對陌生人（如 *Bretherton & Ainsworth. 1974; Rheingold & Eckerman, 1973*），一個絕對獨佔照顧者的時期出現於隨後的第五時期（如 *Sander, 1975*）。伴隨著一個暫時抑制的情感基調（*Sroufe & Wunsch, 1972*）與一個對陌生人害怕的增強反應（*Sroufe, 1977*；亦見第六章）。當統整的正向迎接照顧者的行為出現、當照顧者在場形成安全感的來源、與當情緒表達變得高度分化與細緻化時，這段時期就成為依附期。在此階

段結束時可看到感覺、雙歧與心情的逐漸變化，以及相當清楚、謹慎的情緒溝通。

第六個時期是所謂的練習期（*Mahler et al., 1975*），是一個依附—探索平衡時期（*Ainsworth, 1973*）或自我堅持的時期（*Sander, 1975*），嬰兒在這第六個時期又開始時常興高采烈（大約在十二到十八個月）。例如，正向情感表達在十到十二個半個月間增加（*Rothbart, 1989*），而且年幼的學步期兒會主動地探索和熟悉這單調的環境。

但如同馬勒和其同伴（*Mahler et al., 1975*）所述這相當完全的自信與健康的感覺，並非是毫無挑戰的。無疑地，嬰兒朝向外界的行動帶來嬰兒意識到與照顧者的分離—這是在形成自我概念時，一個必須且暫時性的步驟（時期七，見第十一章）。在面對分離焦慮時維持這剛建立的自主性以及逐漸覺察到他或她的力量有限，則是兩歲時的情緒任務（第十一章）。此項任務隨著遊戲、假想技巧，而且最後隨認同於照顧者而完成（*Breger, 1974*；階段八，見第十一章）

結論

本章精簡的介紹相當多的資料與非常複雜發展的基模，在接下來的章節中將更進一步闡述這些議題。本章最主要的目標是說明任何適切的情緒發展模式均具複雜性。達爾文學派所強調的特定、普及的情緒並不同於個體發展的理論。我們認為特定情緒可能在一個相當有限制的時期產生其成熟型式而成為個人的一部分。新的發展無異於發展歷史—兩者均

98

歷經分化過程。大腦亦然，在出生後也歷經質變。早在皮質
－邊緣連結完成之前，嬰兒已擁有生理激發機制與原始邊緣
結構以支持早期情感的表達。

　　為了正確描述多樣情緒的個體發生學以及一般性的情緒
發展，我們必須同時考量連續性與不連續性。如前所述，沒
有任何情緒是突然出現於人類；但快速行為重組帶來轉變，
使一個原本短暫、不規則的或是僅發現於特定受限環境中的
行為，現在變得高度穩定，即使是對原先無關於情感問題的
事件的反應亦然。此處所述之觀點是，對所有嬰兒早期開始
的基本情緒均有一個具規則性個體發生的軌跡。同時有情緒
與情感表達上的質變，掌握且反映出心理發展的重組現象
（亦見 *Emde et al., 1976*）。不論我們將十個月大時的迎接反
應稱為「喜悅」，或是十個月大的嫌惡稱為「害怕」，它們都
與早先正向和負向情感的表達有性質上的差異。不過它們都
有這些早期表達形式的影響。它們也與後續的情感反應隨情
緒生命持續發展而有一定的邏輯關係。因此在後面章節的討
論中將環繞這些演進系統，並且指出這些系統和嬰兒期以後
情緒發展之間的關係。

　　最後，瞭解情感系統演進的發展歷程將觸及情緒發展上
的個別差異，也就是行為與情緒組織的個別化形式。測量個
別差異也將同時著重早期發展中質變的轉捩點，其中每一個
都具備情感的核心。如同不同的情緒均有其原型，情緒發展
的個人化組織亦具其原型。這就是早期行為/情緒結構的個
人型式。它密織於個體的人格結構之中，是個人表達和擁有
衝動、渴望和情緒的方式。

第五章　喜悦感的發展：探討情緒的典型

　　有一些笑容不是由社會事件所引起，它們是自發性的，與睡意時快速眼動的狀態相關。而另一些笑容則明顯的是對照顧者的反應，在預期性行為中發生，而且發生於高度警覺之時。後者與情緒相關，但前者不然。

　　　　　　　　　　　一普拉特契克（Plutchik, 1983）

　　經由數十年對嬰兒笑容的嚴謹研究，我們逐漸瞭解喜悦感的發展軌跡。嬰兒笑容的研究以探討笑容何時發生，笑容的形式轉變和意義的演變為主。或許與其他領域相較，這些研究更著重嬰兒笑容中展現的基本發展歷程的特質與重要性。基本的發展歷程是瞭解正常情緒發展，個人情緒生活以及兩者關聯性的中心。例如我們不能單單認為發出笑容主要是為了調節激發，而不談笑容對探討個別差異的重要性。

　　無疑地，有關笑容的研究之所以具重要貢獻有下列幾個理由。第一，在1960和1970年代完成的研究具忠實描述性而成為任何研究情緒意義發展的基石。第二，跨越嬰兒期的研究往往是以縱貫的方式進行。第三，以各種觀點探討笑容，包括動物行為學、社會學習理論、認知理論、心理分析理論和遺傳理論（*Spitz et al., 1970; Sroufe & Waters, 1976*）。綜

合研究的結果發現笑容和認知發展關係密切，笑容在不同年齡和情境中具多重意義，而且具生物性意義。

最後一項更重要的理由是笑容的研究具整合重要性。成熟的嬰兒笑容中整合了生理和心理、認知和情意、社會和個人的層面。笑容中反映出一個主動尋求意義的嬰兒與他所處的變化中和形成中之環境的互動。笑容不但反映並加註此互動，而且影響著環境的反應。除此之外，笑容反映個體與環境連結的程度和品質，以及嬰兒對此連結所產生的評量。

本章的目標是以笑容研究為基礎，以描述愉快情緒自初生嬰兒的情緒前驅狀態經由發展的演變，而於半歲至一歲間發展出喜悅情緒。本章中並藉此澄清發展的原型中的關鍵概念。

更確切而言，本章的內容包括追蹤笑容發展軌跡中意義的轉變，揭開早期（內發性）笑容和後續笑容的關聯，討論笑容的發展變化和個體整體發展的原則之相關，並且闡述對嬰兒而言笑容所具備的功能。當強調嬰兒笑容的功能時，無疑地，我們將著重笑容的溝通功能在發展歷程中所扮演的核心角色。「意義」與「功能」此兩層次的解釋是彼此互補的。因此本章嘗試整合對笑容的功能所提出之不同觀點，以及笑容的生理、社會和認知成份。正如卡根（*Kagan, 1971*）所言，「笑容扮演多重角色」。即便在出生後五至十二週出現成熟的笑容之後，笑容的意義仍隨個體發展而轉變。笑容與其心理生理相關因素的關係在發展中呈現出普遍性交織的脈絡。

一項以四個月起所形成的大笑，來探討笑容的形式與動態性質的發展研究中指出，笑容和激發、注意以及緊張調節

102

情緒發展

之間密切關聯。此外，即便是在成熟的笑容和大笑出現之後，調節緊張的機制仍然隨著情境中引發正面情緒的特質而轉變。（其中「激發（*Arousal*）」一詞是著重生理性而非心理結構，故「緊張（*Tension*）」一詞較爲適當。至於「緊張」的意義與心理分析學派中「緊張」一詞的區別則將於討論中漸趨明朗）。

笑容和大笑的發生學

早期笑容

早期笑容因爲經常發生於睡眠中，缺乏引發的刺激而被稱之爲「內發性（*Endogenous*）」（*Spitz et al., 1970*）或「自發性（*Spontaneous*）」（*Wolff, 1963*）。恩德(*Emde*)和他的同僚證實這些通常只提起嘴角的低強度笑容，與消化活動或是生長驅力狀態（例如：自進食之後的時間，*Emde & Koenig, 1969*）無關。實際上，它們與源自於腦下皮層的自發性神經活動有關。

恩德的看法得到廣泛的證據支持。早期笑容並不發生於快速眼動睡眠期，通常發生在眼睛剛閉上的時候，以及眼球快速轉動的週期之間。而這正是皮層活動低的時期（*Emde & Koenig, 1969; Wolff, 1963*）。此外，輕輕地抱起熟睡嬰兒使他醒來，於是引發類似快速眼動睡眠狀態的改變情形，也可能引發多個淺的笑容。這些早期笑容與其他自發性的行爲反相關（例如，早期笑容不發生於嬰兒被干擾或是驚嚇之後五分鐘之內：*Takahashi 1973; Wolff , 1963*）。最後，早產兒

和腦部發育缺陷的嬰兒表現出較多的內發性笑容（*Emde, McCartney & Harmon, 1971; Harmon & Emde, 1972*），而在出生三個月後這些笑容發生頻率減少（*Spitz et al., 1970*）。

　　歸納這些證據結論內發性笑容幾乎全然由個體內在狀態所主導。它們與源自腦下皮層的弱振動興奮有關。當興奮量超過，然後降低於一些閾值時，便產生笑容（見刺激－放鬆週期示意圖，5.1a）。當皮層功能增強時內發性笑容降低，也因此內發性笑容普遍發生於早產兒。所以我們可以藉內發性笑容的減少由外在觀察腦部皮層的發展。

　　值得一提的是第一個外發性（*Exogenous*）笑容亦發生於睡眠中，也就是說無法有效於清醒時引發嬰兒笑容的刺激可以引發數週大的嬰兒在睡眠中發生笑容（*Wolff, 1963*）。這可能是因為在此狀態中刺激的前後，運動和皮層活動均較為低弱的緣故。刺激所激發的活動超過一些閾值，然後又在刺激之後6-8秒間降下來低於這些閾值（*Wolff, 1963*）。這情形和輕輕搖晃睡眠中的嬰兒情形類似，只不過此時主要是由聲音的刺激所引發（見圖5.1b）。

　　最早期的清醒笑容是由微弱的觸感和運動刺激所引起（輕輕搔癢，向皮膚吹氣，輕輕搖晃嬰兒：*Emde & Koenig, 1969: Watson, 1924/1970*）。這些早期笑容的特性和自發性笑容相似，均為對輕微刺激的低強度反應，尤其是只包括嘴角反應（表5.1）。奧斯特和艾克曼（*Oster & Ekman，1978*）的報告指出早期笑容是由單一肌肉引起，而後期笑容則包括多個肌肉單位的動作。

104

情緒發展

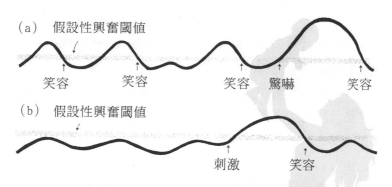

(a) 假設性興奮閾值

笑容　　　笑容　　　　笑容　驚嚇　　　笑容

(b) 假設性興奮閾值

刺激　　　　笑容

圖5.1 興奮放鬆週期示意圖表示假設性閾值和其與外顯
　　　行為的關係

　　根據沃爾夫(*Wolff, 1963*)的看法，嬰兒早期清醒笑容開始發生於第二週，當嬰兒被餵飽的時候。這些嬰兒並非全然清醒，因此笑容的反應只是較快速眼動笑容為明顯(*Emde & Koenig, 1969*)。主要的反應是嘴角收回較深，這與第一週的面部緊繃和第四週時的警覺的笑容都不相同。高頻率的聲音刺激相當能引發早期清醒笑容。因此在第二週的時候，笑容不再經常因低頻的刺激而引起，不過有效的外在刺激仍需要有低頻活動作為背景。

　　第三週期，嬰兒開始表現出對聲音的刺激發出警覺的笑容。根據沃爾夫(*Wolff*)的資料，當嬰兒清醒而且專注的時候，他們笑得更主動。警覺笑容包括明顯的眼部皺起和嘴角提起「露齒」的動作，而且大約發生於刺激之後四至五秒之間。這些反應都有快速激發和恢復的特性。這個期間，點頭伴隨聲音刺激比單獨的聲音更能引發笑容，這個反應也代表著嬰兒更具適應刺激的能力。此時嬰兒引導性注意力歷程開始在發生興奮的歷程中扮演角色。這些笑容的發生的年齡往

往有大幅的個別差異，一部份的原因可能與妊娠時間長短相關。不過上述現象發生的順序和身體狀態、延宕時間以及強度的關係則與上述相符。

　　發展持續在第四週進行，這時照顧者的聲音漸具效能，甚至能使嬰兒中斷進食露出笑容。透過這些方式，嬰兒的笑容逐漸獨立於內在身體狀態。笑容首次發生在面對安靜移動中的臉孔以及在視覺追蹤緩慢移動的物體（產生「似催眠」的狀態）之時，此時一隻突然穿過視野的手能引發震驚的笑容。這些發展代表著嬰兒自身參與刺激的起點，雖然這時笑容仍以對刺激的反應為主而非對特定刺激內容。也是在第四週，拍打嬰兒的小手，這個在三個週大時無法引發笑容的刺激，成為對沃爾夫測試的八個嬰兒中的七個最有效的刺激，而且持續到他們三個月大時，甚至對煩躁的嬰兒也能產生笑容。這些因為強而有力的刺激所引發的增強笑容很類似於得意的、咯咯的笑。沃爾夫（*Wolff*）並沒有明確地在他的報告中記錄發出笑容的延宕時間，但他指出「笑容的強度隨刺激的重覆而增加，反應延宕的時間隨之而減少，而且嬰兒的興奮亦隨之增加」（*p.126*）。

　　因應這種強度的刺激能力也有其特殊之處。引發主動笑容的歷程反映出即使在這樣小的年齡嬰兒已經可能以皮質來調節刺激－產生（全面）的激發，因此嬰兒已漸有能力吸納至少一部份具衝擊性的刺激情境，以及追蹤刺激的變化（見「綜結和理論模式」一節）。當興奮程度逐漸來自嬰兒已身的「參與」，我們就稱嬰兒對「留住」刺激的努力引發了緊張（*Sroufe & Waters, 1976*）。這時嬰兒仍不能處理刺激的內容，刺激的形式仍然是決定反應的主要因素。

情緒發展

沃爾夫（*Wolff*）的詳細觀察記錄停在第五週。這時聲音的功效漸弱，而點頭成為第一個能持續引發笑容的視覺刺激。嬰兒能夠連續對二十三次點頭刺激露出笑容，而且還可能繼續被引發並持續更多次數如果實驗者帶上面具，然後太陽眼鏡，然後又移掉面具等等。面具加上擺動的舌頭比面具更能引發笑容。這些證據指出動態視覺刺激對引發笑容的必要性。這些情形持續於之後的三至四週，那時嬰兒自己開始能主動參與建構有意義的刺激內容。

基模的形成與再認

固定不動的臉直到八至十週時才能持續引發笑容（*Ambrose, 1961; Gewirtz, 1965; Spitz et al., 1970*），但會動的臉在五週大時就能有效（*Wolff, 1963*）。這的確是重要的發展地標，可能反映第一個視覺基模的形成。史匹茲和他的同僚（*Spitz et al., 1970*）指出對固定不動的臉露出笑容與內發性笑容和嬰兒煩躁的減弱，以及腦波和睡眠形式上與腦成熟相關的重要發展轉變平行。如同第四章所討論到的，這些發展上的質變都伴隨嬰兒對周遭環境的反應明顯的增加。這時所引發的笑容不再全然的依賴外在刺激的參數，取而代之的是發生笑容的必要條件隨嬰兒的「認知參與」而決定。嬰兒認知活動的參與有數項證據支持，包括育幼院中的嬰兒通常對固定不動的臉的高峰反應較正常嬰兒晚了數週（*Gewitz, 1965*），而唐氏症嬰兒也有類似情形（*Cicchetti & Beehgly, 1990*）。

在第五至八週間，嬰兒似乎對動態視覺刺激最有反應

（對點頭、沃爾夫面具和擺動舌頭）。所以沙勒（*Salzen*，*1963*）發現八週大嬰兒對轉動中的卡紙和閃動的燈光的反應較展示固定的刺激為明顯。嬰兒的專注、追蹤對比和轉變的能力成為引起笑容的中介，不過興奮仍然主要是受刺激所引發，而不是刺激的結構（內容）。此時很少因特定刺激內容而引發笑容。

　　然而隨時間增加的是固定但「有意義」的視覺刺激逐漸更有效（*Shultz & Zigler 1970; Zelazo & Komer, 1971*）。所以蘇茲和林格勒(*Shultz & Zigler，1970*)發現對三個月大的嬰兒而言，固定的玩具小丑較會動的小丑更能引發笑容，明顯地不同於早期。引用皮亞傑的再認同化概念，蘇茲和林格勒宣稱此時嬰兒更能「精熟」固定此小丑。這樣的由「奮力地同化」所產生之緊張－放鬆週期（*Tension-relaxation cycle*）反映出與單純由刺激引發的興奮在本質上不同的歷程(*Kagan, 1971; Piaget, 1952*)。此歷程具備更多認知性而非感官性活動，而且嬰兒扮演更積極的角色。對嬰兒而言，先前由隨機中樞神經波動或是由環境刺激的改變量所產生的興奮，如今轉變為經由嬰兒本身的認知活動產生緊張－放鬆的歷程。

　　接下來的觀察記錄著八至十二週的嬰兒所表現出以奮力同化（產生緊張和放鬆）為主的笑容。第一，曾經能引發笑容的刺激逐漸隨時間而失效。例如，一般家中成長的嬰兒對不動的臉的反應在三至五個月之間漸漸減弱（*Ambrose, 1961; Gewirtz, 1695; Kagan, 1967; Spitz et al., 1970; Takahashi, 1973*）。類似的情形發生在同一個實驗中重複出現的刺激在有效一些次數後漸漸失效。一開始，嬰兒以中性

108

情緒發展

表情仔細觀察此刺激，然後露出笑容若干次，之後又回復至中性表情。皮亞傑（*Piaget， 1962*）認為在初始歷程中包括（異化）調適，然後之後產生包含同化和調適的笑容。因此，一開始的努力是不包含同化的（中性表情）。然後是奮力的同化（笑容）。最後，因為重複曝露於此刺激，同化的工作漸趨輕鬆，僅需少量的認知努力於是回復為中性表情。如果一個新奇的刺激出現於實驗程序中，於是嬰兒重新投入注意此變化，而對原先的刺激正向情緒下降即便他仍然可能對此刺激露出少許笑容。接著，嬰兒對於新變化刺激也同樣的是露出笑容若干次數，然後再次滑落（*Kagan, 1971; Shultz & Zigler, 1979; Sroufe & Wunsch, 1972; Zelazo, 1972; Zelazo & Komer, 1971*）。此外，年長嬰兒較年幼嬰兒更快地對同一新刺激產生這樣的反應，也就是他們具較短的調適期（*Zelazo, 1972*）。

卡根（*Kagan， 1971*）總結嬰兒隨年齡減弱對人臉露出笑容的現象作出下列陳述：

笑容的減弱是因為嬰兒對一張臉的基模已經非常熟識，所以能夠很快地辨識出臉和臉的表徵。此時沒有產生緊張，沒有必要努力同化，也因此沒有笑容（*p.153*）。

同樣的，勒那羅（*Zelazo, 1972; Zelazo & Komer, 1971*）亦將對聽覺和視覺刺激的實驗中的曲線趨勢歸因於同化歷程漸漸輕鬆的現象。因此這些研究者均發現緊張（努力）在「再認」笑容中的角色。

開懷大笑的發展

　　嬰兒的開懷大笑在四個月大時和成人的開懷大笑非常類似而和嬰兒早期的咯咯的笑已有所區分。與笑容相較，開懷大笑需要較多而且較快速的產生緊張（見 *Thompson, 1990*）。通常開懷大笑立即發生於刺激發生點之後或在兩秒鐘之內。研究發現能產生大笑物件的特性有明顯的發展傾向。與生命最早的三個月中笑容的發展平行，引發開懷大笑的物（事）件在一年中自對突兀的觸覺和聽覺刺激漸漸轉為對感到興趣的社會性視覺事件（*Sroufe & Wunsch, 1972*）。（以下結論根據十名嬰兒的縱貫研究和九十六名嬰兒的橫斷研究）。

　　在四至六個月之間，大笑自對活潑的刺激逐漸轉成對不活潑但更具「煽動性」的觸覺和聽覺刺激（見表5.1）。一開始，活潑有力的刺激最有效力。在我們所記錄的二十八個事件（見表5.2）中，三分之一的四個月大嬰兒對用力親他的小肚肚和玩「捉人」（如聲音漸增和摸肋骨等）遊戲發出大笑。這些活動均包括強的觸覺刺激。五個月大的嬰兒還會對母親變調的聲音大笑。而三分之一的六個月大嬰兒對於漸增強的「啊」聲然後突然停止，輕微的搖晃，搔癢下巴，以及上述三個在四至五個月間有效的刺激有大笑的反應。因此，六個月大時，多樣的聽覺刺激和漸弱的觸覺刺激對引起大笑有效。同時這也是第一次大約三分之一的大笑是由視覺刺激所引起的年齡（由母親以布遮蓋臉走向嬰兒，動態視覺刺激）。

110

表5.1　笑容和大笑的發展

年齡	反應	刺激	延宕時間	備註
笑容				
新生兒	嘴角	無外在刺激	6-8秒	因中樞神經系統波動
第1週	嘴角	低頻，微弱		睡眠中緊張增加
第2週	嘴內縮	低頻，微弱，聲音		有睏意，將入睡飽足感
第3週	臉頰，包括眼部	中頻，聲音	4-5秒	當清醒，注意（點頭並出聲）
第4週	臉頰，主動露出笑容	中頻或中強「縮短」		明顯觸覺刺激
第5-8週	臉頰，主動露出笑容，咕咕聲	動態刺激，第一個視覺刺激	3秒或更短	點頭，舞動手指，緊隨刺激之後
第9-12週	臉頰，主動露出笑容，咕咕聲	靜態，視覺刺激短中強	短	練習效果，奮力同化再認：靜態有時較動態更有效
大笑				
4 個月	大笑	多向度，明顯刺激	1-2秒	觸覺和聽覺刺激最有效
5-6個月	大笑	強聽覺和觸觸覺刺激	立即	觸覺刺激、聽覺刺激減弱
7-9個月	大笑	社會性視覺刺激以動態為主	立即	觸覺刺激、聽覺刺激減弱
10-12個月	大笑	視覺，社會性刺激	立即	不一致視覺刺激主動參與

表5.2　引發笑容個別項目的指導語

聽覺刺激

1. 吹鼓嘴唇：連續四個爆裂聲，然後暫停。以皺起嘴唇鼓起雙頰來開始。

2. 漸增的「啊」：以小聲開始，漸漸大聲，然後突然停止。暫停六秒鐘。

3. 以大聲和低沈的聲音來發出「碰，碰，碰」，每個聲音間隔一秒。

4. 機械式的聲音，不同的音調，從低到高再從高到低。

5. 在距離嬰兒耳朵一英吋的地方，輕聲細語說「嗨！寶貝，你好嗎？」，避免吹氣到耳朵中。

6. 改變聲音（像米老鼠）說，「嗨！寶貝，你好嗎？」

7. 嘴巴先放鬆，然後吹氣通過嘴唇，像是馬在疲累時所發出的聲音。

觸覺刺激

8. 輕輕地對著頭髮吹氣三秒鐘。從旁邊開始吹，經過頭的上方。

9. 在肚子上快速輕吻四次。

10. 以柔軟的物體輕輕碰觸臉三次。

11. 將嬰兒放在膝上，臉朝外，做五次有活力的彈跳。

12. 從嬰兒的腰部將其抱高，水平方向，面對地板，開心地輕搖他三秒鐘。

13. 以手指輕騷嬰兒的下巴三秒鐘。

14. 張大嘴巴，以嘴唇碰觸頸部後方，吸吮二秒鐘。

社會刺激

15. 讓嬰兒的注意力專注在你的手指。用你的手指做出行走的手勢，朝向嬰兒走去，然後輕戳他的肋骨。如果嬰兒笑了，就做其它的動作不再戳。

16. 玩拖拉的遊戲：讓嬰兒抓著線，然後拉三次，試著不要把線

112

拉離開他的手。暫停之後再重覆同樣的動作。

17. 把衣服放在口中，身體向前讓嬰兒能夠抓到衣服。讓嬰兒自由地將衣服拉出你的口中，然後再放回口中。如果需要的話，可將衣服的一端放在嬰兒的手中。

18. 用帶感情的語調說＂我要去抓你了＂（延長＂我要＂這兩個字），當前靠近嬰兒時，雙手擺出要抓他的姿勢。然後再把嬰兒抱在腹部附近。如果嬰兒笑了，就不再抓他。繼續下一個嘗試。

19. 站在嬰兒的旁邊。用一塊布蓋住嬰兒的臉。如果嬰兒沒有立刻把衣服從他的臉上拿開就替他拿開。不要用拖的方式來替他拿開。重點放在要讓嬰兒從布的下方出現。

20. 伸出舌頭直到嬰兒來碰觸它（如果有需要的話，拿嬰兒的手來碰它）當嬰兒碰到舌頭時，就很迅速地收回舌頭。

21. 使用黑色的紙來遮住臉，讓嬰兒注意到被遮住的臉，蓋住臉兩秒鐘，然後迅速移開，再暫停三秒鐘。不要說出躲貓貓等字。

視覺刺激

22. 使用白色的布，程序和28項一樣。

23. 使用一樣嬰兒喜歡的玩具。讓嬰兒的注意力集中在這樣玩具上（在他拿不到的距離），蓋住它兩秒鐘，然後迅速移開遮蓋物。

24. 吸嬰兒的奶瓶：首先確定嬰兒不餓，然後拿著奶瓶靠近你的嘴唇，假裝吸吮三次，就放下奶瓶。

25. 在地上爬行：將嬰兒放在高椅或嬰兒椅上，從嬰兒的眼前爬過，不要朝著他爬過去。站起來，回到剛才的出發點。

26. 企鵝走路：將手延伸在身體兩側，誇張地搖晃走過嬰兒的眼前。回到出發點，以正常方式來行走。

27. 在距離嬰兒一英呎的地方，強烈地搖動頭部三次。不要讓頭髮碰到嬰兒。

28. 吸引嬰兒的注意力。拿著面具讓嬰兒能夠看到。使用面具遮住你的臉，慢慢地靠近嬰兒，距離一英呎之內，暫停兩秒鐘。慢慢離開，慢慢拿下面具。

其他項目

29. 跟在嬰兒背後爬行，誇張地追逐他，在地上拍掌。

30. 慢慢地將嬰兒舉起到超過頭的位置，讓他從上往下看。減少觸覺和動作。

31. 鏡子的形像：將嬰兒在全身鏡子的前面慢慢地移動，而不是玩躲躲貓。停住三秒鐘，慢慢移開鏡子，然後暫停四秒鐘。

32. 和第18項一樣。

33. 和第15項一樣。

註：每個動作之間休息四秒鐘，除非有特別的說明

114

情緒發展

生命第二個半年中形成一個新的趨勢，也就是大笑發生於社會性和細微視覺刺激的情境中，而且大幅度突發性的刺激引發大笑的效力漸漸減弱。例如：三分之一的八個月大嬰兒在玩躲迷藏的遊戲時（即使完全不發出聲音）和嬰兒的臉被遮起來時，以及當媽媽遮住臉走近嬰兒時，媽媽搖晃頭髮，或是媽媽在匍匐爬行，或是媽媽嘴巴移開晃動的布巾的時候（見第三章）會高興大笑。這些事物都包括嬰兒對母親的內在基模的轉變和對記憶中熟悉景象的更替。其中唯一具聽覺觸覺的刺激是親嬰兒的肚子。

這趨勢繼續逐月發展，十二個月大的嬰兒對視覺和社會性事物表現出最多的大笑比例。他們大多是對具有明顯認知不協調的事物：例如媽媽學企鵝走路，戴面具喝寶寶的奶瓶和伸舌頭（並且當嬰兒靠近時收舌頭），以及對會引發八個月大嬰兒大笑的社會性和視覺事物（大約三分之一或更多的嬰兒是對十四項社會或視覺事物其中的九項反應）。他們也對四項觸覺和聽覺的事物反應，不過當嬰兒在十至十二個月大時明顯地有所的轉變。例如，他們在預期媽媽親他們的肚子之前便大笑（所以並非是對物理刺激的反應）。類似的情形發生在十二個月大的嬰兒在將布巾塞回媽媽口中時笑聲最大。明顯地，微笑和大笑一樣，反應逐漸變成是認知嫻熟的嬰兒主動參與闡釋新經驗的產物（詳見*Sroufe & Wunsch, 1972*）。

一個緊張的快速波動是產生大笑的必要條件：這樣的反應當然是極大化的（消除緊張產生大笑的解釋，亦見*Rothbart,1973*; *Thompson, 1970*）。觀察對漸增強的「啊」聲然後突然停止的反應也反映出此特性。第一，有時在大笑發生前會促發嬰兒哭泣的事物（例如大聲的說「砰砰砰」），當新的體悟產生時，這個相同的事物尤其會在下面幾個月中引

發大笑的反應（這時嬰兒能對於一個明顯的緊張消減做出另一個反應，而且較能容忍高度的興奮。亦見 *Fogel, 1982*）。第二，如果不是用放慢的聲音在逐漸增強音量之後遽然下降，而以刺激在音量大小上以平淡的語氣增強並減低音量，這樣的刺激是無法引發大笑反應的，因為它的緊張的波動幅度是很平常的。同樣的，若其它一些事物可以營造高峰就能製造最大的笑果（例如，最好的例子是：說出「我要捉到你」，同時接近嬰兒並且搔癢）。但如果以低沉變調的聲音說出這句話，然後很突然的說「捉到了！」，那會非常有效地引發大笑的反應。

　　大笑除了具備緊張陡降和快速恢復的特性外，較大嬰兒的大笑行為中（如：媽媽吸奶瓶、像企鵝般走路）則反映一個快速協調整合基模和處理不一致訊息的現象，也就是嬰兒經由認知活動衍生出一個快速且明顯激發波動的模擬。刺激的物性是低強度的。這個模擬經驗的強度來自嬰兒對此經驗所賦予的意義。這的確是一項具有重大影響的發展，與嬰兒在三個月時對於能夠辨認的事物所露出的笑容相當（見後續功能的敘述）。這些發展現象反映出嬰兒逐漸主動參與創造出自己的經驗。

　　如同有關於笑容的研究，每一次引發大笑的效果是非常鮮明的。大笑通常從前次嘗試中的笑容建立起來（通常在笑容之前還包括一個或兩個啟始嘗試的中性表情）而且在大笑結尾時笑容亦結束（*Sroufe & Wunsch, 1972*）。當一個費力的同化展現於再認笑容中，快速奮力的同化，或費力地同化了情境中更多的特質，就會產生緊張遽然消減因而促發大笑的現象。笑容和大笑同時也受情境、鮮明程度和背景刺激所影響（見第八章）。一般而言，在生命第一年中最明顯的發展就是快速增加容忍激發和緊張的能力（*Fogel, 1982;*

116

Schore, 1994）。這反映著我們先發展出笑容然後才有大笑。

精熟度的成長：從被動接受者至主導者

　　無論笑容和大笑的歷程，嬰兒均是由對干擾刺激做出反應和主動注意刺激，到對於刺激內容做出笑容和大笑，以及最後更主動參與產生刺激。例如，卡根（*Kagan，1971*）發現兩歲大嬰兒在解決一個問題之後，露出笑容（如找到一塊藏圖）。其所解決的問題越多，就越可能露出笑容。此時，引發笑容的刺激很明顯的是此幼童心智歷程的產物，而非紙張上的圖片而已。同時，我們發現隨個體發展逐漸增加以重覆或靜態刺激引發笑容的難度。「費力的同化」漸較單純的再認有更多參與。

　　至於引發大笑的事物，我們發現嬰兒在半歲至一歲間的參與漸趨重要（如拉出媽媽含在口中的布巾，去觸摸捲曲的舌頭），並且嬰兒只在他們完成參與時才大笑起來（例如，他們發展到會和媽媽互相玩「鬼捉人」的遊戲的時候，*Cicchetti & Sroufe, 1976*）。往後，嬰兒自己產生的大笑增多（如試著將布巾塞回媽媽的嘴巴）。類似地，梅耶和林格勒（*Mayes & Ziger，1992*）發現九至十一個月大的嬰兒在不斷的練習運動作業中（如努力站立起來時）露出笑容和大笑的反應。非正式觀察指出若嬰兒是主導者而非接受者時發出的笑容在第二年中漸增，比如嬰孩在用布巾遮住觀察者的臉時所發出的大笑多於他們自己的臉被遮住的時候。

　　皮亞傑（*Piaget，1952, 1963*）引介了再認和精熟兩個概念與笑容和大笑的關係，而自此研究早期基模笑容的學者便

普通使用這兩個名詞（*Shultz & Zigler, 1970; Zelazo & Komer, 1971*）。在下面的討論中，「精熟」將視為是較廣泛的概念（而再認是精熟的一種形式），因為我們可以將早期笑容和再認劃上等號，在解題後露出笑容和在不一致遊戲時發出大笑。「精熟」亦可隱含嬰兒在參與環境時的主動角色。毫無疑問地，嬰兒在熟練技能和參與環境時確實經驗到喜悅。

綜結和理論模式

早期引發性笑容雖然有相當改變，但仍然主要與自發性的快速眼動睡眠密切相關，而並非代表由努力形成基模而引發的笑容。第一，輕柔的、並不需要具方向性的注意和內容分析的觸覺和聽覺刺激，最能有效引起笑的反應（見表5.1）。當背景「噪音」消失時，這些刺激的節奏、強度和本身的特性，由外在而造成中樞神經系統狀態的改變，而產生與快速眼動睡眠相關的笑容，這樣的現象尤其經常發生於當嬰兒精神恍惚之時。然後，當嬰兒逐漸成熟，即使是在中高度的背景刺激下，他/她仍能轉向被複雜的或改變中的刺激所「吸引」。於是，笑容開始發生於警覺的狀態下，尤其是對較鮮明的刺激和對需要導向和持續注意力的動態視覺或視聽覺刺激。這些笑容具備了較短的反應延宕和較大的強度（牽動較多肌肉單位），代表背景刺激和認知參與均較強。隨著形成基模對產生笑容的重要性逐漸增加，嬰兒處理刺激內容的努力，而非刺激本身，是產生緊張－放鬆－笑容的主因。

118

情緒發展

在嬰兒眼前呈現一個新奇刺激（比如一個懸吊小丑），是環境中一個微小的改變。但是對十週大的嬰兒而言，卻因為其本身的參與和嘗試吸納的努力而產生相當大的緊張。當他們的努力帶來快速的同化時，便經由認知中介而產生笑容。這樣逐漸加重認知和意義在產生正向情意的角色的現象持續在出生第一年中發展，甚至於在一歲時大笑會在實際刺激已消失時發生。

以大腦為中介（以內容為基礎）的緊張在增強之後快速恢復，產生了笑容（和後續大笑）所需的「緊張凸」（Berlyne, 1969），此現象不同於緩慢自刺激所引起之全面性激發中恢復的情形。錢斯（Chance，1962）曾提出神經解剖和神經生理的證據來區分由外在刺激所產生的激發中的兩個成份：一是未分化的，影響動物現狀的成份；另一則傳遞刺激的訊息價值。與此相關的是發展出在面對更高程度刺激時仍維持注意的能力和同化刺激中「有意義」層面的能力。當嬰兒漸漸能主動與環境互通有無，刺激和激發間的一對一應關係便消失了。*事件的內容以及嬰兒與事件之關係成為主要關鍵*。這也是十週大嬰兒的笑容得以定義為是情緒反應的原因。因為由嬰兒的笑容中得以推論此時嬰兒對環境的參與程度產生了愉快的心理經驗。

早期愉快的發生可能是由中度緊張所引發。雖然此區分似乎沒有絕對的標準，但是新生兒的笑容中所反映出的舒適激發程度和愉悅狀態，卻並不被認為是情緒，因為他們的笑容中並沒有意義的參與。當然賦予意義是始於激發所產生波動，但只有當笑容透過一個認知過程產生，也就是嬰兒藉此與環境建立關係（一種覺察）時才能產生愉快的情緒。有趣的是這時嬰兒所露出的笑容也發生性質上的改變（如張開嘴和瞇眼），這也可能反映在認知中介笑容中具有快速變化的

119

激發陡坡。

　　喜悅與二、三個月大時所表現出的愉快是不相同的，而需要更主動精熟和更高層次的意義（可能包括對情緒本身的覺知）。開懷大笑是正面情緒最強的表情，需要更陡的邊降坡和更快速的消弱，則與歡樂（第三期）或喜悅有關。喜悅列於發展歷程中（見表4.1）發生於出生後第三季（第三期）。五個月大的嬰兒露出的開懷大笑似乎仍沒有一定的原因。但九個月大的嬰兒的激發強度則與較小嬰兒不同性質（如 *Schore, 1994; Termine & Izard, 1988*）。同樣地，在第三期中，嬰兒的大笑發生在與母親玩躲迷藏時，在玩社會遊戲時和隔一段距離看一副眼鏡時，而且對單調刺激失去興趣。簡而言之，對嬰兒而言，意義相較於單調的刺激事件漸形重要。情緒發展由單純刺激特質所引起，到包括刺激特質和嬰兒注意力和訊息處理的努力，到再認刺激內容，最終到特定事件的意義。自然地，在第四季的發展中意義更趨重要，而社會遊戲中視覺訊息的不一致性在此時期中能引發開懷大笑。最後，在第二年中，瞭解先前經驗中的意義便可以形成正向的心情。

緊張調節假設

　　我們根據開懷大笑的發展研究結果構思出緊張調節假設（*Sroufe et al., 1974; Sroufe & Wunsch, 1992*）。於是一些具備感官特性、物理強度和內容明顯不一致的事物就可能被篩選出來。此外，也包括先前被認為會引發害怕反應的物件（巨大的聲響、失衡、迫近和戴面具接近），因為這些能引起大笑所必要的緊張，提升了在安全的情境中產生大笑的條件

120

（見第八章和本章後之「功能」一節）。其他相關研究發現也
支持此架構（*Field & Fogel, 1982*）。

笑容和開懷大笑的心理生理先驅物

圖5.2 是根據觀察在面具接近作業中嫌惡和正向反應的
心跳改變所製成的概念圖。在此作業中，母親或陌生人戴著
面具，一步步走近嬰兒身旁並且呼喚嬰兒的名字。這個作業
開始時總有心跳大幅度降低的反應，而我們此時尚無法自生
理記錄和錄影帶中的外顯行為判斷嬰兒的反應。在嫌惡情境
中，當陌生人在母親不在場時走近，嬰兒的心跳加快，然後
減慢隨後伴著哭聲。當由母親戴面具出現，除非嬰兒已經先
被嚇著了，嬰兒的心跳將隨著母親的靠近而減緩，然後轉為
笑容、開懷大笑和伸手相迎。此時自然的反應是心跳加速和
肌肉活動（亦見 *Emde, Campos, Reich, & Gaensbauer,
1978*）。這樣的心跳變化型式相當一致不變，代表著快速的
轉向和評估是害怕和強烈正向情緒的共同內在機制（*Fogel,
1982*）。我們將此稱為「從事參與」和「評價」刺激情境以
及「產生緊張」（見第八章）

唐氏症嬰兒的開懷大笑和笑容

對於唐氏症嬰兒的長期觀察亦支持上述調節緊張的概念
（*Cicchetti & Beeghly, 1990; cicchetti & Sroufe, 1976*）。唐氏
症嬰兒開始大笑的年齡遠晚於正常嬰兒（約晚四個月或更
久），而且大笑的頻率很低。隨著年齡能引發唐氏症嬰兒大
笑的物體亦如正常嬰兒般依索洛夫和馮許（*Sroufe & Wunsch*

，1972）所提出的順序發展。同樣的，唐氏症嬰兒亦以相同的順序對引發正常嬰兒大笑的情境發出笑容。特殊的是唐氏症嬰兒對於非反射性且較認知複雜的物件，往往無法以足夠的速度去處理其中不一致的訊息和產生「緊張凸」引發大笑（雖然產生不同的笑容也需要理解力的發展）。這看法亦為唐氏症嬰兒經常需較長時間產生笑容和開懷大笑所支持。值得注意的是有些唐氏症嬰兒所表現出的不正常肌肉緊張亦與產生大笑的情況相關。在被觀察的樣本中，四個情況最嚴重的唐氏症嬰兒直到十三個月大時才開始會大笑，而且頻率低。他們產生害怕的發展過程亦與此平行（*Cicchetti & Beeghly, 1990*；亦見第七章）。

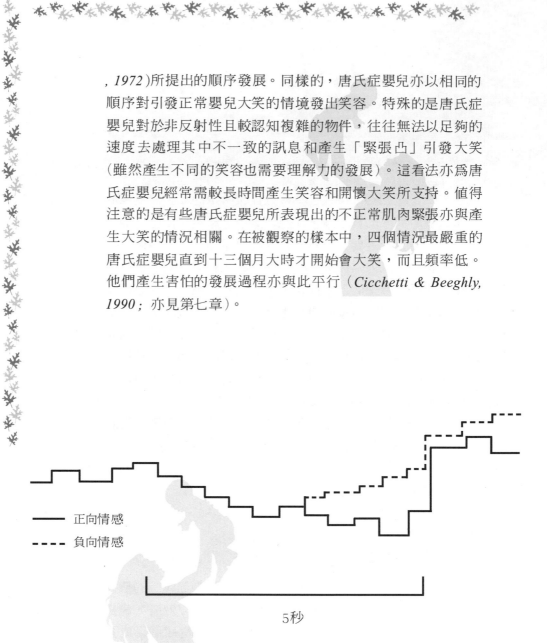

正向情感 ——

負向情感 - - - -

5秒

圖5.2 對迫近的陌生人產生正負性反應時的心跳變化概念圖

122

情緒發展

調節緊張的概念

調節緊張的概念與降低驅力和古典心理分析之心理動力論並不相同。如前所述，所謂緊張並不一直存在和持續尋求舒解，而且也不必然令人嫌惡。緊張是嬰兒參與處理新事物時的自然結果。

在安全情境中，嬰兒主動複製不一致的緊張情境。因此，此時緊張的「舒緩」或「減低」其實是嬰兒刻意避免的。這個看法和安伯斯（*Ambrose*，*1963*）所提出的雙歧立場不同（亦即大笑並不視為是愉悅和害怕的混合體），也不同於其他認知學者的看法，例如卡根（*Kagan, 1971*）所認為處理不一致時包括一個負面情緒：

因辨識一個臉孔而產生笑容的過程是首先經驗一段短時間的不確定而累積緊張...笑容反映出同化和緊張的減輕....會笑的嬰兒有能力承接累積的緊張...並且將之舒解（*Kagan, 1971, p.155*）。

本節中調節緊張的概念與卡根(*Kagan*)的看法相似，假設初期的注意力導向、評價和產生緊張並不是情緒主導，以及情緒是由情境和刺激差異所共同決定。我們強調的是同樣的刺激情境可以因嬰兒對情境中的不一致性的評價而產生強烈的正面或負向的情境。

雖然本處所討論之調節緊張的歷程是以心理層面為主，但它實是早先發生的生理歷程的精緻化。史匹茲所提出的生理典型（如 *Spitz et al., 1970*）與此概念相近。早期在內發性笑容所反映出的興奮－放鬆循環主要因為中樞神經的下皮

層自發性的放電使然，而後續的笑容則主要受皮層運作所影響也仍然有自主性和肌肉的成份。此過程之後因發展而轉型精緻化但仍環繞著早期生理成份（見第四章）。調節激發逐漸成為調節緊張，然而興奮的波動仍是較成熟反應的核心。

緊張調節機制的功能

調節緊張的歷程明顯存在於笑容和大笑中的每一時期對形成外顯行為和生理反應深具功能性。尤其，這些功能對嬰兒與環境互動非常重要，故須進一步界定（溝通性功能將於之後討論）。

人類面對不明確情境的特定因應能力具備了生存與適應的基本重要性。動物行為學家（*Bowlby, 1973; Freedman, 1965*）提出對不確知情境所衍生的警覺性是具生存價值的。面對不熟悉的警覺、慎重或警戒具備保護個體免受傷於野獸或情境的自衛功能。然而另一方面，與環境中新奇和未知的層面交易的功能也必須被強調。人類適應的優勢之一是創造機會－充分利用新發現和新事件。同時參與新情境也能增進認知的發展。雖然同化失敗，基模透過調適使功能逐漸更為寬廣而分化（*Piaget, 1952*），而嬰兒的世界觀漸趨能完美適應於當前環境。

嚴謹的研究發現嬰兒對與未知情境中的陌生人互動的動機是複雜的（*Bronson, 1972; Sroufe et al., 1974*）。例如即使在半歲至一歲間仍明顯的表現出對陌生人的親近傾向（注意陌生人，在近距離時露出笑容、交換物品；*Bretherton & Ainsworth, 1974; Rheingold & Eckerman, 1973; Sroufe et al.,*

情緒發展

1974）。但同時他們也顯露出迴避或警覺（如迴避注視、
「擔心的面部表情」）。而且當陌生人接近想與之接觸時，嬰
兒並不露出笑容，這尤其發生在原先熟悉的時間很短的情
況。警覺的傾向也同時是親近傾向的表現（見第六章）。

　　不令人驚訝的是人類嬰兒已擁有複雜動機和注意顯著陌
生刺激情境的能力。其中最經常被討論的能力是*導向反應*
（*Orienting Response; OR*）。當面對中等強度（改變或消失）
新奇刺激情境時，產生一個複雜的動作、感官和自動反應
（如感官接收器的轉向、停止肌肉反應、心跳減速、增加腦
血量等），這些均能加強對環境訊息的處理和反應能力
（*Graham & Clifton, 1966; Sokolov, 1963*）。這些具高度適應
之歷程現已廣為人知。對於一個創造機會的個體而言，他的
適應力是在於彈性使用環境，因此當面對明顯且新奇刺激環
境時停止具干擾性的動作反應更是別具關鍵性。

　　但是當導向反應是遽然發生且是全面性的時候，個體對
此情境做出中止或快速反應的機制也等同重要。嬰兒所表現
行為逃避、迴避注視和表現正向情緒均屬此類。而其中正向
緊張舒解尤其對嬰兒有利。正向情緒表達「促進持續對非威
脅性事件的評估，而且使嬰兒能快速且合宜的對情境刺激反
應（*Thompson, 1990, p.382*）」。正向情緒使嬰兒能對情境保
持導向反應，同時表現出適應良好而且鼓勵他人繼續或重覆
參與。

　　笑容和大笑與一個放鬆緊張機制的假設有關，這想法起
源於分析中發現害怕和大笑相關密切。例如，我們觀察到在
不同情境中相同刺激情境（如母親戴面具走近）促發嬰兒產
生哭和大笑的可能性相差不多（見第八章）。但產生負向和

正向情緒表現所帶來的結果卻相差甚遠。

　　在不安全情境中的導向行爲以及因緊張累積隨後所產生的哭泣和主動迴避，雖然能夠協助設定當下的依附行爲系統目標（即引起父母親的注意）並且能達成調節激發的功能（見第十章）。然而這些反應卻影響其後對此事件的再次參與。嬰兒在對陌生人戴面具走近要接觸的事件發出哭聲時，在下一次事件中哭或逃避的反應均較快發生（*Waters et al., 1975*）。

　　在安全情境中，陌生人走近所造成的緊張可能引起正向反應。當調節激發以正向情緒舒解（或輕微迴避行爲如迴避注視或害羞）時，嬰兒並沒有與情境失去接觸。嬰兒在一次具挑戰性的接觸中露出笑容，使他在下一次接觸時更快速參與。對嬰兒而言，正向情緒所帶來的緊張舒解能使嬰兒超越調節現有的激發。它的功能除了能幫助嬰兒持續與新奇或具挑戰性的刺激情境交流，並且能因此提升認知和情緒的成長。這些現象均將於第八章中討論，此點亦對研究個別差異提供一項重要線索。

　　至於外顯行爲的舒緩也具有一項重要的必然功能。在導向行爲和評價時期中，嬰兒被不一致的情境所「掌握」或「固著」而沒有明顯行爲表現。當母親或陌生人戴著面具走近，嬰兒停止目前的動作，安靜的專心注視面具。當拿下面具後是母親（或有時在母親之後才出現的陌生人），嬰兒面露光采和笑容或大笑，然後伸出手觸摸。觸摸和笑容可能同時發生，但伸出手的動作從不在笑容之後發生。這情形反映出笑容是評價歷程的最終點（*Bowlby, 1973; Sroufe et al., 1974*），以及緊張舒解讓笑容結束了對外顯動作的壓抑（在

126

我目前對歷程的陳述中，笑容和大笑是放鬆緊張歷程的成份
而非工具）。

其他對嬰兒笑容的解釋

　　強調笑容和調節緊張的密切關係並不是否認笑容在社會
性和溝通上的重要角色，例如分享情緒和引發對方靠近
（*Vine, 1973*）。事實上，這是人類笑容中在演化上的主要功
能。在下述的討論中將說明笑容與調節緊張的互補關係。社
會性解釋卻對於舒解緊張中的外顯行為（以相對於無表情反
應）提出看法，也就是解釋為什麼當我們經驗到愉悅時露出
笑容而非彎曲腳趾。

　　更甚之，緊張調節解釋並不否認先前學者對於笑容和再
認、精熟和其他認知結構之關係的洞察（*Kagan, 1971;
McCall, 1992; Shultz & Zigler, 1970; Zelazo & Komer,
1971*）。本書的看法與這些認知觀點一致，並且回答為什麼
笑容與再認或精熟會同時發生，強調另一層次的分析。此分
析著重於由早期內發性至後期外發性笑容在發展上的關連。

　　緊張調節的論點對於解釋含括第一年中所有有關笑容和
大笑的數據，以及嬰兒早期之行為適應之開展有相當重要的
價值。不論溝通觀點、先天釋放機制論點（*Ahrens, 1954*）
或學習觀點均無法對於重覆呈現之非社會性刺激露出笑容的
發現作出解釋（亦見 *Zelazo, 1972*）。而再認精熟假設則無
法對笑容在舒解緊張促進精熟過程中的角色提出說明。

社會解釋

在出生後第一年，笑容逐漸成為一個社會的行為。它成為嬰兒迎人行為的一部分，通常對照顧者的表現與眾不同，而且當有別人在場時較獨處時更為頻繁（*Ainsworth, 1973; Fogel, 1993; Jones, Collins, & Hong, 1991; Vine, 1973; Wahler, 1967*）。正因為十週大的嬰兒所露出的笑容常由社會性刺激所引發，故稱這時的笑容為「社會性笑容」（有別於內發性笑容）。這類笑容很明顯地在引發他人接近、溝通身心狀態和促進母親和嬰兒依附發展的必要互動中均扮演重要的角色（*Ainsworth, 1967; Bowlby, 1969/1982; Schore, 1994; Stern, 1974*）。對人臉所露出的初始笑容使照顧者覺得「我的寶貝認得我」，而這感覺支持著照顧者繼續參與互動和有效地提供合適的刺激。因此，早期社會性笑容輔助提供認知歷程所需之條件或養分，這終將引領嬰兒擁有真正的社會再認。

此外笑容在發展互惠關係上具有重要性。首先，笑容獎勵照顧者的行為，鼓勵重複性行為和促進互動。因此笑容的社會功能與正向基調的放鬆緊張功能相輔相成，提供了嬰兒機會去練習他們持久於新奇刺激情境的傾向。正向基調的緊張舒解不但幫助嬰兒持續參與並且鼓勵照顧者繼續互動。並且因為互動雙方均能表現出自己或回應對方的行為，笑容在學習同心協力和情緒分享上均具重要性（*Schore, 1994*）。最後，笑容－緊張舒解以及迴避注視可能在調節面對面互動的生理激發上扮演一個特殊角色，而這對於發展互惠關係具關鍵性（*Brazelton, Koslowski, & Main, 1974; Field & Fogel, 1982; Robson, 1967; Tronick, 1989, Waters et al., 1975;*

128

情緒發展

Zaslow & Breger, 1969）。明顯地，情意發展對於社會和認知發展均有貢獻，同時笑容的意義轉變反映了認知的成長。綜而言之，笑容在社會功能中扮演多重角色，而這些角色均支持舒解緊張的解釋。

笑容的習得

　　許多對於社會功能的討論指出學習在嬰兒期笑容的意義和分化上的重要性。具區辨性的迎人行為、互惠行為、引發母親接近、和努力再製造產生笑容的事件指出學習經驗對嬰兒與照顧者均具重要性。同樣的，增強或減弱對重複刺激的笑容，也就是皮亞傑所謂的異化（調適）與同化，很明顯地包括了學習和記憶。

　　然而傳統古典和工具制約的學習模式亦很明顯的不全然適用於解釋早期笑容的習得、發展和功能。葛維茲（*Gewirtz，1965*）指出下列三點古典制約在解釋上的困難：（1）笑容可由許多種非制約刺激引起（視覺、聽覺和觸覺－動態等）而沒有特定典型。（2）全刺激（如人臉）長時間出現不變會引發重覆性笑容（並非反射動作）。（3）所謂制約刺激（如照顧者的某些特質）能在早期引發笑容但不能發生於不連續的刺激呈現中。此外，華森（*Watson，1972*）指出嬰兒對全臉較對側臉更易露出笑容，這可能是因為哺乳時嬰兒與全臉產生連結。這些嬰兒對視覺刺激露出笑容的結果均是因為這些刺激本身而不是因為與非制約刺激或減少驅力相連結。

　　有一段時間學者們認為嬰兒的笑容形式可能主要是因為

形成操作制約，也就是說嬰兒的笑容是由強化所導致。自布拉克比爾(*Brackbill, 1958*)的研究就發現笑容發生率與強化時刻表的列聯效應相關。然而目前已然明瞭，即使列聯強化具影響力（*Brackbill, 1958; Zelazo, 1971*），此影響力仍次要於再認－同化和隨之而來的習慣化歷程（*Zelazo, 1972*）。因此，在勒那羅(*Zelazo, 1971*)的重要研究中，原先高笑容發生率發生在列聯社會強化組（實驗者在每一次嬰兒笑容發生後表現出說話、笑容和輕觸的行為），其次是非列聯社會強化組（控制組，布拉克比爾實驗中無此控制），再其次是無反應實驗者組。更重要的是三組中的笑容均隨出現次數而下降，包括得到強化的嬰兒也不例外，不過列聯強化組的逐日表現有比較明顯之扇狀反應型式。

此外，強化概念並不能解釋嬰兒對非生物體所露出的笑容。在對新奇刺激產生中性情感－正向情感－中性情感的序列典型行為的嘗試中，「強化」所扮演的角色次之於認知因素。如果由中性表現轉為笑容是因為刺激情境受到強化所造成的，即為笑容應在刺激重覆出現時持續表現出來而非終止。因此比較令人信服的解釋是致力於未辨認之刺激，由未辨認轉為可辨認，再轉為不費力之辨認，而正向情緒則必存在於精熟經驗之中。

相類似的結果亦得自於布諾姆對口語行為的研究（*Bloom, 1975; Bloom & Esposito, 1975*）。當在適當的控制之下口語的發展是肇因於社會促發而非強化物。一般制約研究的基準線程序中（出現一個無反應的成人）往往壓抑笑容和口語表現（*Tronick et al., 1978*）。因此，回復正常的互動能終止被壓抑的情感，而使後續的不具關連性反應能與具關連

情緒發展

性反應一樣能有效地克服壓抑。實驗者若沒妥善進行控制則將得到操作制約的幻覺，但實際上是因為刺激所致。布諾姆（*Bloom*）認為，和諧而非強化最能描述照顧者和嬰兒間的互動關係。「對早期社會發展而言，操作制約只在結構上非功能上具備生態效應（*p.6, 1975*）」。照顧者並不教導嬰兒如何笑，但是他們提供讓笑容自然產生的條件（見第九章）。

結論：笑容研究所揭露之發展原則

由追蹤笑容和大笑的發展歷程，不但發現意義和出現緊張持續扮演著重要角色，而且也發現一些基本發展原則。

第一、在不同發展時期中重覆出現類似的趨向。例如，在出生後三個月中由外在刺激引發興奮至由認知活動引起緊張（因為嬰兒對外在刺激賦予意義）主要經由細緻化和轉化的歷程。這些歷程在九至十二個月大時當嬰兒發展出大笑歷程中基本上是重覆出現的。這時我們再次發現大笑是由對於一個刺激的反應（在被搔癢時和聽到大的聲響時）到基於嬰兒的認知闡釋（例如：母親吸嬰兒的奶瓶）的反應。其中包括*彈性的增加*（例如：關乎產生大笑的情境範圍）和*組織性的增強*，也就是說嬰兒的反應不是僅僅因應興奮的加成，而是一個專注地，突然地且及時地反應使得行為的流程產生遽然的轉折（見第三章）。

這些觀察和皮亞傑（*Piaget*，*1952, 1962*）對功能獨立於認知結構的看法一致。自感覺運動期起調適、同化、分化、穩固、調適.....不斷在兒童的認知結構逐漸組織和適應環

境的過程中重現。從傳承的角度來看，一個發展順序的結束也就是下一個重覆流程的開始。早期的發展為後期發展鋪路。由於行為組織和情緒表達與認知發展關係密切，故亦可發現類似的發展軌跡。而由對刺激露出笑容到更主動參與，到在大笑的發展歷程中有相似的進階，也是這樣的發展原則的一個典型例子。

與此第一原則平行的第二個原則是嬰兒有尋求不一致和由認知挑戰中找尋樂趣的傾向。誠如皮亞傑(*1952*)所言，嬰兒在生命的開始時即為其生命發展主動參與者，尋求刺激並且從事新奇經驗。嬰兒並隨發展更加主動創造環境以及熟練環境均能促進認知和社會性的成長。觀察中以愉快、歡欣和喜悅等情緒完成行動精熟的原則提供了一個非常不同於強調外在強化的發展觀點（*Overton & Reese, 1972; White, 1959*）。發展自有其原動力。

第三個原則是有關發展的整合。因發現具調節緊張的功能而使笑容的發展躋身於適應新奇環境的重要機制之一環。研究者觀察到喜悅和害怕，笑容和警覺均在結構上密切相關，而且此兩者皆中介著嬰兒與其環境的互動（*Waters et al., 1975*）。這樣密切的關係也彰顯出情緒在人類適應上的重要性。

此外，釋放緊張的概念（與認知歷程相關）和笑容之社會理論均與上述的觀點互補。嬰兒主動參與自己的發展有賴所處社會環境的支持。正如同正向情緒表現能支持嬰兒繼續盡其認知全力與新奇刺激接觸的強烈傾向，照顧者對於嬰兒的福祉和快樂所做的廣泛和持續的情感和行為反應亦具備同等功能（*Schore, 1994*）。就滋養的本質以及照顧者和嬰兒對

情緒發展

彼此提供的角色而言，認知的和社會情緒的發展兩者密不可分。再次地，發展被視為是整體性的。認知支援笑容的發展是明確的。同時於依附關係中和與具敏睿反應力之照顧者互動對於增進嬰兒的緊張容忍度和提升行為基礎的延展性亦不容忽視（見第八章以及之後的章節）。在互動的型式中認知改變促進了探索、社會發展和情緒分化的能力，而情緒－社會發展則促進認知發展，當照顧者在發現嬰兒開始有「再認笑容」時，就更與嬰兒親近。由此可知，認知和情緒系統均不能各自單獨被視為主宰或較基本之系統。

　　認知和社會因素促進從新生兒笑容中之愉快生理狀態和早期再認笑容中，發展出精熟和參與的喜悅。雖然其中歷經劇烈的轉型，但興奮－放鬆歷程的原型仍然存在於較成熟的形式中。在瞭解這樣的發展歷程之後，我們將更能體會嬰兒的社會情緒和認知成長是一個統整的概念。

第六章　害怕情緒的發展：組織 觀點的進階闡述

　　當我們說嬰兒在害怕意指為何？這裡所指的是我們 以存在於一個特定情境中的一組行為推論出嬰兒是害怕 的。

　　——賴威斯與羅森布隆（Lewis and Rosenblum, 1974）

　　當兩個刺激情境分別單獨出現時可能引起低強度 的害怕，當一起出現時則可能引起高強度害怕...而依附 對象的出現...對所引發的害怕強度能造成可觀的差異。

　　——鮑貝（Bowlby, 1973）

　　害怕自其先驅反應發展而來，更反映出情緒發展的基本 歷程。它說明了發展過程中有關情感反應的機制改變現象， 尤其是意義角色的加重。正如同愉快／喜悅系統，我所謂的 害怕並不存在於新生兒，而是在嬰兒期自先驅物發展出來。 此外，害怕也如同其它情緒一般，持續伴隨著認知功能的進 階於學步期以及之後繼續演進。害怕並非突然出現於某一年 齡，由組織觀點而言，害怕在嬰兒期的發展是以情緒激發為 基礎的，具順序性的質變。

　　警戒／害怕系統的發展歷程與愉快／喜悅系統平行。初 始反應均為單純回應興奮性刺激的累積，而獨立於事件的 特定意義。因此，早期的反應並不能被視為情緒。然而，在

出生後幾個月時，事件的涵意成為決定個體表現負向反應或微笑的決定因子。此時負向反應有時是源自熟悉與不熟悉的混合。一些主觀性參與其中，因此嬰兒的過去經驗扮演著決定何者是熟悉的角色。特定的事件對嬰兒的參與以及後續的不安感是重要的。因此根據第四章的界定，這是一個真實情緒；即害怕的前驅反應。然而如同愉快／喜悅系統的情形，「害怕」一詞是保留給在生出後的第二個半年中，當這些事件對嬰兒有特定且立即負面意義的反應（見表4.2）。它不是同化失敗而是對威脅的立即再認（如 *Lazarus, 1991, p.236*）。

在以下的討論中，「警覺」一詞將被使用來標記害怕的前驅反應。類同於早期嬰兒的愉快是再認的結果，警覺則是當努力同化時的再認失敗（對未知事件的反應，*Sroufe, 1979a*）。顯然，對未知事件的負面反應將延續一生。因此，警覺反應是先於成熟反應的早期先驅形式，後來並沒有被取代和消失。依此觀點可將沮喪不安視為生氣的前驅反應，以及三個月時因再認而露出的愉快笑容是出生後的第二個半年中對精熟產生喜悅情緒的前驅反應。

確切的說，害怕是個體對陌生或嫌惡事件的反應，發生於出生後第二個半年中（大約九個月左右）。這些反應更具立即性。不同於早期的警覺反應，它們並不是因為長期無法理解事件之後緩慢的發生。害怕是一種根據事件對嬰兒的意義和具情意成分的記憶所產生的*負面反應類別*（*Emde, 1980*）。

136

早期害怕反應發展的「階段」

強制性注意

　　觀察中發現十至十五天大的嬰兒在持續注視視覺刺激後產生苦惱的反應。史泰勒和賴茲(*Stechler & Latz，1966*)將此稱為強制性注意力（*obligatory attention*）（表4.2）。在出生後的前幾個星期，嬰兒通常持續注視某一物體短暫時間，此時活動力會大幅降低。然後嬰兒便會不再看著目標，而需要實驗者協助之後才會再注視目標。然而有時，嬰兒似乎將其注意力鎖定在某些刺激上。在這些不間斷的注意中，往往最初持續一段長時間不活動，然後是強烈的活動與大聲哭泣（*Tennes et al., 1972*）。如前所述（見第三章），這些負面反應在數週中，當感官能力與動作技能逐漸協調之際，被笑容與發出咕咕的聲音所取代。

　　這些早期負面反應可被稱為「害怕」嗎？贊同此點的理由是認為這些反應包括嬰兒與外在刺激的互動，而且它們以哭泣結束。激發的升高是因知覺到一個外在具破壞性的影響。這些雖也是真正害怕反應的一部份，但害怕的形成卻與此大不相同。這樣過度的激發可視為嬰兒被刺激所「擄獲」而無法繼續其行為流程。刺激的內容大多是無關的。任何具適度對比或其他顯著特質的刺激均能觸發此反應，而無關於嬰兒對類似物體的過去經驗。這些反應更是「反射性」而非根據刺激的意義。此時對事件的內容並無覺察。無須對事件判斷或分類，而且反應需時間產生出來。此反應中相對的缺乏「意義」的重要性使其無法被標記為一個心理建構，例如被稱為「害怕」。但此反應仍可視為警覺與害怕的原型。後

者包含心理上的意涵與無法調節的緊張。

警覺

布朗森（*Bronson，1972*）與其他研究者（如 *Schaffer*）所謂的警戒反應雖與此處之先驅反應雷同但卻有一個重要差異。在長時間注視陌生人靜態嚴肅的面貌（超過三十秒）之後，四月大的嬰兒經常表現出很不安的樣子。布朗森認為這是因為嬰兒不能成功同化生疏事件的反應。他也可以視為是強制性注意的進階，但此時注意力的佇留混雜著熟悉、具吸引力以及不熟悉的成分。四個月大的嬰兒通常能轉移對有害刺激的注意（*Tennes et al., 1972*），而他們也在此時做這樣的嘗試（*Bronson, 1972*）。然而一個陌生人的臉是非常具吸引力的刺激，這可能是因為嬰兒已建立了一般性的面貌基模以及人臉於生命早期即具「必然的影響力」（如 *Robson, 1967*）。他們很快地將目光自陌生人臉上移出後又迅速地轉移回來，他們的眼睛經常如磁鐵般直接回到眼神接觸。注意力的參與無法中斷。使得嬰兒在無法調節其興奮狀態的情況下，產生苦惱不安（*Sroufe, 1984*）。此反應更像害怕，因為事件中混合已知與不熟悉的成分是害怕反應的關鍵。顯然警覺在本書中被定義為一種情緒反應；它以嬰兒和事件間的主觀關係為基礎，開始意識到伴隨事件的不愉快感受。心理層面上是較強制性注意更接近害怕的。然而，因為缺乏對嬰兒的特定意義使我們採用警覺而非害怕來標記此反應。我們基本上仍是在處理逐漸形成的緊張。

一些嬰兒早期的苦惱反應可以被視為是警覺或強制性注

138

意。例如有些研究指出嬰兒對母親靜止且無反應的臉逐漸產生苦惱不安（*Tronick et al., 1978*）。這現象在初生數週時就被解釋為是由「無法達成的社會期待」所造成。不過對新生兒而言，則較宜將此視為強制性注意的特例。新生兒對閃光所表現出的苦惱並不需要以期待或其他認知機制來解釋（他們的腦皮層基本上功能尚未健全），所以我們應謹慎地不以此來解釋新生兒對母親無反應的臉所產生的苦惱反應。例如我們無法證明母親的臉較其他人的臉更能引發新生兒的反應。

當面對靜止的臉產生苦惱的反應穩定地發生於出生後的第四個月，它們可以簡約地被視為是因為混雜著熟悉與不熟悉成分的另一個警覺反應的例子。嬰兒因刺激的特別突出和熟悉性而迫切地嘗試同化此事件。但無反應的臉是非常不尋常的，以致於同化／異化的努力失敗了。失調與刺激的增強使苦惱產生。雖然這顯然是一個情緒反應，但它似乎並不與其它當同化的努力被強烈激發但沒能成功時，所引發的持續激發有所不同。

因此，初生嬰兒可能具備強制性注意力，而四個月大嬰兒則能有警覺反應。這個所謂相同反應（對母親不動的臉出現不安反應）可以由不同歷程中介的論點完全與在第三章中已論及的發展機制相符。我們不能以早期的苦惱不安來意指後期反應的認知歷程。四個月大的嬰兒較數週大的嬰兒更容易表現出這類的反應，實際的資料也發現此結果。

不論是由強制性注意所衍生的或是對熟悉與不熟悉的混雜所產生的苦惱不安，均不能被視為是害怕，一部分的原因是此兩者均需要時間形成緊張與負面反應。布朗森

（*Bronson，1972*）描述四個月大的嬰兒需要三十秒的時間對陌生人的臉表現出苦惱反應（短暫無力的反應）。同樣地，綽尼克及同僚（*Tronick et al., 1978*）描述嬰兒在「靜止的臉」的實驗中持續專注的參與一段時間，然後變成苦惱是一個緩慢開展的歷程。這明顯地與嬰兒在第三和第四季中表現出立即負面反應形成對比。而這些立即反應才被稱之為「害怕」。

害怕

沿襲布朗森(*Bronson，1972*)、萊瑟勒斯(*Lazanus，1991*)或其他學者的觀點，目前我將害怕界定為具類別性的負向性反應。不同於無法同化一個事件，害怕的產生是因為事件被同化於負面基模之中。例如於第二個半年中，嬰兒通常不需對入侵的陌生人花很長的時間研讀就露出負面反應。雖然一些研究不贊同（如 *Rheingold & Eckerman, 1973*），證據顯示許多嬰兒在九個月大時表現出上述的行為，而且幾乎所有的嬰兒都在一歲以前做出此反應（如 *Emde et al., 1976*）。這些資料清楚地指出當陌生人侵擾嬰兒，尤其是抱起嬰兒時，在沒有以玩具或遊戲中介，而且沒有一段夠長的熟悉時間的情況下，大多數十至十二個月大的嬰兒表現出一些負面反應（詳見後續對陌生人反應的描述）。

這些對陌生人的負面反應是害怕嗎？此反應與之前提到的警覺是不同的，因為它不是直接肇因於同化的挫折。我們原可能認為這是因為無法將陌生人歸入有意義物件類別的特

140

定同化的失敗所致（*Meili, 1955*）。然而，另一個可能的解釋是基於第二個半年中認知發展的轉變，其中包括物體概念和分類思考的改變（第七章）。我們可以認為嬰兒不是因為同化的失敗，而可能是因為將陌生人視為一個物體，但將之同化至一個負面基模中。如果嬰兒對一個陌生人初接近時表現出不安，負面反應將更快速在第二次時表現出來（*Bronson & Pankey, 1977; Waters et al., 1975*）。從同化失敗的角度解釋這現象是有困難的。同化失敗如何能發生的更快（幾乎是立即性）？合理的解釋是有一個負面反應的類別的參與而並非快速同化／異化的失敗。侵擾的陌生人被視為是反感事件類別中的一種，而且是初次經驗之後就能快速判斷出來。根據事件對嬰兒的意義所做出的這類負面情緒可被視為害怕（見 *Emde et al., 1976*）。

害怕在發展表中列在大約九個月的時候（表4.2）。在多種情境中的發展資料均發現此年齡的一致性（如 *Lazarus, 1991; Lewis & Michalson, 1983; Scarr & Salapatek, 1970*），而且這些資料中特別發現此年齡對模糊刺激（*Cicchetti & Beeghly, 1990; Cicchetti & Sroufe, 1978; Yonas, 1981; Yonas, Cleaves & Petterson, 1978*）及「視覺懸崖」（*Bertenthal, Campos & Barrett, 1984; Schwartz, Campos & Baisel, 1973;* 見下一節）產生心跳加速和明顯的嫌惡行為反應。這些在此年齡的發現與一般對負面情緒反應越來越強烈、快速以及持久的結果一致（*Thompson, 1990*）。它和嬰兒對新奇物件反應在發展上的變化一致：九個月大的嬰兒在觸摸新奇物件之前有明顯的遲疑（*Schaffer et al., 1972*）。最後，這也和跨物種的研究發現害怕發生於銘印「社會化」完成之時，也就是當建立起社會參照的時間

141

點一致（如：*Columbo, 1982*）。對人類而言，這是一個漫長的時期。但此行為在生命第二個半年中有相當的進展，此時嬰兒對主要照顧者產生明顯的偏好。

嬰兒嫌惡反應中意義的角色

探討嬰兒對「模糊」刺激的反應相當有助於瞭解意義在害怕發展中的角色。在尤那斯嚴謹控制的實驗中（如：*Yonas et al., 1978*），使用陰影投射設備以除去無關的雜訊或搖動。嬰兒只有向他逼近衝過來的視覺訊息的經驗，也就是視野逐漸被一個以指數倍數擴大的點所遮蔽。根據這個研究，尤那斯作出對此事件的害怕反應出現於第二個半年的結論。

其他的研究者認為對模糊刺激的反應早於尤那斯的結論。例如鮑爾（*Bower*）、布勞頓（*Broughton*）和莫爾（*Moore，1970*）以及布爾（*Ball*）和綽尼克（*Tronick，1971*）指出「防禦反應」發生於出生後數週內。但鮑爾的研究沒有控制前述刺激的外在特徵，也忽略了抱著嬰兒而且能看見刺激的母親有何反應。布爾和綽尼克的程序較佳，但也沒有控制嬰兒頭的動作。當嬰兒追蹤刺激上緣而頭部後仰時，也同時會令大一點的嬰兒舉起他的手臂使得露出看似防禦的反應（*Yonas et al., 1978*）。不過這些研究均認為新生兒會有一些反應。

後來，希帕堤（*Cicchetti*）採用較合適的控制來研究新生兒（見*Cicchetti & Beeghly, 1990*），仍然發現嬰兒有時會哭鬧以及有如鮑爾研究中所指出的眨眼反應（後者即使是唐氏

情緒發展

症的新生兒亦有此反應），但是卻沒有防禦的動作反應。而且不論發展上有無遲緩的新生兒均只在「撞擊」（也就是刺激點巨幅擴大之後）以及伴隨持續注意才會有此反應，因此推測這些反應是與生俱有的反射行為或是強制性注意的另一例。因為眨眼反應普遍見於唐氏症嬰兒與正常嬰兒，顯示此反應是一個大腦皮質下的反射性行為，並不能將此歸因由抽象性意義所引發。所以新生兒在適當程序中，對模糊刺激所表現出的負面反應，應被視為害怕原型反應或害怕前驅反應而仍非害怕反應。

希帕堤的發展資料（*Cicchetti & Beeghly, 1990*）指出這些早期反射反應消失而後形成為一個不同但更可持久的形式。這與內發性微笑消失而產生社會性微笑相似。在進入第二個半年後（大約為八至九個月時），正常嬰兒會對模糊刺激表現出預期性反應（亦見*Yonas, 1981*）。當模糊刺激逐漸接近之時，嬰兒的反應包括以手臂阻擋或將其頭低下偏向另一側。而且此反應在後續嘗試中更快發生。這也是在模糊刺激出現時有心跳加快反應的年齡。這些基於事件意義所做出的反應才能被稱為害怕。唐氏症嬰兒的反應明顯晚於正常嬰兒，且此反應延宕的時間與認知發展遲緩的嚴重度相符合（*Cicchetti & beeghly, 1990; Cicchetti & Sroufe, 1978;* 見第七章）。

當我們檢視愉快／喜悅系統時，事件對嬰兒的意義有所改變，再次在自前驅物分化出後續情緒歷程中具關鍵性。非常年幼的嬰兒顯然能分辨刺激是否模糊，而且甚至因此哭出來。但是直到進入第二個半年之前，嬰兒並不立刻反應，不做出預期，也不在後續嘗試中對模糊刺激反應加快。直到那

時才能指稱他們是對事件的意義反應。我們再次發現雖然嬰兒於不同的年齡表現出相同的反應（對一視覺模糊刺激哭泣），其實基於不同的機制。

意義在決定害不害怕時的角色亦可由「視覺懸崖」的研究作爲佐證（如 *Bertenthal et al., 1984; Campos, Emde, & Gaensbauer, 1975*）。在這情境中，嬰兒被哄誘爬過一張玻璃桌面，其下方是一個緊貼的表面或是一個具深度的表面。於是在「深」的一邊嬰兒會對視覺下降有錯覺，但在「淺」的一邊則沒有視差的知覺。坎伯斯（*Campos*）與其同僚使用行爲和心跳降低的指標（已證實此與注意力有高相關，見第五章）發現在此情境中五個月大的嬰兒已經能特別注意到懸崖深的一側。也就是他們較注視和朝向深的一側。然而，這些嬰兒並不露出負面的情緒。相反的，到九個月時，一般正常的嬰兒很典型的對深的一邊表現出心跳加速，經常拒絕跨越並且可能哭泣。所以年幼嬰兒能區辨深和淺的兩側，但只有大約九個月大時才有威脅的意義，也才有害怕的反應。

恩德與其同僚（*Emde et al., 1976*）提出大量的資料，包括物種間的比較和生理的數據說明在此時害怕系統發生發展轉變。害怕反應出乎意料的在物種間具相對等的發展時間點（*Columbo, 1982*）。害怕的發生平行於明顯的腦部成熟改變，尤其是皮質與邊緣系統的統合（*Schore, 1994;* 亦見第二和第四章）以及兩側腦半球的連結（*Thompson, 1990*）。此時對於具負面意義的刺激事件（包括陌生人的接近）轉變爲心跳加速的反應（*Campos et al., 1975; Waters et al., 1975*）。恩德等人（*1976*）稱此爲「預期性」的加速，因爲它發生於沒有真實令人生厭的刺激出現，而是依據意義產生

144

情緒發展

反應。這些均支持害怕反應發生於生命的第二個半年。舒爾
（*Schore, 1994*）更指出此時期腦部的進階發展（如副交感
神經系統的成熟）帶來另一個新潛能，即產生害怕心情的趨
勢。

正如同第四章所言，所謂以九個月為「害怕年齡」的共
識並不重要。重要的是瞭解這個發展的歷程。剛才所述的歷
程代表著嬰兒發掘事件意義傾向的增加。九個月大時的情緒
類別反應與四個月大時根據緊張程度而來的情緒反應具本質
上的差別。九個月大嬰兒的反應並不是同化的失敗，而是主
觀性對負面意義的再認。

當然，意義的重要性會持續延伸至九個月後。逐漸增加
的是嬰兒對情境的考量，包括對所處環境的過去經驗、照顧
者的週到程度以及其他更細緻的線索。視覺懸崖的進階研究
可視為闡釋意識角色的一個例子。在典型的研究中（*Sorce,
Emde, Campos, & Klinnert, 1985*），招呼十二個月大的嬰兒
跨過一呎深的視覺懸崖。在懸崖的另一端是媽媽和一輛具吸
引力的摩天輪玩具。此外，在一情境中母親熱切的面帶微
笑，在另一情境中母親則表現出害怕、生氣、悲傷等面部表
情。當母親的臉上露出喜悅時，四分之三的嬰兒即使注視著
懸崖仍爬至另一端。當母親露出害怕的樣子，則（二十個嬰
兒中）沒有任何一個爬過去（在母親露出「生氣的臉」的情
境下二十個嬰兒中只有兩個嬰兒，而在母親露出「悲傷的臉」
的情境下有百分之四十八的嬰兒爬過懸崖）。

嬰兒注視來自照顧者的情緒訊息被稱為是「社會性參照」
（如 *Boccia & Campos, 1989*）。研究指出這樣的參照尤其發
生於含糊不清的情境中（*Gunnar & Stone, 1984*）。這些研究

145

闡明十二個月大的嬰兒對他人所表現出的情緒是敏感的，無疑地一部份是根據這年紀嬰兒的本身情緒經驗。重點是這也說明了意義在決定嬰兒反應時的必要角色。同樣的情境可能因周遭條件的不同而具相當不同的意義，因而產生截然不同的反應。但對於九個月大的嬰兒是否受細部情境訊息所影響仍是存疑的。如前所述，一個新反應的開始並不代表發展的結束，而只是情緒系統發展在性質上的轉變。

在一個重要的研究系列中，剛勒（如*Gunnar, Leighton, & Peleaux, 1984*）指出嫌惡事件的意義，也因此對較大嬰兒而言，害怕發生的可能性相當受額外因素—即可預測性和可控制性—的影響。當嬰兒能自己控制機械猴，而非實驗者控制機械猴時，其害怕反應顯著地降低。這些因素同樣地在決定生氣經驗時也具重要性。

如同正向情意的開展（第四章），我們也可觀察到十二個月大嬰兒能表現出負向情意。嬰兒能在剛進入一情境，在不舒服事件發生之前就有所領會。分離苦惱明確地在第二個半年中開始轉變為分離焦慮（*Kagan, Kearsley, & Zelazo, 1978; Schaffer & Emerson, 1964*）。嬰兒會對離開後再回來的照顧者使性子或生氣。也就是說，嬰兒不是直接對事件（照顧者返回）產生負面情緒，而是將對分離的生氣表現於之後的機會中。同樣地，一歲大的嬰兒也通常仍然受驚於嫌惡的事件即使正向經驗已經插入事件之中（見第八章）。

146

陌生人反應

在生命第二半年中對陌生人的反應是負向情緒反應的一個特例，其中一部份類似焦慮，而另一部份類似害怕。焦慮層面的反應（見第八章）包括此反應能在嬰兒有反應的選擇（如能夠自由的移動）時大幅降低，和只在陌生人闖入嬰兒的活動空間（尤其是想要抱起他）之時才表現出來。另一方面，焦慮能立即發生，尤其在陌生人出現了幾次之後以及陌生人成為引起不安的原因之時。大體而言，陌生人焦慮是屬於「我不喜歡這個」或「我不喜歡現在所發生的事」的類別反應。因此，嬰兒當然能對陌生人露出害怕，而且當嬰兒立刻就露出此負面反應時，也就是害怕出現於其他情境的年齡。這是為什麼陌生人反應在先前探討時被視為是害怕例子的原因。

然而，因為嬰兒的反應的複雜性，故將「陌生人反應」用來取代「陌生人害怕」和「陌生人焦慮」更為合理。陌生人可能是焦慮或害怕的來源，但對嬰兒而言他們並不僅如此。

七十年代以來的一項爭議是害怕陌生人的現象是真實的抑或是假象。有些人指出嬰兒對於陌生人有明確的親近反應（微笑、展示玩具），表示嬰兒並不警防或害怕陌生人（*Rheingold & Eckerman, 1973*）。他們提出負面反應是由於研究者因渴望觀察到此類行為的過度推論或者是因母親離開（並非陌生人所引起）所導致。他們指出一般而言，當母親在場時少有嬰兒是真正苦惱的。所以陌生人害怕至少不應被視為是一個發展的里程碑。

在其它論文中，我已仔細地討論了有關陌生人反應的文獻（*Sroufe, 1977*）。在此我只想作一概述以引出對陌生人反應的發展觀點的討論。首先要提出的是正向反應無法禁止負向反應的發生。嬰兒可能對陌生人有正向和負向反應。從組織的觀點預期，親近、警覺／害怕、探索與依附等行為是動態相互運作的。嬰兒可能在某些情況下表現出親近行為，但在另一些情況下表現出恐懼反應。甚至在親近行為與恐懼反應間擺動不定。嬰兒鮮少完全自發的接近陌生人，而且布里斯頓和安思渥斯（*Bretherton & Ainsworth, 1974*）曾述及嬰兒會全力逃向照顧者。親近的動作引發警覺／害怕以及依附的反應系統。在研究中（*Waters et al., 1975*），我們發現嬰兒對室內另一端的陌生人微笑，但幾乎不會在陌生人接近欲抱起他的時候有微笑。而且先前在陌生人走近時露出微笑的嬰兒更較可能在陌生人抱起他時表現出負向反應；也就是先前的正向迎接（吸引參與）非但沒有排除負向反應的發生，反而引起後續的負向反應。從另一觀點，這些行為或許代表著迎向與嫌惡屬於一個共同的發展歷程，能表現出立即初始的笑容和後續嫌惡兩類行為的嬰兒較不能做出這些反應的嬰兒在發展上更為進階。而正與負向反應相繼出現的現象隨年齡（六至十個月）增加。陌生人對嬰兒是很鮮明的也因此激發情緒反應，但所引發的特定反應則依情況而異。對於回答陌生人是否會引起嬰兒究竟是親近或警覺反應的問題時，毫無疑問的，其解答是兩者均是。

因為情境能左右嬰兒對陌生人的反應，實驗者可以安排程序使他產生任一結果（*Sroufe et al., 1974*，見第八章）。如果我們讓嬰兒熟悉環境然後慢慢的介紹陌生人，要陌生人以

148

情緒發展

嬰兒熟悉的方式（如玩積木或躲貓貓）接近，並且讓嬰兒來控制接近的進度，我們就只會觀察到很少的負面反應（*Gunnar et al., 1984; Mangelsdorf, Watkins & Lehn, 1991; Skarin, 1977; Sroufe, 1977*）。另一方面，如果在一個不熟悉的環境中，發生得很快速，而且陌生人嘗試抱起嬰兒，一般十個月大的嬰兒就會對此侵擾表現出負面反應（*Emde et al., 1976; Waters et al., 1975*）。

　　一般而言，在實驗研究中，少數嬰兒會在慎重設計出的程序下哭出來。較多的嬰兒（大約百分之五十，因侵擾或其它因素造成）表現出些微負面反應（避開注視、表現哭的臉、抽回來等）。這些輕微負面反應可清楚地被記錄下來，並且和心跳加速相關，而且不同於與母親親近時的反應（*Waters et al., 1975*）。當母親接近時，錄影帶的計分者（並不知道是誰接近嬰兒）沒有記錄到任何負面反應也沒有心跳加速的反應，但卻約有一半的受試者對陌生人表現出負面反應。因為母親也對嬰兒做出實驗程序中的誇張動作來接近嬰兒，所以嬰兒對陌生人的負面反應並非如倫哥德和艾科特門（*Rheingold & Eckerman，1973*）所認為是因為誇張的動作造成的，因為母親依實驗程序所表現的反常誇張行為可能比陌生人的表現更令人覺得奇怪。

　　倘若沒有發展上的意義，那麼決定嬰兒期是否確實對陌生人有負面反應的概念就不是那麼令人感到興趣了。但如果我們完全不考慮這個概念，那麼就無法釐清一個發展上的重要歷程。無論我們結論嬰兒是更親近或更害怕陌生人（均為過度簡化的結論），最重要的是關切發展歷程的轉變。半歲前的嬰兒鮮少表現出上述恐懼的反應，但為數甚多的嬰兒在

八或九個月時有此反應。特別是此反應與其它對負向反應和正向情緒的發展上的轉變的研究資料一致時，使我們瞭解到情緒發展的一項重要訊息。那就是不但如橫斷研究的發現在八個月大時對陌生人的負向反應陡然增加（*Sroufe, 1977; Waters et al., 1975*），正向的愉悅／快樂系統也發生了同樣的轉變。

最後，是否大多數的嬰兒在同一年齡對陌生人表現出負向反應？最有力的證據來自甘斯包爾的縱貫研究（見*Emde et al., 1976*）。他發現研究中的十四位嬰兒均在六至十一個月間對陌生人的介入表現出明確的負向反應。甚至十四個嬰兒中有十一個的負向反應持續了兩個月，而其中八個更持續了三個月。這使我們確定負向陌生人反應是嬰兒期的普遍現象。但我們也確知所謂「八個月大時的焦慮」（*Spitz, 1965*）並不夠清楚，而橫斷研究也無法探究此負面反應的普遍性和穩定性。例如一個單獨探討九個月大嬰兒的研究，可能包括一些尚未具備此反應的嬰兒和一些已經度過反應高峰期的嬰兒。

是否這些研究，尤其是甘斯包爾（*Gaensbauer*）的發現建議我們應該將負向反應視為發展的里程碑？因為以下幾個原因我個人並不作此建議。倫哥德和其他人的批評也強調側重負向反應是誤導。甘斯包爾研究中的受試者同時表現出拿玩具出來給陌生人看等親近行為，反映出類似的發展傾向。於是正負向反應的發展同時發生。在第二個半年中的典型發展是對人的快速分辨反應和社會行為組織的複雜化。僅是對陌生人的害怕概念並不足以描述此重大發展。

更重要的是里程碑的概念本身也是誤導的。它使得一些

150

評論家相信對陌生人害怕是「好」的，例如它反映一個好的依附關係（越多的陌生人害怕表示越多的依附）。但這並不合乎邏輯和觀察。它的反面也不是對的，對陌生人沒有害怕反應並不必然代表強的依附關係。里程碑概念的最大問題是太容易將此視為兒童的量化或穩定特質（也就是越早或越多是越好的）。

從組織的觀點，最好是視對陌生人的反應為發展的議題，也就是所有的嬰兒都必須面對的。生命第二個半年中的中心議題是兒童社會世界的分化。從此觀點，起始年齡和害怕程度並不是最重要的。而是質化的觀點最為重要，尤其是警覺／害怕和依附、親近和探索行為系統間的組織。

陌生人害怕與依附關係

安思渥斯及其同事（*Ainsworth, 1973; Ainsworth & Wittig, 1969; Bretherton & Ainsworth, 1974*）根據生態理論提供一個依附關係和陌生人嫌惡間關係的重要概念，以闡明第三章所述及之互動系統。此概念中之依附的核心定義是依附—探索的平衡（將照顧者視為探索的基地）以及在不安時與照顧者接觸的特定需要。所以我們預期如果照顧者在場並給予足夠的熟悉時間，大部分的一歲大嬰兒就能和一個陌生人玩玩具（甚至在一些時間後與陌生人目光注視）。這現象並不被視為是依附的失敗，主要因為嬰兒是以照顧者為基地的。但這也並不必然反映良好的依附關係，因為我們仍無法得知嬰兒在壓力下是否偏好照顧者。然而一些嬰兒完全被照

顧者預先佔有，黏在照顧者身邊並且迴避陌生人（並不嘗試接近）。這其實是一種不當適應的依附關係。這並不是因為沒有表現出對照顧者的偏好，而是因為在僅有輕微的壓力下照顧者的出現就能左右嬰兒探索和親近陌生事物的傾向；也就是嬰兒對這些情境中的負面評價和警覺代表著對依附對象的不安全感。

另一方面，在被單獨留下來一段短時間後，一歲大的嬰兒應該會尋求接觸依附者。此時拒絕接觸陌生人就可能持續至與照顧者重建接觸而回復穩定之後。這時嬰兒若能被陌生人安撫下來（也就是在不安時陌生人能取代母親），反而被視為適應不良。這些嬰兒傾向迴避與母親重聚，也無法回復主動的遊戲與探索，反映出他們並非全然平靜與滿足（見第十章）。

以上的討論說明了依附和警覺／害怕的關係是複雜的，而且瞭解其中的一個系統與瞭解另一系統有關。安全依附的嬰兒有時比一些嬰兒較不會對陌生人恐懼；另一些時候他們也可能更拒絕接觸陌生人。依附品質由行為的模式所決定，但不能忽略情境因素，僅由對陌生人表現嫌惡的出現年齡或多寡來決定。此論點並非僅是揣測，事實上安思渥斯（*Ainsworth*）所發現的依附品質之個別差異是有相當證據的。她所述及之安全與不安全依附類型（包括對陌生人的反應）穩定達六個月之久（*Main & Weston, 1981; Waters, 1978*）而且具預測效度（見第十和十二章）。

152

情緒發展

嫌惡情境中的激發調節

我們於第五章中討論過正向激發的調節和它在促進發展上的角色。顯然，在嫌惡情境中的調節能力與過程也是同等重要的。此能力於出生後的第一年中大幅發展並且持續延伸至學步期。

新生兒天生便具有迴避刺激的能力，此能力被稱為「絕對性刺激阻斷」（見第四章）。在短暫接觸有害刺激（如警笛所發出的巨大聲響）數次之後，新生兒會很快地進入睡眠狀態（*Tennes et al., 1972*）。在進行完手術之後（如割包皮手術），嬰兒同樣會進入深層睡眠。故此機制可以保護尚未具備因應能力的弱小嬰兒避免過度刺激，它也被視為後續心理防禦的雛形（*Spitz et al., 1970*）。

出生後數月間，嬰兒發展出功能性清醒能力。簡單來說，他們避開刺激的來源。從一些角度來看，這類同於新生兒自刺激阻斷機制中甦醒，因為他們如同早期內設機制一般，只是避開而非完全中斷與刺激的接觸。雖然避開卻仍容許有後續再與此刺激接觸的可能，而且這樣剝奪與重建注意力的現象經常出現（尤其在嬰兒與照顧者互動時）。當嬰兒被照顧者刺激而有高度激發時，嬰兒就轉頭避開，而且如果照顧者很合作的等著，嬰兒就會對照顧者回復注意而重新被刺激（*Brazelton et al., 1974; Stern, 1974*）。雖然需要別人的合作，這實在是對嬰兒有莫大助益的技能（見第九章）。

出生後的第二半年中，嬰兒發展出更具彈性和細緻的調節激發能力。這些技能使嬰兒能保持與中等程度的威脅事件

153

接觸。華特斯和他的同事（*Waters et al., 1975*）提出一個對陌生人反應研究的範例。他們設計一個標準情境中安排陌生成人自房間的另一端一步一步的靠近嬰兒。如前所討論，十個月大的嬰兒對此程序表現出各種反應，大約一半表現出負向反應。其中一個普遍的反應值得注意。嬰兒看陌生人接近他的反應是短暫的避開目光（通常是往下或往旁邊看）然後再注視。過程中所記錄的心跳反應提供了一個此類注視行為對控制激發與情緒功能的可能解釋。這些有注視—避開行為的嬰兒在一開始時很認真的看著陌生人（朝向並注意），其心跳先短暫減速，緊接著慢慢地大幅加速。當心跳增加至接近頂點時，嬰兒避開其視線。此時心跳下降，嬰兒回復對陌生人的注視（圖6.1）。此歷程反映了一個早期因應的機制。移開目光和心跳加速（激發）達頂點的精準同步關係避免了錯亂不安的反應並且容許嬰兒與事件保持接觸。嬰兒若表現出此反應類型在下一次與陌生人接觸時其害怕反應的程度較先前為低。這個機制可能是學齡前的延宕和其它因應策略的基礎（*Bridges & Grolnick, 1995; Murphy, 1962; Murphy & Moriarty, 1976*）。無論如何，它是嬰兒所能控制的一項具彈性的技能。

如同「能幹」的十個月大嬰兒，在接下來的數個月中同樣有重大的變化。對十個月的嬰兒（以及更小的嬰兒）而言，在壓力情境中哭泣是一個全或無反應。當他們一旦開始哭泣，是很難停下來的。但是十二月大的嬰兒就具有更多的能力可以停止本身的哭鬧反應，並將注意力轉至新的訊息刺激上。在我們的依附研究中（如：*Sroufe & Waters, 1977a,*

154

情緒發展

1977b）經常發現十二個月大的嬰兒控制著他們的情緒，當
照顧者短暫離開時克制住眼淚。這不但可見於短暫出現然後
消失的不悅和哭泣臉部表情，也可見於分離時的心跳加速和
活動壓抑（馬勒所謂之低調）。更明顯的是這些嬰兒在母親
回來時大哭起來，這是我們在更幼小的嬰兒身上所沒有發現
的。一般而言，嬰兒在一歲時的情緒表達更為流暢
（*Thompson, 1990*）。

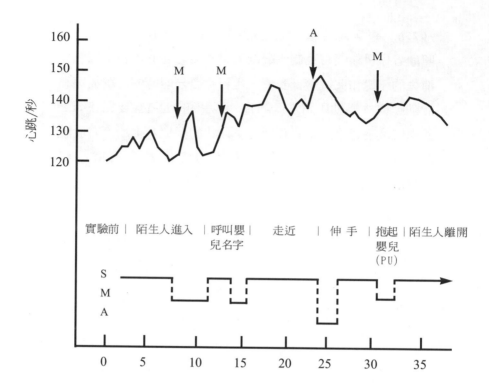

圖 6.1 標準化陌生人迫近程序中，十個月大嬰兒在「警覺」於陌生人接近和抱起時的注視行爲和連續性心跳反應（二次心跳的平均值）。S代表嬰兒所注視的陌生人，A代表嬰兒向別處看，M代表嬰兒注視母親，P/U表示陌生試著抱起嬰兒的時間點。

　　許多嬰兒情緒調節能力有著照顧者的參與，並且這些能力逐漸在第一年中發展出來（*Bridges & Grolnick, 1995*）。哭泣是新生兒面對激發時的原始技能，使嬰兒一開始時更加受到刺激。但是經由安全依附關係中照顧者的安撫，使激發

情緒發展

再度回復至可容忍的範圍內。之後，照顧者就必須能視嬰兒
的目光和避開反應為信號，然後作反應以減少對嬰兒的激
發。在出生後的第二個半年中，嬰兒開始直接給照顧者信
號，基本上包括伸手、呼叫和靠近等。這些是前述所謂更精
緻的社會參照技能的先驅，能幫助十二個月大的嬰兒調節激
發。這些議題將進一步於第十章中討論。

結論

如同討論愉悅／高興系統（第五章）一般，本章強調檢
視害怕的發展歷程。重點並不在確立出現害怕的年齡，而在
於害怕系統的變化順序。這是一個自早期先驅反應逐步到更
成熟反應的開展歷程，其中意義的角色漸增。學者們可能爭
論早期形式或甚至它的晚期形式究竟應不應該稱為害怕。
但不論所使用的術語，此現象的發展層面應體察到害怕系
統的轉變與其它發展層面的協調。當害怕的發展上定義被接
受時，害怕、愉悅和生氣等三系統的發生是平行的，而且此
三系統的轉變與意向、物體概念和其它認知發展層面相協
調。這些將是下一章的議題。

157

第七章　情感與認知的互相依存

情感本身攜帶意義。

—凱勒門（*Kellerman, 1983*）

　　貫穿本書在我們同時考量情緒的開展和檢視兒童調節控制情緒能力的發展時，均顯而易見情緒與認知的密切關聯。無疑地，情緒和認知間相互影響，是相同歷程的兩個面向。評價一個事件可能是引發情緒所必要的，而事件因情緒的增強才顯重要（*Lichtenberg, 1989*）。如同皮亞傑與殷海德（*Piaget & Inhelder, 1969*）所述：

　　凡智能的行為形式均涉及如動機等情緒因素，但同樣地，所有情緒狀態均有知覺或理解所組成之認知結構介入。於是行為是一個整體，結構無法解釋其動能與變化，而且反之亦然，動能亦無法說明其結構。然而情意與認知此二層面既不可分割亦無法化約。（*p.158*）

　　皮亞傑（*Piaget, 1962*）在一篇專門探討「情緒與智能」關係的論文中指出「沒有所謂單純的認知狀態。...沒有任何理智的行動，即使是實用的智能亦然，不是關切著整個行為過程的啟始與情緒的調節，成功時的歡愉與失敗時的悲傷」（*p.130*）。同樣地，也沒有所謂單純的情感狀態。即使是情感的最簡單形式也預設有一些區辨歷程的參與，因此也有「一個認知成分」（*p.131*）。我們不能說情緒引發或

159

先於認知，但也不能說認知先於情緒。他們是不可抽離的。雖然一些人認為智能提供方法而情感則設立目標，皮亞傑（*Piaget*）卻進一步主張「目標亦需被理解，方法亦有其價值，這不僅是認知的也是情緒的」（*p.131*）。

強調情緒和認知不可分離直接遵循皮亞傑的建構／結構的觀點。皮亞傑理論認為早期心智結構源自嬰兒的行動，而非源自物體的靜態屬性。因為所有的動作均有情緒的成分，早期的結構或基模是具認知性與情感性的。同樣地，對外在事件的知覺（即一個認知歷程）則必須啟動曾經擁有的「感性基模」。如同凱勒門（*Kellerman, 1983*）所述「情緒和認知是融合在一起的」（*p.336*）。

當前對腦部發展與功能的觀點同樣指出情緒與認知的不可抽離性（*Schore, 1994*）。在「預期性記憶系統」中情感與認知「訊息」於儲存與提取時相互交織。「邊緣系統和前額葉皮質間的連結為情緒與認知領域的關係提出生物的基礎」（*Changeux & Dehaene, 1989, p.98*）。

在第十章將會討論到的鮑貝—安思渥斯的依附理論（*Bowlby-Ainsworth theory of attachment*），為情緒和認知在發展中相互影響提供一個絕佳的說明。此理論認為，依附不但是一個情緒建構也以認知歷程為基礎。當依附被定義為情感的連結，產生此嬰兒與照顧者間的連結必然有其「必要條件」。安思渥斯（*Ainsworth, 1973*）舉出這些條件包括指認出照顧者不同於他人，以及再認照顧者為「即使沒有出現於眼前仍恆常且獨立存在」（*p.28*），也就是皮亞傑所謂之物體恆常概念。此外自早期依附關係演進至鮑貝（*Bowlby, 1969/1982*）所謂之「修訂目標的伙伴關係」，也就是嬰兒瞭

160

解照顧者的目標而且能試圖變更這些目標以及他／她自己的行為，則很明顯地有賴認知發展。同時情緒依附關係特別著重於嬰兒的行為組織；所以即使單從能協助探索而言，它就意味著認知的成長（*Bretherton & Bates, 1985; Jacobson & Edelstein, in press;* 亦見第十章）。

　　本章一開頭就強調情緒和認知的互相依賴。雖然因為討論中的論述多將以認知對情緒發展的「影響」為中心和（因資料有限故較少論及）情緒對認知的「影響」，其實影響是相互且持續的。事實上就發展的整體性而言，任何切割總有某種程度上的扭曲。

認知和情感發展順序的統整

　　揭示情感和認知發展密切相關的一個方式是比較皮亞傑所提出的發展階段和第四章提到的情緒發展時期（見表4.2和4.3）。此外也比較桑德（*Sander, 1975*）所謂社會發展上的「主題」。這些比較使我們得以澄清認知和情緒間在理論上的連結。例如，初始習得之適應中可發現在皮亞傑的第二階段（一至四個月）行為的搜尋產生新的結果，而功能的同化確保了新反應的重複。在此階段，可見預期性之進食姿勢和後續對視覺線索的預期性吸吮。此階段發展的最高點是產生視覺導引之伸手反應。在這些基模中所出現的初始情緒，它們必須具備初階的再認、基模的協調、覺察和初始的預期。外因性微笑（第五章）印證了功能的同化，以及初步對注意力和動作的協調（*Tennes et al., 1972*），在另一些情

況下，這些微笑象徵視覺刺激和已建構之相同事件之間的協調。另一個例子是四個月大的嬰兒在持續注視陌生人臉孔一段時間（警覺─無法協調熟悉與非熟悉元素）後產生了不安反應。

皮亞傑的第三階段（四至八個月）註記著朝向意圖性的第一步。此時它是一個具有前瞻性的適應而非僅是單純的重複舊有行為，但目標僅在工具發生作用後才能夠成立。此時曼德勒（*Mandler, 1975,* 見第二章）所謂之干擾行為才初次成為可能，其結果是在此階段的早期表現出當熟練的行為無法實踐時所帶來的不安，和在後期表現出生氣反應。同時，在此階段嬰兒也會因成為主動者而感到愉悅。

害怕和驚訝始於皮亞傑的第四階段（八至十二個月）。此時嬰兒可以調適基模，包括將眼前經驗與具分類表徵的過去經驗和預期結果協調。這種能力構成嬰兒搜尋被藏起來的物體以及在第六章的害怕反應的基礎。此外，在這個階段，嬰兒有真正的意圖，並且瞭解方法和結果之間的關係。也就是說，嬰兒知道在做一件事情之前，他或她必須先做另外一件事情。期待找到一個被藏住的玩具，嬰兒可能對非預期中的結果感到驚訝（或生氣）。另外，在此階段中，新奇的事物呈現一個待理解的問題，而非僅是練習基模的機會，所以，驚訝的結果引起繼續參與事件的動機。一個補充性的例子是薛福和他的同事（*Schaffer et al., 1972*）對於躊躇的發展所做的研究。階段三的嬰兒（五至六個月）會立即去接觸任何物件，但是在八個月後對於新奇事物的反應會有本質上明顯的改變。例如九個月大的嬰兒會先停下來仔細查看，並沈思後才接觸物件。

162

情緒發展

在階段四的末期，世界會更加具體化，而且漸不與嬰兒的動作連結。例如表現出預期性的反應（例如當母親穿上她的外套時會哭泣）。在情緒的範疇內，我們發現依附的開始及形成、延宕的情緒反應（如在母親回來時哭泣或生氣）、心情的啓始、情境的強烈影響以及情緒成爲情境的一部份。一般而言，情緒和特定事件之間的連結變少，而情緒本身成爲決定行爲的因素。此時嬰兒會有鑑定或評估事件的能力（見第八章）。

在社會情緒的範疇內的所謂精熟或「練習」階段（參考 Mahler et al., 1975）是指嬰兒開始自己探索世界而間歇的回到照顧者身邊，這些反應和皮亞傑第五階段（十二到十八個月）的描述相符，具有經由實驗而發現新方法、追尋新奇並引發新結果的特徵。事件的原因漸與孩子自身的行爲分開，而人和物成爲因果關係中各自獨立的核心。很明顯地，這些發展均與自我覺察的開始密切相關（第十一章）。自我覺察最終在十八個月時引導出好感、羞愧、防禦以及正向的自我評價。這些發展是以具備抽象表徵的開始和基模內化的能力爲基礎，而獨立於行動（皮亞傑的階段六）。這些都需具備一個自我的表徵。

情緒及情緒發展的認知基礎

在前述幾章中隱含著一個假設，即認知能力的拓展和情緒的發生同時並進，而且認知發展是情緒發展的基礎。唯有再認（「覺知」）的情況下才有愉悅、失望或是警覺。唯有具

備一些因果關係、意圖、物體恆存以及意義的發展，才會有快樂、害怕和生氣。驚訝（意料外）也緊密根源於認知的發展，以至於被指稱為「智識性的」情緒。在記憶發展充份之前無法對一事件有確切的預期。此外，區辨第四章到第六章所提到的成熟的情緒以及其先驅反應也有賴於認知因素。以害怕為例，之所以不同於警覺是在於害怕是一種經同化到負面基模的負類反應。事件順序、佈景和其它層面的情境效應將在第八章討論，這些均明顯反映出認知的歷程。

或許最引人入勝的實徵證據是在正面情感的研究中發現認知因素與情感表達間的特定關連。誠如勒那羅（*Zelazo & Komer, 1971*）的研究中指出微笑開啟了嬰兒認知發展的一扇「窗戶」。嬰兒對他人臉孔展露微笑的歷程從（一）不規則微笑到（二）穩定但對所有臉孔微笑到（三）特定只於再認出照顧者的臉孔時微笑就是一個明顯的例子。在十週起對任何臉孔微笑之後，直到四至五個月嬰兒能對臉孔基模分化時，他們才選擇性地對高度熟悉的臉孔微笑。更進一步的發展是在將近一歲時嬰兒迎向照顧者的行為，則是有賴於分類再認（*Vaughn, 1977*）。看到照顧者立刻露出熱切反應代表著由過去正向互動同化至一特別的正向基模。

同時，在引發正向情感的事件本質上也有發展的趨勢；先前合適的刺激失去它的效能，更細緻與些微的不一致事件變成為更有力的刺激（*Kagan, 1971; Sroufe & Wunsch, 1972*）。在產生情緒反應時，在反應的速度以及嘗試的次數上，都發現年齡上的差異（*e.g., Sroufe & Wunsch, 1972*），亦反映出在同化訊息能力上的差異。在實驗室中研究逐次的效應變化（見第五章）發現基模的形成、費力的同

164

化以及最後毫不費力的同化和失去興趣。正向情緒之中摻雜著因心智努力而產生的緊張狀態。

另有資料指出驚訝反應如同認知為基礎的理論所預測是在八個月後才能產生。查勒斯沃茲和庫瑞哲（*Charleswoth & Kreutzer , 1973*）摘要整理了關於「驚訝」的發現，其中也包括查勒斯沃茲本人的研究結果。前述馮漢和索諾夫（*Vaughn & Sroufe, 1979*）的研究發現（第四章）更被確證。對於嬰兒的姿勢和面部表情所做的錄影資料指出，戴著面具的照顧者與陌生人自屏幕後走出的確打斷了嬰兒正進行的行為；也就是說嬰兒對此事件產生「錯誤預期」。每當看見的典型「驚訝」面部表情時，這些表情總是跟隨著對一件事的錯誤預期。更常見的是露出驚訝面部表情的成分（如揚眉、低下顎等）。雖然八個月大那組（*N=12*）的嬰兒中，只有一個表現出典型的驚訝面部表情，但這些驚訝表情的成分可見於八個月大的嬰兒臉上。有趣的是，研究中若八個月大的嬰兒不具「人的恆常性」概念（也就是說那些似乎在母親消失於屏幕之後會忘記此遊戲和母親的嬰兒），甚至無法表現出驚訝面部表情的成分；只有那些保持主動預期的嬰兒才能。

不令人驚訝的，許多研究者已經發現情緒和物體概念發展之間的關係。例如希帕堤和索諾夫（*Cicchetti & Sroufe, 1978*）在他們唐氏症嬰兒的樣本中發現第四階段物體恆常性（此時嬰兒會搜尋一個完全隱藏的物體）和對特定物的開懷大笑有關。建立物體概念的進階和嫌惡反應間的關係是比較困難的。雖然一些研究者無法發現對陌生人的害怕和物體恆存性之間的關係（見 *Sroufe, 1977*之文獻回顧），其中一個

研究的確出現人恆常性（當一個人被藏起來的時候）和陌生人反應之間的關係；也就是表現出對陌生人警覺的嬰兒更在母親隱藏時主動尋找她（*Paradise & Curcio, 1974*）。然而，此發現仍尚無定論，因為研究中對人恆常性的測量總是在陌生人迫近之後才進行，所以越是害怕的嬰兒越可能有動機去找他的母親。

尋找對陌生人嫌惡反應的認知基礎之所以困難的一個可能原因是研究者須建立嬰兒的整體發展狀況。這情形最可能是情感與認知的相互影響而非線性因果（從認知影響情感）。一個嬰兒並不會因「達到」物體概念的第四個階段，然後突然顯露出抗拒分離和嫌惡陌生人。而是，如第三章所討論的，情感經驗支持著認知進階的開始與嘗試。與分離（以及其它不可得的物體）相關的情感經驗代表著物體與嬰兒的關係開始成形。嬰兒覺知到物體是分離的，是超乎他／她的影響的，這正是情感反應的產物。同樣地，也表示情感反應是認知發展的產物。這是共同決定的。

新奇刺激的角色（「認知的不一致性」）

許多學者追隨皮亞傑（*Piaget，1952*）而強調在面對新奇刺激時基模的形成、以及同化與異化（如 *Kagan, 1971; McCall & McGhee, 1977; Zelazo, 1972*）。隨著重複接觸，嬰兒形成對自身經驗的心智表徵（模式）。這些模式在嬰兒最初的前半年裡，以一種初始的形式存在。在第二個半年中，它們不只更加精緻，而且還能被提取與當下經驗作比較（不同於早期的再認記憶）。於是一個不一致或「有差距」的

情緒發展

事件，能活化現存的結構，但不能被同化進入這些結構中。
這樣有差距的事件是極為鮮明而且能造成一個激發的狀態。
若差距得以解決，那麼這樣的狀態將導致正向情緒；若無法
解決差距，那麼這樣的狀態可能導致負向情緒。

顧名思義，這個「差距假說（discrepancy hypothesis）」
強調差異的程度，而且用以解釋許多發展的現象（Kagan,
1971; McCall & McGhee, 1977）。嬰兒對人們的反應之發展
改變就是一個主要的例子。嬰兒隨發展而對外在看起來一樣
的事件—即對一個不熟悉的人的出現—有著不同的反應。支
持差距假說的學者認為這些改變與認知的進展平行。認知的
進展可反映於當三個月大的嬰兒對著所有臉孔，不管照顧者
或拜訪者皆一視同仁地微笑。任何臉孔皆可同化成為嬰兒所
建構的一般面孔基模。之後，對著不動的臉孔微笑的頻率降
低代表一般臉孔基模已發展完備，而不再有差距存在
（Hoffman, 1985）。對特定照顧者微笑表示基模漸漸分化。
此時，任何照顧者的臉孔出現均具中度的差距（而能同化於）
照顧者所特有的基模中。然後，在第二個半年中，認知上更
進一步的發展，而於此時嬰兒開始持續對陌生人有嫌惡的反
應。這個論點在於陌生人臉孔和已建構的熟悉者臉孔的差距
太大，而且同化與異化（調適）均無法解決這個差異。在短
暫的接觸中，嬰兒已能使用分化基模對陌生人產生嫌惡反應
（亦見 Spitz, 1965）。

如同我們將在第八章討論到「差距假說」固然具解釋
力，但是它不適合解釋陌生人反應，而且它含有概念上的問
題。強調刺激事件的差距大小引發一個無解的方法問題（定
義中度差距是足夠引出一個反應的差距是一個循環論證），

而且忽略了關鍵的主觀因素。不過我們仍然在此談及此假說是因為它確實說明認知和情緒間緊密的相互作用。

唐氏症嬰兒的情緒發展

對於心智遲緩兒童的研究，提供了探討認知和情緒發展間關係的切入點。唐氏症嬰兒提供了一個獨特的研究機會。這些孩子在出生時即可確認，其病源是同質的，但是他們卻有從接近正常的認知運作到嚴重智能遲緩的結果。他們本身就是一個自生命之初追蹤認知與情感交織發展的自然實驗。

希帕堤做了一項探討唐氏症嬰兒正向情感和害怕發展的劃時代的研究（*Cicchetti & Beghly, 1990; Cicchetti & Sroufe, 1976, 1978; Mans et al., 1978*）。研究對象是超過一百五十名嬰兒與兒童，其中許多接受追蹤研究。一組包括二十五位嬰兒在兩歲前每個月被觀察一次。他們的認知發展以貝利（*Bayley*）心智與動作發展量表和尤基利斯—杭特（*Uzgiris-Hunt*）認知發展量表為測量。在每個月的觀察中均採索洛夫和馮許(*Sroufe & Wunsch, 1972*)對正常嬰兒發展出的程序，對唐氏症嬰兒的微笑和大笑作系統性的觀察。同時也觀察這些以及其他嬰兒對視覺懸崖（*p.162*）、模糊刺激（*p.160*）以及安思渥斯的依附程序（第十章）的反應。接著，測量他們的遊戲和語言能力（如 *Motti, Cicchetti, Sroufe, 1983*）。

本研究早期對於微笑和大笑的發展是相當清楚的。正如第五章所報告的，如同我們所預期這些嬰兒在早期外因性

168

情緒發展

的微笑和大笑上，有全面落後的現象。當社會性笑容的確出現在這些兒童臉上時，它的強度比正常兒童弱，也比較不那麼生動（亦見 *Emde, Katz & Thorp, 1978, p.352*）。大笑原本就是相當罕見的，據推測可能是因為它需要對事件進行快速認知歷程而產生一個足量的「激發凸」（*Berlyne, 1969*）。希帕堤（*Cicchetti*）的研究中所觀察到唐氏症嬰兒典型的大笑始於九個月時，而一般嬰兒則發生於四個月時。肌肉張力極弱（以及重度智能遲緩）的嬰兒，在生命的第一年中完全無法展現笑容。但不論開始的延宕以及相對低頻率的笑容，這些嬰兒仍然跟索洛夫和馮許的發現相同與一般嬰兒對引發微笑的物件順序是一樣的；也就是他們先對干擾的聽覺和觸覺刺激大笑，而只有在後來才對細微的社會和視覺刺激大笑（參照表5.2）。當微笑被視為是正向情感的指標時，這樣的順序就更為明顯。最重要的是，希帕堤所稱情感發展充分與明確的指標（對三件社會或視覺刺激發出微笑的年齡）與貝利心智與動作發展量表和尤基利斯－杭特認知發展量表得分相關。貝利心智與動作發展指標與情感指標的整體相關是.89，在這些工具的信度條件下，這樣的相關是明顯的。認知和情感發展間的關係，也可見於精細的觀察層次中；例如，只有當嬰兒交替玩「拉與拖遊戲」的物件（表5.2之第16項），才觀察得到大笑的發生。如同在第三章和第五章中所討論的，若沒有領悟到那個遊戲，嬰兒不可能展現出大笑來。這些都是對於情緒和認知發展間緊密連結的強而有力的證據。

　　發現對物體概念層次的進階、因果關係與對社會性和視覺刺激表現正向情感反應之間的關連足以確立此關連絕非

偶然。正常的嬰兒快速發展過程中，無疑的在不同領域間的發展發生平行的變化。即使在發展遲緩的嬰兒中，各領域間的變化仍具時序關係，以及個別嬰兒間強烈一致性的事實證實這是一個相互關連的發展歷程。

　　唐氏症兒童的害怕發展和認知發展之間也展現出緊密的聯繫。同樣的，較之現存常模，整體而言，這些孩童的分離反應、對視覺懸崖的害怕反應、以及對黑暗中模糊的刺激產生預期性的嫌惡反應的起始發生時間都相當延遲（見第六章）。預期性的防禦反應具明顯的認知（意義）基礎，這一點由它們出現在第二次迅速迫近的刺激出現之前發生的事實所驗證。唐氏症嬰兒對這類反應有顯著延宕，而不似在新生兒期就存在的眨眼反射。正如微笑和大笑一般，在貝利量表上的測量層次，以及尤基利斯－杭特認知發展量表所得之物體概念層次延宕與此完全一致。它也和正向情緒的指標有關，顯示正向和負向的情緒具共同的發展（認知）歷程。不敢跨越視覺懸崖上，以及其他在那個情境下的負面反應，亦都同樣地和認知發展的層次有關。只有在那些認知發展較佳的唐氏症嬰兒，在開始爬行後一個月後（正常嬰兒此時在懸崖上表現出害怕）展現出上述視覺懸崖的反應。

　　貫穿整個感覺動作期，這些兒童的情緒發展與一般正常兒童的發展階段行進方向相同但速率較慢。在一個追蹤研究中，史皮克(*Spiker，1990*)發現部分希帕堤的受試兒童，能夠進展至相當於「煩人的兩歲」階段，表現出反抗和對立的行為。這些發現與傳統所認為唐氏症兒童是友善的看法相左，但與父母親的經驗一致。此否定期相當於二歲的兒童心智年齡為，也就是在典型唐氏症兒三至四歲之時。

170

情緒發展

　　同樣地，觀察其中一組兒童四至五歲時的情感與認知的測量表現上再度發現驚人的一致性（*Motti et al., 1983*）。例如，符號遊戲的層次與遊戲熱情、以及遊戲中嬰兒與照顧者情感分享均有相關（$r = .73$　和　$r = .45$）。如同在十個月大時測量所得之情感反應一樣，兩歲時在貝利量表的表現能強烈預測情感（與「熱情」的相關為 $.58$）和認知（$.72$）。這整筆資料明顯指出情感和認知間的相互依賴關係。

　　希帕堤（*Cicchetti*）研究的主要結論是唐氏症兒童表現出正常發展模式的行為組織。希帕堤強調這些兒童的較慢發展步調清晰的提供了一個發展現象的基本特質。在此發展進行中顯見認知、社會和情緒層面的整合。五歲大的唐氏症兒童可能表現出發展上有一年、兩年或三年的落後，但它們的行為組織與無遲緩的幼兒無異。我們發現他們與一般兒童一樣會專心的探索，一樣會分享發現的喜悅，以及精熟的快樂（或創造的驕傲），雖然他們可能沒有表情。情緒在引導遊戲和互動或發現的行為鏈中有著相似的角色。例如，兒童奮力去打開一個盒子，嘗試不同方法，堅持地，然後帶著微笑對照顧者發出驚呼「我做到了！」。除了唐氏症兒童的身體特徵，低調與通常遲緩的語言發展，這些兒童的遊戲與一般但較年幼的兒童不分軒輊。他們依附著照顧者以此為探索的基地，他們帶著情感地參與環境，以及在他們的認知發展限度內是富於想像的、創造力、而且無疑地是充滿活力地。他們與正常發展的兒童一樣表現出一段否認期，他們會生氣、害怕和感到罪惡。這些反應所發生的環境脈絡與引起正常兒童這些情緒的情境條件相同。

認知發展以及持續的情緒發展

在前面的討論中已經強調認知伴隨愉快和害怕等情緒的情形通常發生於一歲之前。接下來的情緒發展本質上亦與認知發展連結。一些特定的情緒必須有表徵與他人關係的能力（如悲痛，好感），一些情緒必須能體驗到自我概念的演變（例如羞愧），而另一些情緒必須比較行為和內在標準（驕傲，罪惡感）。這些都需要認知能力（雖然它們也影響著認知的發展）。例如一個人無法經驗焦慮除非知覺到自我（無論此時的自我是如何粗糙簡單）受到威脅，或者讓自我感受到羞愧除非具備一些自我覺察的能力。

焦慮雖然不是一種單純的情緒，卻是一個有趣的例子，因為新的焦慮基礎隨發展而產生。如同布瑞格（*Breger*，*1974*）所述，焦慮的原型是一種分離經驗中的無助感。對嬰兒而言，這種分離經驗代表他或她失去了一個最初的「自我系統」中極為重要的部份，這系統在一歲前包括照顧者。這樣的焦慮經驗從嬰兒將照顧者再認為一個獨立的「個體」開始。然後，在第二年中，認知的增長使嬰兒能將焦慮的基礎超越原始的分離，而成為對失去愛的害怕（心理上的分離，也可能發生於被責罵時）。之後，年幼的兒童即使在沒有成人在場的情況下，仍然可能因為他或她違反已知的禁令而感到焦慮（我們稱為罪惡感）。這是一種比較抽象的分離感，不過其中典型的自我失落感仍然存在。最後，我們可以視成人期的存在焦慮為一種對個人自我統整的威脅。自始至終，這樣的發展歷程完全和認知發展交織在一起。

霍夫曼（*Hoffman*，*1985*）特別闡述情緒的基礎如何隨對因果關係瞭解程度的增進而改變。一個學步兒在跌倒時，

情緒發展

可能會對在場的照顧者生氣，雖然是他或她本身造成這個意外；但是一個學齡前的兒童就不會如此。同樣地，學步兒會對面露悲傷的母親說對不起，因為他們覺得應對母親的悲傷負責任（*Zahn-Waxler, Radke-Yarrow, & King, 1979*）。然而，我們再次發現學齡前的兒童就不會如此，雖然這時學齡前的兒童有較進階的內疚反應。

同理心及攻擊/敵意兩者均明確的和認知發展有連結。雖然此時嬰兒尚不具備這些能力，但此二者皆由嬰兒期之前驅反應發展而來，並在學步期晚期發展出相當的能力（*Eisenberg, 1989；Hoffman, 1979*）。研究顯示在學步晚期不論是同理心或攻擊行為均是以物體而非個人為中心（*Bronson, 1981*）。例如，一個嬰兒看到另外一個嬰兒嘗試碰觸一樣物體。因為此物體較靠近第一個嬰兒，他／她就將此物推至第二個嬰兒可觸及的範圍。布朗森（*Brosnon, 1972, 1981*）將此行為解釋為嬰兒的認知上尋求親近的需求。在生命的第二年中，嬰兒能認出意圖行為及其可能結果—嬰兒將此意圖視為己有，為了完成而合作將之完成。這樣的行為還不算是真正的同理。是針對行為鏈做出反應，並不涉及另一個人的目標或感覺。在這個年紀，很少會對他人做視覺的確認或分享感覺。不過，這樣以物體／行動中心的行為仍然是後續以同理為基礎的利社會行為的根本。它代表著角色取替能力的開始。

布朗森注意到攻擊性行為有相似的物體中心前驅現象。在學步期，攻擊性行為幾乎總是涉及物體—所謂共同擁有的問題。一個孩子的東西被另一個拿走，或是兩個孩子同時拿到同一個東西而產生爭執。再次提醒您，處在這個年紀

173

的孩童很少顧慮到他人。當得到這個東西時，「敵意」就消失了，雖然其中一個孩童會覺得苦惱。在早期的衝突中，孩童「無意間」學到強硬的行動經常會成功。後來成為具有敵意和攻擊性的兒童將視此為必要的手段。另一些研究指出在學步期結束時，孩童依「佔有的規則」反應（*Brownell & Brown, 1985*）。相較於十八個月大的幼兒，二十四個月大的幼兒比較不常試圖拿已經屬於別的同儕的東西，而較常試著去交涉。他們也較可能將東西讓給之前在玩它的夥伴。

從許多方面來看，真正的同理心/利他行為以及具敵意的攻擊行為運用相同的認知進階—也就是兒童對他人感覺的理解。同理和利他的能力，涉及理解其他兒童的感覺和渴望，然後針那這些感覺作反應。同樣地，欲尖銳敵意，則須了解他人的境遇，以及他人的行為最可能結果。例如，一個不受歡迎的五歲男孩，正在把玩一個非洲的面具，並對著附近的兒童咆哮。一個女孩被嚇到而往後退。帶面具的男孩選擇性的對這個女孩用更激烈的方式，讓她哭著離開。當然，相同的理解，也能使他拿下面具令女孩安心，我們可以看到許多四到五歲的兒童是這樣做的（*Kestenbaum, Farber, & Sroufe, 1989*）。

情緒對認知的相互影響

幾乎所有前述之研究所發現的相關本質，亦可被視為情緒對認知的「影響」，故可以簡單的將情緒和認知發展視為一起進行的。例如，研究發現最低肌肉張力的唐氏症兒

174

童，在情緒表達和心智測驗表現上都大幅落後，這樣的發現亦可以被視作因為情緒經驗貧乏造成的認知發展落後所致。當然，前述許多作者雖都瞭解到其論點並非絕對，但仍以認知影響情緒來解釋現象。值得一提的是，這些證據鮮少以另一觀點檢視或質疑。

有許多方式將情緒對認知的「影響」概念化。霍夫曼（*Hoffman，1985*）列出三個方式並佐證於成人以及年長兒童的研究。第一，情感可能會引發或破壞訊息的處理或選擇性處理的結果。第二，情感能重組記憶。人的一生中情意狀態會促進回憶與此情感一致的訊息。霍夫曼相信，這個組織上的屬性是幼兒學習腳本的基礎（例如：你在麥當勞會做些什麼；見 *Nealson & Grundel, 1981*），因為這些情境通常有一個強烈的情緒基調。第三，情感輔助以情緒主導的分類與基模的形成。當新的刺激被同化進入一特定情感類別中，過去的情緒被轉移至這些刺激上。以費斯基（*Fiske, 1982*）的概念來說，「情感的產生可由過去事件所得經驗形成一個整體的類別，然後納入新的事件」（*p.61*）。

在嬰兒期情緒可能的角色主要是作為嬰兒最初的溝通和意義的中介，並作為早期概念形成的基礎（*e.g., Kellerman, 1983; Stechler & Carpenter, 1967*）。凱勒門（*Kellerman*）認為「概念最早的方式是具情感基調的表徵。這個想法隱喻著認知衍生自未定型的情緒；亦即想法是情感、心境和一組情緒的具體語言」（*p.319*）。他繼續討論音調和字尾在嬰兒的牙語中的細微差異。這些聲音和字尾的變異，讓嬰兒所發出的音素，對嬰兒本身和他人而言都是有意義的。而且這個（分享的）意義是帶著情感的（見

175

Brazelton & Cramer, 1990; Stern, 1985）。

　　情感有時可以視為能促進、激發或導出認知努力。在第五章中，我們曾討論過正向情感在持續與新奇事件接觸上（因而促進了同化）的角色。許多研究者報告當嬰兒和照顧者愉快地互動時，可觀察到嬰兒自發性地使用他最複雜的行為（*Escalona, 1968; Stern, 1974*）。查勒斯沃茲（*Charlesworth, 1969*）指出在驚訝反應上也有類似的影響。能引起驚訝的事件一而再的有效，並沒有一般重複事件的習慣化現象。由此可見，情緒反應是和環境接觸的中介。

　　另一個情緒因子引發認知的例子，是對於「照顧者恆存性」與物體恆存性的比較研究。西米雅・貝爾（*Sylvia Bell, 1970*）在一個標竿的研究中，說明照顧者恆存性和物體恆存性之間的發展上有不一致的現象，這個現象會受到依附安全性的影響。在第十章中也將討論到，安全依附的嬰兒會主動探索以及在分離後會主動尋求接觸，而且在難過時能隨時接受照顧者的安撫。焦慮型依附的嬰兒很少探索、很難安撫，或者在短暫的分離後再重聚時避開照顧者。在貝爾的研究中，安全依附的嬰兒會表現出比物體恆存性（相較於皮亞傑的物體概念階段，特別是搜尋行為）較高層次的照顧者恆存性，然而焦慮型依附的嬰兒，會表現出較高層次的物體恆存性，或者在兩者的表現沒有不同。貝爾的研究中，因使用不同的程序測量個人恆存性和母親恆存性，因此母親恆存性是否普通先於物體恆存性的發展仍有質疑（*Jackson, Campos, Fischer, 1978*）。但是研究中兩組嬰兒所使用的實驗程序皆相同，故組間差異並非因為這個對程序的批評。此外，錢仁（*Chazan, 1981*）的研究亦得此結果。有人主張

情緒發展

安全依附的嬰兒有較高動機找尋他們的母親。這簡潔地說明了情感的連結促進嬰兒表現出他最好的能力。這樣的主張接近貝爾強調嬰兒和照顧者的正向關係影響著認知增進的解釋。照顧者對安全依附的嬰兒來說是一個非常特別的人，她和過去以正向基調交流的經驗相結合。這些互動經驗史讓幼兒越來越理解到，照顧者是一個分離而獨立的個體。依附品質和後續個體的發展之間的關係，將是本書第三部分的主題。

曾有研究指出，情感得以用來說明認知發展的進階，更進一步闡明發展的整體性。哈密朗（*Haviland*，*1975*）在一篇重要的論文中說明，為什麼那些測量嬰兒認知成長的研究者，包括皮亞傑和嬰兒測驗者，重複地以興趣、驚訝以及其他情感表達來決定認知表現的水準。例如在皮亞傑的一個著名的例子中，勞倫（*Laurent*）對於物體恆存的知識，並不單純由他對火材盒所作的行為來推論。而是藉由他對那個火材盒有興趣，所以在火材盒消失後，他先是驚訝，然後感到失望，而且關於火材盒的再現表現出熱切的期盼。同樣地，當皮亞傑反覆地讓他的奶瓶消失時，勞倫(*Laurent*)的生氣代表著他已超越較小嬰兒所具備的能力。而且情緒的消失也都被皮亞傑用來推論該嬰兒缺乏對物體恆常性的體認。希帕堤和海斯(*Cicchetti & Hesse, 1983*)詳盡地闡述此想法。同樣地，亞羅和他的同事（如*Yarrow, Rubenstein, & Peterson, 1975*）在研究他們所謂的「認知—動機」變項，類似皮亞傑的次級循環反應時，嬰兒所創造的令人驚訝的表現是不可能在沒有持續投入情意的情況下發生。

另一些人指出情緒測量能有效預測後續認知的表現。

例如比倫斯和戈登（*Brins & Golden, 1972*）發現工作中的愉悅較早期認知測量更能預測後續認知表現。同樣地，希帕堤和索洛夫(*Cicchetti & Sroufe, 1976, 1978*)發現，一組唐氏症嬰兒在九個月大時對一些特定的事物展現的大笑（以中數劃分），可以預測他們十六個月大時的貝利分數，而且組間沒有重疊。早期對複雜事件展現的大笑，是一個極佳的預測依據，因為它緊扣住嬰兒的動機、注意力、情意以及認知能力（例如：技能）。情緒必須具整合性。

結論

　　情緒和認知的互相依賴關係為眾多的證據所支持。雖然事實上不論是從認知影響情緒或者從情緒到認知，兩者間簡單的線性因果關係，卻少有支持。將情緒和認知兩者視為整體發展歷程的兩個互補向度是比較恰當的，亦即認知供情緒所用，而情緒引發認知。情緒經驗和認知發展的相互影響，將是進一步研究的重要領域。解答最重要問題的一個途徑是對個別案例進行精細的縱貫研究。關鍵假設是，認知功能的質性進階可能由環境中關鍵的（具情緒性的）交流所激起。只有當這樣的交流在密集地認知測量下被記錄量化，才能論證所預期的關係。同時關切認知與情緒進階中持續進行的相互影響的研究將能提供最豐富資料與解答。

178

第八章　意義、評價與情緒

「情緒」衍生於對特定情境的意義結構，對個人重要
的事件，而且此重要性是經由他或她的評估。

——富利基達（Frijda, 1988）

激發能催化和組織行為但...過高且過久的生理激發
反而具擾亂性...情緒調節對於獲得情緒歷程整合和高階
心理適應控制均不可或缺。

——湯普生（Thompson, 1990）

主觀性和意義是瞭解所有情緒發展面向的關鍵
（Emde, 1980; Lazarus, 1991）。它們是情緒反應的中心定
義，代表著嬰兒和特殊事件之間的核心關係。因為此歷程以
嬰兒對事件意義的增長為基礎，故成為自前驅物發展出成熟
情緒的依據。同時，它們是解釋為何在看似相仿的情境中激
起一個特定情緒而非另一種情緒的關鍵。最後，隨著發展，
主觀性和意義成為理解情緒生活中個別差異的必要條件。

本章中我們將回顧情緒的主觀因素和意義的角色，以便
進一步檢驗情緒表達和調節上的個別差異。在出生後第一年
結束時，嬰兒不再只是對事件本身，而是根據他對事件的理
解來決定情緒反應和個人的反應。此外，對於事件的意義和
情緒激發的明顯個別差異已然形成。尤其對新奇或不一致情
境更是如此，是人類適應環境的關鍵。

在嬰兒期間（以及之後）特定性的以及主觀意義均與日

俱增。例如害怕和警覺在特定性上有所差別，害怕是對特定事件的一個類別化反應。同時，相對於早期的警覺，害怕反映了更多主觀性，也就是此事件對特定嬰兒的關係。會害怕的嬰兒所見到的陌生人與不害怕的嬰兒（年紀較輕、發展較緩、對陌生人有較多或較少經驗、或者較具安全感）並無不同。情境條件相同的但對嬰兒的意義卻是不同的。

在十個月大的時候就沒有所謂對事情單純的知覺。事件與先前事件以及現在的意義相關連。當嬰兒看到一位穿著白色實驗外套的陌生人，過去曾經歷的情感就自動成為當下知覺的一部份。此外，嬰兒並不是先看到陌生人，然後想起過去的經驗；而是這過去的經驗也成為「看」的一部份（亦見 *Schore, 1994, p.315*）。我們在處理認知活動時情感早已包含於其中。

不論一般性或個人的情緒發展的關鍵均在於嬰兒與其環境互動時所發現的意義。賦予事件意義的主觀心智歷程稱為「評價」。與在第四章所提到的發展概論和在第五到七章的認知考量一致的是：評價的能力明顯出現於第二個半年中，由早期的基礎和符號能力的發展衍生而來。評價能力強烈的影響情感系統的開展。此外，在發展的過程中，在一個情境中決定情感反應的特質是極其重要的。

評價能力是各式情感系統發展的共同的基本歷程，它也是解釋各情感系統間親密關係的中心概念。例如在幾個世紀前哲學家已經體認到大笑和害怕之間的緊密關係。而且在最早的描述中，解釋歷程就被視為是決定情緒反應的關鍵角色。比如康德（*Kant, 1790, 引自Berlyne, 1969*）描述大笑是「自一個緊張的預期突然轉變到平靜」。大笑和害怕間的

180

情緒發展

細微分野僅在於對事件的解釋上的改變。我們在開始研究情感發展時也發覺這種密切的關係。

我們研究「大笑」發展（*Sroufe & Wunsch, 1972*）的初期就發現是原先引發害怕的同一事件最能引發正向情緒。約翰・華生（*John B. Watson, 1924/1970*）和其他研究者曾將失去身體平衡和聽到巨響列為兩個主要非制約刺激，但它們也是最能引發大笑的刺激，尤其是在嬰兒半歲以前。面具廣泛在害怕的研究中被使用（*Hebb, 1949; Scarr & Salapatek, 1970*），然而在我們的研究中，面具被母親用在家庭遊戲的情境中（而非在實驗室被實驗者所用），面具總是引發十到十二個月大嬰兒的正向情緒。巨響、失衡和面具都可能引發害怕或愉快，這是非常令人振奮的觀察。

不同於其他人（例如 *Ambrose, 1963*）將大笑解釋為一個害怕和高興的混合（正反情感的混合），我們的解釋強調大笑是最大的正面反應。大笑反映一個純粹的正向情感，是奠基於對一特定事件的早期嘗試所生之微笑，然後隨著持續的呈現又減弱為微笑。一般而言，我們並不太可能在一些嘗試之後才注意到負面成份，而後又置之不理。同一物件若能引發大笑和害怕意味著其間一個連結，但並不意指大笑是部分或混雜著害怕反應。

從發展的觀點來看，強烈正面和強烈負面情緒之間的關係是突顯的。嬰兒能對對母親戴面具靠近引起大笑的年齡與能對陌生人戴面具靠近露出害怕的年齡相仿。第五章中我們也曾討論過，早期引起嬰兒不安的東西（通常是非常干擾的事件）在往後幾個月也有可能引發大笑。最後，害怕和喜悅平行發展的過程更顯見於發展遲緩幼兒的研究（*Cicchetti &*

Sroufe，1978）。不但發展遲緩的嚴重程度與正面和負面情感發展的遲滯程度相對照，而且這兩個領域的發展趨勢完全平行。舉例來說，那就是嬰兒對模糊視覺刺激的預期性負面反應若有五個月的延遲，也亦會對視覺和社會事件有微笑或大笑反應有相似的延宕（參考表5.2）。而且，一般而言唐氏症的嬰兒在嬰兒時期較少顯現大笑，也很少顯現出害怕。臉部肌肉極度僵硬的唐氏症嬰兒則可能在出生的第一年都看不到這兩種反應（見第七章）。顯然地，強烈正面和立即負面情緒具相同的發展順序和一些共同的機制。

面對新奇產生喜悅或害怕的決定因素

「緊張」是皮亞傑（*Piaget，1952*）的平衡歷程中的一部份，在第五章解釋大笑具核心角色。嬰兒以認知參與新的事件，努力調適時，緊張是自然產生的副產品。當這些努力導致（快速）同化，就產生微笑（或是大笑）。但緊張必須總是和愉快有關連嗎？顯然不是。有時失衡與不確定會造成痛苦。海伯（*Hebb，1949*）、伯利米（*Berlyne，1969*）和其他卓越的理論學家以此為解釋害怕的概念基礎。我們提出一個相似的立場來描述警覺（第六章）。所以主要的問題在於不平衡會造成痛苦，又有時會造成愉快。認知扮演了一個角色，但其它發展層面如情緒經驗史亦然。

卡根（*Kagan*）和其它發展學者所提出之差異假設（第七章）強調了差異量或相似度。依此觀點，正面情感發生於面對「中度差異」刺激之時，因為新刺激與熟悉的刺激並非太

情緒發展

不相同，嬰兒可以改變他的心智結構以容納此差異事件。差異過大的事件將導致同化失敗而且感到害怕。

此單純之認知立場因其中無可避免之循環論證而遭受批評（若嬰兒露出正向情感則為中度差異）。因為大多社會情緒情境的複雜性以及個人經驗的差異使預先定義所謂中度差異相當困難。此外，這個論點需要實徵的基礎，因為同一嬰兒對不同情境中的同一刺激反應不同。

我自己的觀點強調以情境為基礎的評價（*Sroufe, 1984; Sroufe, Waters & Matas, 1974*）。參與一個不同的或新奇事件會產生激發或緊張。但並不代表特定的激發量會自動引發不安。差異只在決定情感表現上扮演一部分的角色。刺激的因素像是強度、差異性、新奇、複雜度和凸顯性（*Berlyne, 1969*），主要影響著產生注意力和激發的程度，因此這是情感反應的**強度**而非方向性。巨響（因為其強度）和面具的靠近（因為對較大嬰兒的不一致的程度和凸顯性）所產生的激發足夠引發出強烈正向或負向情感。

情感的*方向性*（情感的基調）取決於嬰兒調節緊張的能力（例如發展層次）以及對情境的安全感。史泰勒和卡派特（*Stechler & Carpenter , 1967*)曾提出相同的觀點：

差異性和它的同義字是指量（*quantitative*）而沒有方向性的意義。必須有差異性以外的進一步訊息，才能決定此激發之愉悅性為正面或是負面的質（*quality*）。而情感的質性是訊息模式最難解釋的（*p.173*，特別強調）。

他們進一步說明訊息不但必須描述其負荷量也必須描述其意義。因此，正向或負向情緒的表現同時取決於激發（包

括同化）和嬰兒對情境基礎的評價。

這情感的雙因子模式得到大量實徵證據的支持。在早期的研究上我們發現在實驗室中對於陌生人比在家裡明顯地有較多的負面反應（包含了外顯行為和心跳加速）（*Sroufe et al., 1974*）。卡根（*Kagan, 1971*）根據差異模式（陌生人在家中更具差異性）所做的預測與此結果相反。此外，當嬰兒有時間熟悉實驗室（十分鐘），相同的陌生人以同樣的方式接近則產生較少的負向反應（*50%*相對於在只有*30*秒熟悉時間的*93%*）。刺激的差異性並不改變，變的只是呈現刺激的情境。

另外，在害怕陌生人的文獻中的一個基本發現是：如果一個嬰兒在早先陌生人接近時有不安的反應，他或她在第二次的情況下會有更多和更快產生不安，即使在此兩次事件間嬰兒已經完全平靜下來。此現象被解釋為因為陌生人在第二次時（較快產生同化失敗）較具差異性並不合適；而應將此視為嬰兒對威脅的閾值降低了。第一次經驗中的不安反應成為評價第二次接近時的情境條件。事實上此時完全沒有所謂同化失敗。此事件在一開始就被視為是嬰兒不想要的。嬰兒將之評價為負面的。

一系列面具臉的研究提供了更多的證據（*Sroufe et al., 1974*）。如前所述，當在家中嬉戲時，母親在嬰兒面前戴上面具然後接近嬰兒，十個月大的嬰兒的普遍反應是露出笑容，其中*50%*大笑。在實驗室中，同樣的程序則產生非常少的大笑（在很多研究中是*18%*到*33%*），雖然很多的幼兒仍然是微笑的。而且，如果在實驗室中與母親短暫分離，則將會大幅地的改變嬰兒對於情境的評價，此時對於戴面具的母

184

親的微笑會大量減少，而且沒有大笑的反應。同樣地，如果一個陌生人先戴面具接近，嬰兒也較不會對接著戴面具走近的母親微笑。有些甚至哭了。另一方面，當母親先戴面具接近時則會增加對陌生人的笑容（見 *Sroufe et al.*, *1974*）。

最後，測驗三位跟母親分離的嬰兒（雖然在高椅上安心的玩），在陌生人戴著面具接近的情境下這三位嬰兒都哭了。也就是說情境的改變使面具程序可能產生全然正面到全然負面的情緒。

評價的角色

單純認知的考量無法解釋這些結果。母親戴著面具在實驗室中、或在分離之後、或在陌生人接近之後比在家中、或在分離之前、或陌生人接近之前差異較大並不是可能的解釋。事實上，我們認為假如看過（先前陌生人所戴著的）面具（因較熟悉），再看母親戴著面具應有較少的差異性。同樣地，陌生人戴著面具在母親不在時出現比母親在時出現具差異性也似乎是不太可能。此外，在陌生人反應的研究中發現，嬰兒坐在母親的腿上（更有可能注意到面孔之間的比較和差異）要比母親坐在幾英尺外時，嬰兒更少有負面反應。我們請母親們在家中用尼龍襪戴在她們的頭上，學狗吠聲，學企鵝走路，而且做其它古怪的事情。嬰兒喜悅的尖叫。很明顯的，單獨以差異性並不能解釋所有這些發現。

解釋這些資料有賴以情境為基礎的評價或威脅閾值的變化概念。另一個例子，照顧者以腳跟舉起一個十四個月大的

185

嬰兒是一個很大的激發。但是因為是照顧者而且嬰兒對激發具容忍度，所以對此威脅的閾值是高的。對此情境事件的評價是正面的，於是產生大笑。然而，在實驗室中在陌生人接近或是分離經驗之後，這個相同的程序會產生不安，即使是對同一位嬰兒在同一次訪視中。這並不是因為此嬰兒現在無法辨認這個事件。一個更合理的解釋是嬰兒不再能忍受這個熟悉但具刺激性的事件所產生的激發程度。照顧者的出現、有機會熟悉環境和以其偏好的事件順序等因素並不能減少事件的差異性（或較少激發），但它們改變了嬰兒在情境中對事件的評價。一般而言，嬰兒越對情境有安全感，就越有可能對新奇的事件用微笑、大笑和更少的害怕去反應生理上的激發。

這並不是說差異性（或是生理上的激發程度）不重要。戴著面具的母親比不戴面具更有可能產生正面情緒，而戴著面具的陌生人要比不戴面具的陌生人更可能產生負面情緒。面具的新奇性增加了生理上激發的程度。同時，第六章討論陌生人反應發現，慢慢的接近、讓嬰兒控制接近速度和使用熟悉的方式（躲貓貓，玩玩具）都能減少不安的量和頻率。我們可以將這些因素視為能增強了嬰兒同化／異化的努力。於是嬰兒得以將此經驗定錨於其他熟悉經驗中，同時這些因素仍可以於評價之中運作。

186

評價和發展

評價歷程的概念指出一個基本發展問題的解答。根據皮亞傑的假設：認知成長發生於同化的失敗和後續更新的調適（異化）努力。「害怕」是同化失敗的一個不可避免的結果，成為心理成長的問題。如果嬰兒在同化／調適的努力中重複失敗，這些失敗不斷帶來害怕和退縮而非持續的努力那麼將無法改變認知結構。只有在失敗後仍持續努力不懈才能促發改變。事實上，這就如同第五章所述，對於新奇事件再出現時由中性轉為笑容的發生順序。嬰兒能夠妥善處理與新奇相關連的高度激發，而在同化失敗下仍不失控於負面情感是一件極其重要的事。在特定情境下保持與環境的互動參與能促進認知成長（*Sroufe & Waters, 1976*）。

在面對情緒激發時保持有組織的行為也代表個別差異的一個重要的面向，我們將繼續探討此一主題至本書的最後一章。早期發展的中心議題可能就是情緒調適的持續成長（*Thampson, 1990*），其間責任持續轉換從照顧者的責任，轉為互動，再轉為孩童的責任（*Sroufe, 1989*）。如下所細述，年幼嬰兒自我安撫和自我調適的能力有限，而且經常面對（或超過）勢不可擋的激發限度（*Fogel, 1982*）。一開始，照顧者對於將激發保持在容忍度之內幾乎負起全責。慢慢地，嬰兒在與照顧者互動調節歷程中逐漸扮演一個主動的角色，由對照顧者反應而最終依其內心意念要求照顧者協助其調節。逐漸地，在生命早期，嬰兒接管（內化）這些調節歷程（第十章到第十二章）。在第二個半年中，我們發現此歷程以照顧者的出現為中心，並且也依嬰兒評價新奇事件的能力而發展。對所有的嬰兒而言，情境的熟悉度能增加對激發的容

忍度。而對許多嬰兒來說，得知照顧者行為的可能影響，以及他們本身能否引發照顧者的行為均是所謂熟悉度的一部份。這些嬰兒較可能在照顧者可及的情況下開始評價新的情境。將屆一歲的嬰兒具評價的能力，且其評價的特性隨個人先前經驗而不同。

「評價」一詞可能高估了八至十二個月大嬰兒的認知精緻度（雖然並不比其它學者所使用的「評估」或「活化假設」言過其實）。我們因這年齡期行為的複雜性以及嬰兒描述可觀察現象的能力而認為此名詞尚稱適用。就發展而言，這些概念似乎是適合的。六個月大的嬰兒沒有像十個月大的嬰兒顯現出這麼細微、依情境分化的反應。不管是在母親或是陌生人身上，在家裡或是在實驗室，他們的自然情感反應是會伸手去抓顏色鮮明的面具（*Sroufe et al., 1974*）。

而且，前述結果並不能以一些簡單的情境變項來解釋。行為的觀察（安靜下來，甚至專注）以及這時的心跳記錄指出我們實驗中的嬰兒不論是在家或在實驗室中均有著差不多的休息狀態生理激發。雖然壓力前有相似的激發程度，在實驗室內對同一壓力事件卻有心跳較快加速的現象。而且在探討順序效應時發現嬰兒雖然在事件之間恢復平靜，但環境或是前面令人討厭的事件（例如母親短暫的離開）仍讓他們產生負面的結果。這負面的狀態可能會短暫的消失，但是十個月大的嬰兒將此情感經驗存留於記憶中成為後續對情境和其中所發生之事件更新評價的一部份。

鮑貝（*Bowlby，1969/1982*）所謂對威脅「設定點」的改變是依各式內在和外在參數共同決定。因此，使用「評價（*evaluation*）」是比「評估（*appraisal*）」（過度強調外界訊

188

息的冷靜認知程序）更好。外界的訊息（例如事件的變化或
媽媽靠近他）顯然是重要的，但是先前事件所引起的感覺，
和甚至是一般與此情境相關連的感覺記憶，以及嬰兒對此記
憶的信心亦然。在我們的一個實驗中面對實驗者穿著白色實
驗衣，最近就診注射預防針的十到十二個月大的嬰兒也立即
露出不安。此關連性相當明顯而闡明根據經驗產生一個特定
且個人化的意義隱含於此情境中。這是一個非常主觀的歷
程。「評價」一詞傳達著主觀性。這意指主觀性成為定義情
緒的中心。再提醒一次，這個主觀性將開啟豐富的有關個別
差異的研究。在第一年末，顯著且穩定的個別差異已然出
現。

評價歷程的特性

　　究竟評價的概念是認知歷程或是情感歷程？答案當然是
兩者，而且此名詞是特別為傳達此想法而刻意選擇的。嬰兒
對情境中陌生事件的評價不是一個對可能性和或然率的冷靜
計算。十至時二個月大的嬰兒並不以如下所述的方式思考：
「上一次一個我不認識的大人靠近我造成我的不安。另一方
面，那不是發生在家中，而且我母親緊緊的抱著我似乎她有
不祥的預感一般」。嬰兒甚至不是單純想「這是安全」或
「這是危險」。他們感到安全或是恐懼。這些感覺是評價的中
心，根據現在的環境（環境的熟悉性，照顧者的出現和靠近
性）以及一般性和特殊性的先前經驗而來。這將包括陌生人
和照顧者過去的行為。例如，是否照顧者總是可及且有效的
幫助嬰兒的需要？

189

同樣的，在實驗室中普遍使用的分離和重聚程序（見第十章）中，十二個月大的嬰兒顯然不會想到當照顧者離開時他們自身是易受傷害的，或者甚至是照顧者不在時會有一些威脅。而是，嬰兒感覺到焦慮，而此中介著他對事件和整體情境的解釋。

　　情感以及認知層面也反映在學步兒於社會參照中的行為。學步兒並不是想著照顧者正在看雜誌或是沒有看雜誌的事實，他們只是在母親注意時感覺較有信心，而此感覺中介著他們對觸及的物體和發生的事件的評價。同樣地，在視覺懸崖情境中學步兒並不像是以分析歷程達到邏輯結論（如「媽媽正在笑，所以她判斷這情境是安全的，而且因為她比我有經驗的多，我因此將接受她的判斷」）。由注視照顧者所得的情境訊息固然很重要。但在純粹訊息價值之上，則是對照顧者行為的情感價值。照顧者的笑容可能讓嬰兒覺得安心和自信，因而改變嬰兒對情境的評價。同樣地，當照顧者發出警訊，這將警告學步兒，再次改變評價。一個有趣的實驗是要照顧者在學步兒接近懸崖之前發出警告的表情（先呼叫孩童以確認其注意）。我們將於此程序中得到類似的（雖然也許不完全相同的）對跨越彼岸的遲疑，因為學步兒對威脅的閾值可能已事先改變（這和基於情感引發的解釋相類似而不同於社會信號的解釋；*Hornik, Risenhoover & Gunnar, 1987*。兩者似乎均有影響。）

190

情緒發展

評價和緊張

此處衍生的觀點與認知的角度有些不同。其他的觀點通常將事件視為客觀的而且強調它們所攜訊息的價值。認知歷程只在事件發生之後被喚起。例如，曼德勒（*Mandler*）認為，事件（中斷計畫）導致生理激發，此激發是由認知所評價的（然後產生情緒）。對萊瑟勒斯（*Lazarus*）而言，被評價的是事件，而此評價決定後續的情緒。個人獨特的經驗史或情況使他對一事件的評價不同，然威脅（或利基）仍然存在於事件本身。目前的觀點中強調嬰兒對情境中事件的參與。參與產生生理上的喚起（「緊張」）。而且，事件所佇留的情境總是包含了嬰兒對此環境的一般評價（因而感到安全）和基於對這個事件的特殊經驗的評價。因此，認知／情感歷程從一開始就已經運作了。事件的新奇或突顯（參與性）與所產生的緊張程度有關，但對於緊張忍耐的程度則是基於嬰兒對此環境的舒適度的評價所決定。此認知／情感的參與導致了緊張，根據對情境中事件的評價，由緊張引發正面或負面的情緒。當然，緊張和情緒先後加入正進行中的評價。但是並非只有緊張是被評價的（不同於曼德勒），而且事件和評價並不被視為相互獨立（如萊瑟勒斯的推論）。

總而言之，情境不只是包含環境中的周邊事件。它包括之前剛剛發生的事件，過去事件和預期結果。此外，它包括在此情境和一般性的情感延續（正進行之情緒），以及情緒調節的經驗史。它不但包括照顧者的出現和注意，也包括嬰兒由過去互動史所建立之關於照顧者的反應的預期。

因為它們在嬰兒對新奇和其他重要關鍵的環境事件的處置具核心重要性，喜悅和害怕因此成為我們的討論焦點。然

而，評價歷程也是其他情緒的基礎，例如生氣。對所有的幼兒而言，我們所定義的生氣包含對目標阻礙物的再認。但是，例如，只有一些高度激發的嬰兒將照顧者的出現視為期待接觸的目標之阻礙，也就是當不安進入他們的評價時照顧者並沒有安撫他們，這樣重複的經驗使他們在後來極需安撫時，衍生出生氣的情緒。

動態緊張模式

我們使用「緊張」這個專有名詞，在意義上比心理分析的驅力概念更靠近「生理激發」。它並不是佛洛依德的能量概念，持續努力尋求釋放（或驅動行為）。而是，緊張是主動參與環境的自然副產品。緊張並非一定是反感的所以也不一定必須保持於低程度。事實上，應該是個體因主動參與環境而有一定程度的緊張（例如當嬰兒不停地玩躲貓貓遊戲；*Parrott & Gleitman, 1989*）。

雖然可能還有一些其他剩餘的意義，我傾向緊張的概念勝於激發因為這的確反映一個心理歷程。生理激發的改變僅可能是從睡眠轉醒，而且深受刺激的物理參數所影響（例如聲響的大小，*Graham & Clifton, 1966*）。區分由物性和由意義所產生的生理激發兩者的差異是很重要的。我使用「緊張」一詞是指後面這個意思。緊張和生理的自動激發兩者間並非一對一的直接對應。確切的說，它代表著心理參與的程度，並且與事件的情感與認知意義相關。緊張意義的價值，也就是它在解釋情緒發展的角色，將在以下的章節更加釐清。

目前的緊張模式表示於圖*8.1*。基本上，我們提出一個情感反應的動態閾值範圍假設。正如我先前的建議：

192

情緒發展

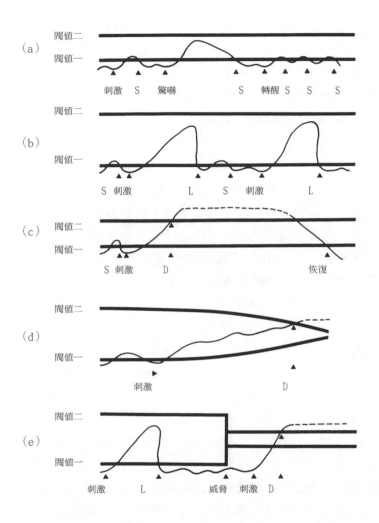

圖8.1. 假設性緊張閾值，說明了微笑（S），大笑（L）和煩躁
不安（D）的發生。這兩個閾值可能經由幼兒評價的改變、狀況
的改變或是隨著發展的能力改變而波動。（a）新生兒內發性睡
眠微笑的事件；（b）一個大一點的嬰兒；（c）同樣的幼兒在
受威脅的情境時；（d）和（e）在一個觀察期間內，閾值改變
所造成的結果。

正向情感的發生必須包含超過閾值一的緊張度，但不一直超過它。微笑被視為在閾值上下擺盪。大笑是緊張度快速滑落。負向情感只在緊張一直超過閾值一或是超過閾值二時發生。此模式的關鍵特性是閾值一或二均不是固定不變的（*Sroufe, 1982, p.577,* 特別強調）。

　　因此，沒有一固定緊張是必然嫌惡的。在特定的條件中（那些提升安全感的）經驗到大量的激發而沒有害怕或不安和混亂。當嬰兒被照顧者丟到半空中時會發出長而尖銳的大笑。這樣生氣蓬勃的大笑無法在沒有大量緊張時產生。而當環境被評價為有利的時候，嬰兒可能會鼓勵產生緊張的刺激，例如，示意照顧者重複刺激事件。

　　本模式可以解釋在刺激延續長時間（或是嬰兒在程序中感到疲累）之後從大笑轉為哭泣的現象（圖8.1d）。也可以解釋當威脅介入時對剛才正向的事件哭出來（圖8.1e）。此處假設並不是緊張量而是評價的改變產生嫌惡閾值的波動。

　　因此，相對於前述之差異模式，緊張模式較強調內在的參數一也就是，不單只是因為事件的新奇或不熟悉，也同時取決於個人對威脅的閾值。這有賴於很多因素，包含了狀態、先前才出現之事件以及本質上和經驗上的個別差異。一個人在各情境中對威脅的閾值顯露出有意義的差異。並且，同一事件可能對同一個人在不同的情境下促發害怕或正向情感（當然，有人可能會主張當威脅的閾值改變時，「事件」就不相同了，但這已是另一個版本的論點了。）

　　這個基模對於指出關鍵性發展成就也很重要。幼兒不只在可能的情感反應以及在特定情境中引發各式反應上的能力有所改變，並且也對處理緊張的能力上有改變。在生命的第

194

一年中，似乎增加了對於高度生理上激發水準的耐受力，也許一部份因爲對於高度激發的重複經驗產生核心慣性或適應（*Fogel, 1982*）。因此，高的（害怕）閾值（即閾值二）的平均水準會隨著發展而提高，而且調節生理激發的能力亦得以延伸。如以下所討論，照顧者在此兩項成就上均扮演一個極其重要的角色。隨著發展，幼兒可以維持行爲的整合而且甚至在面對漸增之激發時仍保有正面情緒。

照顧者與幼兒關係的角色之意涵

前述所言，在面對高度緊張時強調以評價決定情感反應的角色和維持有組織行爲的能力均明白的指出照顧者—嬰兒關係是具關鍵重要性的。照顧者是提供熟悉度和安全感的重要資源，而且此資源可隨嬰兒而動。毫無疑問地，實驗者所能對嬰兒做出最有力的評價操弄是與照顧者的出現與可及性有關的。參與新奇事件和情感反應的正向性深受此操弄左右。正如我們先前所討論的，照顧者的出現或缺席造成在陌生人反應中的明顯差異，而且即使抱嬰兒於膝上相對於置嬰兒於數尺之外就可觀察到差別（見 *Sroufe, 1977*）。得以自由爬向照顧者的嬰兒比受限制的嬰兒顯現出更少的害怕，雖然事實上他們並不通常選擇爬向照顧者。他們只要能自由去做就會更加安穩。較大嬰兒和學步兒也參考照顧者的表情（他或她樂於此情境或對陌生人友善）和目光注視（照顧者隱於螢幕之後或在眼前：*Carr, Dabbs, & Carr, 1975*），這些都能造成嬰兒反應上的差異（例如 *Hornik, Risenhoover, & Gunnar, 1987; Sorce et al., 1985*）。此外，照顧者的「情緒可

及性」（注意嬰兒而非看雜誌）亦能明顯地影響較大嬰兒探索新環境（*Sorce & Emde, 1981*）。

顯然照顧者的可及性強烈地影響著嬰兒對事件的評價，其中有數個理由。在第二個半年中嬰兒有很多機會在有照顧者的環境中學習高度激發（緊張）並不一定會帶來不安與混亂。在照顧者的情境中，緊張的增加通常會伴隨著正面的結果。照顧者中介於嬰兒與環境之間使緊張保持在可以接受的範圍內，而且當緊張的程度超過了幼兒的能力，照顧者會採取一些步驟去調整環境。嬰兒的情感訊號被監測並且做出調節緊張的行動。而當超過嬰兒的極限時，照顧者提供有效的安慰以使其恢復平衡。

從這分析中我們預期特定照顧者的可及與反應的程度特質將是嬰兒以正向情感參與（以及中斷負面情感的接觸）新奇環境能力的個別差異的主要決定因素。依據照顧者的可信度、可依賴度和一致性使他或她「被視爲」新奇經驗中的安全來源。並且因爲照顧者的警覺、「靈敏」（*Ainsworth, Blehar, Waters & Wall, 1978; Stern, 1985*）、具反應力與效能，使嬰兒能有把握與自信地參與周遭新奇事物。在一歲時，已經有足夠的時間促使此重要學習發生，我們將預期在處理新奇事件上有很大的個別差異，尤其是在以照顧者爲基礎的探索和熟練等方面更是如此。

在形成早期情緒的發展上，照顧者—幼兒關係扮演了另一個重要的角色。在第九章將述及，照顧者實際上是在訓練嬰兒緊張管理。嬰兒在遊戲的互動中逐漸學習如何在漸增的高度緊張中保持行爲的整體性。當照顧者和嬰兒嬉戲時，緊張程度漸增然後漸減，到達過度刺激的邊緣然後回復，通常以爆發出對照顧者而言極爲獎賞的正向情感才停止。一次又一次，一天又一天，嬰兒自己對調控（和容忍）緊張的能力

196

情緒發展

發展出來，而且產生一個儲存或分享的正面情感。於是，隨著時間，照顧者不只是熟悉度和安全感的明燈，也是一個正向情緒的寶庫。同時，隨著時間，嬰兒能夠更直接和主動的找尋他或她的需要，即使在面對高度緊張時亦能有效的行動。

　　動物的研究中已經證實照顧者系統的經驗如何實際的調節中樞神經系統忍耐高度的生理激發（*Hofer, 1990; Kraemer, 1992*）。經由重覆生理激發增大和調節的經驗，使大腦更能適應和減低高度生理激發以及一般性的情緒調節（*Schore, 1994*）。因此，照顧的經驗史不論在評價經驗上和在較生理的層次上均極其重要。

　　在此，我們再度看到明顯的個別差異。相對於微調他們之間的互動提升了嬰兒緊張容忍度和自我調節能力的照顧者，另一些照顧者持續過度刺激、缺乏刺激或是在他們的互動上明顯地不一致（*Brazelton & Cramer, 1990; Egeland et al., 1993; Fogel, 1993; Schore, 1994; Stern, 1985; Tronick et al., 1978*）。從這樣不適當的照顧可預期結果的範圍包括嬰兒長期警覺以及易煩躁不安（探索不足、過度反應、暴躁以及難安）到嬰兒無法有效參與環境（缺乏強度、冷淡和退縮）。

　　這些都是我們在探討情感系統的開展、影響情感表達的情境、以及個別情緒發展時將大幅討論。在這裡我只想強調決定表達的情緒向度（基調）時主觀評價歷程的重要性，以及在一般情緒發展中照顧者—嬰兒關係的關鍵角色。

先天性情感差異議題

照顧者對嬰兒情緒發展的影響可能引發有關先天性氣質或甚至特定情感表達的個別差異的討論（例如 *Campos, Barrett, Lamb, Goldsmith, & Stenberg, 1983*）。有關氣質的研究已經證實在一歲之時，反應力以及正負向情緒等特質是穩定一致於觀察者和情境（例如 *Bates, 1989; Matheny, 1989; Rothbart, 1989*），雖然這樣的一致性在新生兒期並不易也不常見（例如 *Korner et al .,1989*）。跨越時間和環境的一致性是兩項對氣質建構有效的指標，然而個別一致性也可能來自於特定的照顧，尤其是個別差異隨時間逐漸穩定的現象。基因／收養研究（例如 *Plomin, 1990*）發現個別差異在負面情緒反應和抑制行為等向度上有一些先天性成分。這些研究也因同卵雙生分開撫養遠比在一起撫養較不一致而指出有環境成分（例如有些特質在一起撫養的異卵雙生一致性大於不在一起撫養的同卵雙生，如 *Clifford, 1984*）。

當然，從大的角度來看，爭論情緒特質是否基於先天或是環境因素是謬誤的。發展歷程的特性是先天差異和早期照顧互動（交流）共創出嬰兒早期的適應。照顧者對適應中的嬰兒反應，然後隨著時間，嬰兒也依被照顧的經歷和經驗而行動（*Vaughn et al ., 1992*）。照養可能（確實也應該）受到幼兒的本質（和改變中的本質）所影響，而且幼兒的基本特質則藉由與照顧的經驗而改變。氣質和經驗因此不能抽離，即使是在生命開始之時也是如此（*Sroufe & Fleeson, 1986*）。

此外，我們也能預期當能抽離經驗和穩定氣質時，他們將分別影響不同的行為層面（*Sroufe, 1985*）。尤其是生理上的激發性、反應性和相關的行為向度較面對刺激時維持行為

198

組織、對照顧者的信心、和不安時求助的能力更可能具氣質基礎（*Gunnar, Mangelsdorf, Larson & Hertsgaard, 1989; Sroufe, 1985*）。嬰兒可能會有「低反應閾值」、「暖身較慢」等等而無法表現出具折衝行為組織的特質。但一個嬰兒雖然有些慢吞吞，若給予具回應的照顧，仍然能自照顧者建立安全感而正向的參與新奇經驗。兩個反應相當強的嬰兒，但只有一個在面對威脅時得到照顧者的肯定，而在過度刺激時能輕鬆平靜下來。另兩個同樣平靜的嬰兒，但只有一個在面對緊張時因為照顧者的長期沒回應而忽略照顧者。這些都將在後續的章節中論述。

結論：以一般情緒發展取向探討情緒發展的個別差異

目前所討論的重點摘要如下：

1. 在檢驗任何情感系統（愉快／喜悅，警覺／害怕）的起始與發生時，我們都發現參與和意義在原始情緒表現和發展變化上的核心地位。情緒系統內的發展改變大多是指產生和調節生理激發或是緊張（仍與意義有關）的程序有了變化。這是探討情緒發展中產生個別差異的關鍵性線索。

2. 參與環境時所無法避免的緊張是情緒反應的基礎。因此，在解釋為什麼一個情緒（例如喜悅）而非其他情緒（如害怕）被激起，就必須不只是談刺激量和差異（僅與激發程度和強度有關，而非情感引發的快樂氣氛）等因素。廣泛而言，

並沒有一個特定的緊張量必然和負向情感相關。確切的說，情緒是依賴於一個評價的歷程來影響嬰兒對威脅的「設定點」。決定嬰兒的情感反應（以及因此維持組織與精熟行為的傾向）之主要因素是他或她對事件的主觀評價。

3. 嬰兒對威脅的「設定點」不但受發展改變的影響而且也深受情境脈絡的影響。當情境較安全時，此威脅閾值較高而能容忍更多的緊張。在接近一歲時，嬰兒所感覺到的安全感是由在此情況下的過去經驗、剛才的經驗、身體的狀況變項以及與安全感相關的可及性因素（熟悉的程序或物件、可預期性、控制），和一個面臨高度緊張時對可能結果的一般性預期所影響。

4. 照顧者的出現或是易接近程度是情境安全感的決定要素，並且也對緊張容許度的設定點有相當的影響。照顧者是一個可移動性熟悉度的來源，而且嬰兒通常學習當照顧者在場時高度緊張並不一定會帶來厭惡的經驗或是行為的失序，反而能產生相當正向的結果。

5. 嬰兒—照顧者關係在情緒發展的所有層面都是重要的，因此可以視為是個別差異的基石—那就是在緊張忍耐度和閾值設定的彈性這兩者上的差異。一些嬰兒能在照顧可及的情況下處理高度緊張（能因應大量的新奇事物）。相對於反應力或激發性，我們假設此因應彈性是產生於與照

200

顧者的關係經驗之中。

6. 嬰兒不但能在具反應性的關係中更能夠參與環境
   中新奇的層面,因而擴展他們精熟的能力,他們
   也獲得在面臨高度緊張時維持行為組織的經驗。
   於是他們得以準備好在後續發展的時期中自己能
   管理緊張。

第三部份

第九章　情緒發展的社會本質

> 互動的一方日益進步，促使另一方到更高的階
> 段....這樣的交流以重疊的波浪形式發生，其中母親的
> 微笑引起了嬰兒的微笑，並使得她產生下一個更強的微
> 笑。
>
> ──史登（Stern, 1990）

> 所有這些經驗都是嬰兒學習如何維持自己的機會。
> ──布列斯頓等人（Brazelton, et al.,1974）

　　情緒發展的進程與社會發展是相互交織的。這並不只是因為情緒展現於社會情境中，也因為廣義的情緒發展（含情緒調節）發生於照顧關係之中。事實上，一般性情緒發展可視為自兩人互動的調節到自我調節的過程。此外，兩人互動的調節代表著一種自我調節的原型，個別差異源自於一個人在兩人特定調節的形式中的自我調節（Sroufe, 1989）。

　　社會個體的發展經過一系列的階段，從最早的數週中對源自外在的刺激僅有很少的覺察，到對自己與他人有所察覺，到互惠的關係，再到在學齡前成為一個有回應的夥伴關係，此過程中孩童內化社會價值並且開始自我控制。在過程中，一項最顯著的社會情緒發展是從全然依賴的嬰兒轉變到後來具自主性功能的孩童。後續討論中所呈現的資料將用來說明此看似矛盾的現象，即一個能有效的依賴的嬰兒─在照顧者與嬰兒關係中成功的運作者─後來在此關係之外卻表現出較有效能，也就是更有獨立能力。

以更確切的情緒詞彙來說，許多嬰兒參與了調節良好的關係系統並且能確實的藉由照顧者來調節緊張。這些嬰兒後來更有能力在處遇衝動和情緒時更有彈性，在面對高度緊張時保持行為的整合，當到了幼兒時期，他們更能離開照顧者運作。

　　從我們的發展觀點看來，安全的嬰兒與主要照顧者關係能提升自我調節激發的能力，肇因於嬰兒早期情緒交流的程度。這包括發生在兩人互動中激發增強然後降低的重複經驗。它也包括與照顧者相關的煩躁不安─緩和的循環出現次數的多寡（*Lamb, 1981*）和持續分享正向情感的經驗。在嬰兒能確實、有意地將主要照顧者視為「探索的安全堡壘」之前（*Ainsworth et al., 1978*）有一段兩人協調情感訊號、相互回應以及分享情感的經驗史。

　　我們將從一些有關第一年中情緒發展的普遍概念開始談起，作為討論嬰兒期個別差異根源的預備。我們的焦點由檢驗情緒發展的本身轉移到情緒調節的發展，而後者被視為是情緒發展的一個特定層面（*Thompson, 1990*）。然而，本書的一個主要前提是以瞭解常態的發展過程，包括情緒的表達作為瞭解個別情緒發展的關鍵。在情緒生命各層面均有一個統整一致的發展歷程。在生命第二個半年中─當嬰兒漸漸具備以意義為基礎的情緒能力（如：恐懼與生氣等），而且情緒的本質（愉悅性）漸以主觀評價為基礎─嬰兒也漸成為情緒調節中的主動角色。這顯然代表著他們自身管理激發和意圖要求主要照顧者協助等兩項能力的擴充。特定情緒數量的增加、產生情緒的基礎性改變和情緒調節能力的出現，均成為萌芽中的情緒個體的一部分。

204

成為一個情緒的個體

　　前述章節中所強調的主觀性和意義使新生兒無法被視為一個情緒個體。在無法覺察「物體」之時，新生兒不能經驗到我們所定義的情緒。此外，這時情感對於引導與主導行為扮演微不足道的角色，這是還不能將嬰兒定義為情緒個體的主要關鍵。的確，以一個基於本能與反射的行為理論來描述新生兒是相當適合的。然而，即使在生命最初的幾週，嬰兒的行為主要是尋求刺激，而非總是從不安中尋求慰藉，是增加與照顧環境的協調性而非只是滿足需求（*Sander, 1975, in press*）。

　　一般認為大約在三個月時，嬰兒因為對周遭事物的一些覺察開始表現出真正的情緒反應。如前所述，這些是主觀的經驗（見 *Aronld, 1960*），反映出與事件間的交流，也就是事件的效應一部份取決於嬰兒的內在結構（是一種心理生物性的而非單純生理的歷程）。這個反應不只是簡單的刺激參數（強度、節奏等），而是嬰兒所能處理的內容。如同史匹茲等人（*Spitz et al., 1970*)所宣稱這是情緒生命的開始，是自我的誕生。嬰兒開始邁向成為一個情緒個體。

　　然而，在接下來的六到八個月間發生了重大的改變使我們認為嬰兒在第一年的最後三個月中不僅能感知情緒，而且是一個情緒的個體（*Sroufe, 1979a*）。這時嬰兒的情緒生命在許多方面更似成人而非三個月大的嬰兒。例如，明顯異於小嬰兒，九到十二個月大的嬰兒不須因為行為長期停滯、注意力延長佇留、或依刺激強度而生負面情感經驗。情緒反應可能立即發生，並且可能依事件所屬類別來反應。事件的意

義以嶄新的方式促發情緒。

此外，正向和負向的情緒反應可能因對預期的結果或是由於記憶中的連結而生。這時嬰兒會在「闖入實驗程序」（譯者註：陌生人迫近嬰兒）中一個陌生人第二次接近之前就露出不安。在面對有害的刺激之前就經驗到了威脅。九個月大的嬰兒在媽媽還沒有完成整個反應流程就因為預期她會在躲貓貓裡再出現而大笑。預期成為事件中的一個重要部分。預期與企圖，而不僅僅是覺察成為生命第二個半年中情緒反應的一部份。

在三到十個月中記憶的長足發展對情緒發展有著重大的影響（*Nelson, 1994; Rovee-Collier, 1989; Younger & Cohen, 1985*）。記憶的發展是預期能力的基礎。此外，它也是情緒分化的基礎。從此認知的基模不再只是單一類別；這些基模之中又有分類，也伴有情緒的基調（*Hoffman, 1985*）。此時心像伴隨著負面或正面的情感。這年紀對主要照顧者所表現出整合性、正向的歡迎並非偶然（*Vaughn, 1977*）。經過無數次刺激事件、視覺探索以及和主要照顧者互動後，嬰兒建立起個人的正向情感覺知庫，這顯然與主要照顧者相繫（或更確切的說，是部分地與主要照顧者結合）。針對主要照顧者活蹦亂跳、微笑、舉手的姿勢等，反映了與依附對象立即同化的特殊基模的正向價值。這不是再認時的單純微笑或預期互動時的歡樂。更不是長時間檢視事件的結果。而是看到主要照顧者時高興的感覺，一種與視覺影像密不可分的感覺。事實上，在一般的情形下，嬰兒在歡迎主要照顧者時必定有這種感覺。

情緒在第一歲時顯然對行為產生影響。感覺本身成為嬰

206

兒對情境進行評價的一部份；也就是說嬰兒能察覺到情感。
這將是討論依附關係的一個重點（第十章），因為它是解釋
在分離經驗之後對威脅的閾值發生改變所必須論及的。這感
情經驗成為事件的一部份。此時嬰兒可以被視為一個新的情
緒個體。

　　顯然十個月大時情感經驗並不僅標示著與環境互動的結
果。它更經常也「預告」行為（*Emde et al., 1976*）。它成了
持續評估過程的一部份。如同戈登‧布朗森（如 *Broson &
Pankey, 1977*）所建議，情緒漸與所接觸環境中的重要特徵
相連結，而後成為嬰兒將來評價此事件的發展架構的一部份
（亦見 *Fiske, 1982*）。

　　最後，在第二個半年裡，動態情緒調節有了重大的改
變。相對於前幾個月，嬰兒變得更有意圖調節他們的情緒狀
態。主要是在進行調節時以具體的訊號告知照顧者。此項能
力的結果是情緒生命變得更能流動，嬰兒可以自在的朝向或
遠離高度生理激發。

　　提到嬰兒在生命的第四季時成為一個情緒的個體，並非
是要低估在第二年或之後在情緒發展上的重大變化。視十個
月大的嬰兒為一個情緒的個體似乎太過於武斷。例如，在第
二年裡，嬰兒能有心情感受以及更有目的性的溝通情感，並
且表現出更廣的情緒狀態（並不只對固定的情緒經驗作簡單
的反應）；也就是說，嬰兒的心情提供了一個現在行為的情
境，而較不受外在環境影響快速波動。情緒漸漸不這麼與現
時事件相連。例如，嬰兒在照顧者返回時生氣，即使分離時
他們其實是繼續滿足地遊戲。以主觀性的標準（個人投入）
而言，學步期的孩童在一歲之後的情緒發展上展現出質的進

階。隨著自我覺知的發展而來的是複雜的羞恥情緒與自我的正向評價。顯然這些情緒是相當個人的，並且超過了十個月大嬰兒的容量。情緒個體的發展持續進行（見第十一章）。

在生命第三季之後仍然有一個戲劇性的轉捩點，對一般性發展與個別差異有重大影響。這是為什麼在此處強調這個時期。薛福與其同事（*Schaffer et al., 1972*）在這個時期發現嬰兒從立即朝向新奇物體轉變為專注的觀察這些物體之後才伸手去抓。這也是坎伯斯與其同事（*Campos et al., 1975*）以及恩德（*Emde et al., 1976*）發現根據意義而有預期性心跳加速的發展進階的時期。情感根據過去的經驗並且提示著後續的行動。情感引導著對事件的解釋並顯然促動學習。這些改變都反映在當他開始與照顧者建立真正互動關係的社會行為上。

薛福與柴爾德（*Schaffer & Challender, 1959*）之所以建議在生命第二個半年裡具情緒發展的質性轉捩點是基於一項嬰兒對住院的反應的經典研究。七個月以下的嬰兒幾乎沒有適應醫院和醫護人員的困難，並且他們回家後適應平順。但是強烈的對比是七個月之後，他們對醫護人員的反應相當反感，大部分的時候是焦躁的，在回到家後有相當的困難再適應，並對他們的母親表現了強烈的不安全感。顯然對七個月以後的嬰兒而言，醫院的經驗阻礙了情緒關係的建立；但對幼小嬰兒並非如此。

第二個半年也是大腦發展的重要階段，特別是前額葉的成熟以及皮層與邊緣系統相互連結細緻化的現象（*Schore, 1991;* 同時見第四章）。許多理論學家強調腦部的成熟與社會情緒發展的雙向連結。腦部發展不但是社會情緒發展質性

208

進階的基礎，腦部迴路的改變也受社會情緒情境脈絡的影響（如：*Hofer, 1990*；*Schore, 1994*；*Trevarthan, 1990*）。如同盧拉（*Luria, 1980*）指出，功能性大腦系統並非自發形成「而是行塑於社會接觸的過程之中」。

早期經驗與後續情緒功能

　　探討嬰兒在一歲以前成為一個情緒個體的意義遠超過學術的討論。如果正視發展／組織觀點，那麼健康的情緒發展可溯源於一歲之前。這並不是說早期經驗較晚期經驗更重要。從組織的觀點，這樣的看法是無意義的（*Sroufe, 1976b*；*Sroufe et al., 1990*）。一棵樹不論其開始時如何健康仍會因缺水而死亡。而且自我組織也非一成不變。在以下的章節中將探討組織上的改變。

　　然而，早期經驗與早期情緒發展在三個相關聯的方面有其特別的重要性。第一，發展早期的成功適應，一部份意味著個體發展出在後續階段所需之環境資源。這些適應的優勢可能因為後續階段的經驗，或因為缺乏當時所需之特定個人資源而喪失。但一個早期成功適應的孩童較可能在後來的階段裡成功。現階段的發展總是建立在先前的表現上（見第三章）。如同鮑貝（*Bowlby*，*1973*）所討論的，早期的發展決定了晚期的發展。以上述的比喻來說，一棵根部良好的樹在後來缺水時較能存活。如果信賴他人，對他人有正向期待，並且及早建立在面對高緊張時可以維持整合行為的能力，孩童就較可能在因應後來環境壓力時更有彈性。他們可能在面

對一件巨大危機中表現出較差的調適，但當危機過去且再次出現了正向環境時，他們可以很快的恢復。即使在混亂中這些孩子仍認為他們能影響環境而最後能平安無事。這些看法在後續的第十一、十二章將中有許多實徵資料支持（如：*Egeland, Kalkoske, Gottesman & Erickson, 1990*；*Sroufe et al., 1990*）。

第二，也和第一點相關的，兒童和學步兒在多方面創造自己的生活經驗。如同阿爾福德‧艾德勒(*Alfred Adler*)所說的，孩子是藝術家也是畫作。孩子若具從新事物中退縮的性格，而且無法在嬰兒－照顧者關係的情境下精熟於物體世界，將在下一個階段裡需要獨力面對挑戰與解決問題時處於劣勢。嬰兒的能力不只是他或她的認知或社會發展程度，也包括能參與可及環境的情緒調節能力（*Waters & Sroufe, 1983*）。再舉另一個例子，如果學齡前的兒童因有困難忍受生理激發，或在面對生理激發時難維持整合的行為，而從同儕接觸中退縮，將使他們更遠離正向的社會經驗。同儕的接觸雖能促發改善，但這些有特別需要的孩童卻可能無法成功地得到這樣的助益。因此，早期情緒發展可能或多或少決定了在後續時期的健康調適中如何促使個人獲得必要的資源（和如何利用它們），以及確保孩童在後續與環境的接觸中能參與機會與挑戰的舞台。

第三，目前的經驗是在先前所有的架構中作解釋。大量探討「內在運作模式」的研究指出對重大經驗的表徵引導著當下的解釋（見第十章及之後）。就如同對特定經驗的記憶影響了對新的、相似的經驗的評價，廣義的解釋架構也影響著與環境正進行的交流。如此例中，早期照顧關係中長期經

情緒發展

驗到被冷落的孩子後來對來自別人的幫助有所懷疑，並假設同儕有傷害的意圖，即使這些意圖實際上並不存在（*Dodge & Somberg, 1987；Sroufe, 1983；Suess, Grossmann, & Sroufe, 1992*）。

運作模式不全然是認知的。早期的運作模式被發現是基於情緒激發與調節的經驗。「它們的核心是自我與他人的互補運作模式；並非僅是在面對環境挑戰時維持基本調節和正向情感預期的特定行為或想法」（*Sroufe, 1989*）。例如當衝突引起強烈的感受，不只是一個人對他人可能行為的評價，也激發出一個人的習慣性情緒反應模式。官能的與精神的、認知的與情緒的層面均為同一協調性的發展過程。

正如同特定情緒的開展，個體情緒發展有其內部邏輯性。年幼孩童在每一發展階段的妥協提供了後續階段協調的架構。如同所有的發展歷程，早期階段的適應並不能決定後來的適應。但後續的適應出自（體現於）先前經驗，且可能會被現在的經驗所改變。

發展議題的架構

在研究個別差異時將發展視為一系列的發展議題帶來許多優勢。最重要的是特定發展時期的重要議題提供了一個評估個體適應品質的彈性參照點。在此發展議題取向中，不同於里程碑的概念或固定階段的概念，是沒有最佳習獲的年齡，也沒有所謂關鍵年齡的概念（雖然仍保有發展的敏感期概念）。所有嬰兒與兒童均必須面對全部的發展議題，而沒

有所謂固著的概念。而且，並非是開始的年齡，而是對於發展議題的適應品質才是最重要的。例如，並非是嬰兒首先表現出依附跡象的年齡，而是此關係對提供探索與情緒調節的效應才應被強調。由此觀點，適應的品質超越所達到的發展層次，而且在嬰兒的測量上能具有相當的的預測力。同時，因為主題是持續發展的，我們便被引導去研究歷程與組織。這是研究基本個別差異的關鍵所在。

在先前的論述中，與桑德（*Sander, 1975*），史匹茲（*Spitz et al., 1970*）與其他學者一致，我提出了一系列有關早期發展如何整合的議題（如 *Sroufe, 1979b*）。其中的一些概念對照著桑德的想法與皮亞傑的感覺運動發展階段陳述於表4.3中。每一個提出的議題－初期生理調節、對緊張的配對調節、主動參與、有效依附關係的形成、朝向自主－都有一個情感的核心，雖然他們也反映且預言著認知的發展。這一系列的發展間順序並非絕對。另一些重要的議題應被提及而交織出一個更密切的發展順序。這些並不代表情緒發展具階段性，也不意指一次就能全都完成。例如，嬰兒從出生的第一天就開始個體化（朝向自主），而依附關係持續到嬰兒期之後。然而這些現象具順序性，逐一達到高峰且都與其之前與後續的發展有邏輯關聯。

不同於大多數的階段理論，我們將「轉變」而非問題建構於發展議題的架構中（亦見 *Sander, 1975*）。如同本書第三部份後續章節所將論及的，在正常成熟與發展歷程中，一個發展議題不可避免的將引領出下一議題。例如，在主要照顧者－嬰兒互動中調節緊張，不只能瞭解在最早的六個月內之重要行為的一個組織原則，也能觀察當時適應的個別差

212

情緒發展

異，也是之後建構主要照顧者－嬰兒依附關係的先驅。以下將細述，依附是互動的產物，依附關係的安全性與先前經驗中當主要照顧在場時，生理激發是否導致嬰兒的行為失序有關。

有許多的方法將此系列議題整合。它們都和自我的形成與發展有關。它們都可以被視為是社會化，也可被視為是認知的發展階段。然而這裡我強調的是，緊張的處理是一個單一的、整體的絲線，最後編織進入情緒功能的結構中。由調節激發所預設的生理機制（刺激的絕對閾）開始轉變為在主要照顧者－嬰兒關係中的緊張處理（起初由主要照顧者主導，後來真正成為雙向的），最後變成了自我調節（亦參見 *Sander, 1975*）。在面對高生理激發或緊張時，維持彈性統整行為能力是人格組織中穩定個別差異的核心。這個概念與布拉克與布拉克（*Block & Block，1980*）的自我控制結構（衝動、願望與慾望的管理）與自我恢復（控制的彈性）密切相關，這些均為三歲至成人時期個別差異的穩定向度（例 *Block, 1987；Block & Gjerde, 1993*）。這樣個別差異可能始於生命的第一年，不但重要而且也必須詳加研究。

嬰兒期中嬰兒與主要照顧者的議題

第一時期

雖然成熟在早期發展中相當重要（第三章至第五章），在生命的前幾個月仍有許多主要照顧者與嬰兒間的重要議題。這些早期經驗對於建立互動模式以及熟悉彼此最為重

要。新生兒在皮質功能不足時可能無法保留很多他或她的早期經驗。研究顯示在第一個半年中被收養的嬰兒也如同初生嬰兒（*Singer, Brodzinsky, Ramsay, Steir & Waters, 1985*）、或正常的早產嬰兒在產後與父母分離了兩星期（*Rode, Chang, Fisch, & Sroufe, 1981*）一樣，能在第一年結束時建立安全型依附。然而在身體的接觸與擁抱後，嬰兒更能熟悉主要照顧者的一些特質。

桑德（*Sander, 1975,* 出版中）提供與這點相關的資料。新生兒被同一護士照顧幾天熟悉後若換了另一名護士，在這些非常小的嬰兒身上也對此改變有所回應。立即和持續數天的哭泣以及在餵食時的「不安事件」（堵住嘴、轉過頭去）的證據顯示在生命開始十天內便建立了嬰兒與照顧者的特定適應關係。這種「辨識」很明顯的與後來出現對特定人的辨識並非同一類，它是與特定照顧者行為模式的一種熟悉感。如同桑德在1977年於兒童發展研究學會的會議中所說：「值得注意的是此假設性辨識歷程並不能視為心理辨識母親的概念。它是一種生理辨識的過程，成為後來發展出對人的辨識的基礎。」

除了指出嬰兒－主要照顧者適應的特性外，桑德（出版中）同時也說明相較於一個接受不具回應方式（如在育嬰房，或僵化的餵食時程）照顧的嬰兒，嬰兒在具回應的環境中能較快的與照護環境建立起「協調關係」。相對於育嬰室的環境，擁有回應性照顧的嬰兒的哭泣與生理波動減少了。此外，於出生後第六天這樣的現象就在白天清醒的十二小時比在夜晚時更為明顯。而且嬰兒活動力與哭泣的時間，與照顧者介入的時間和出現的時刻有同步的現象。孩子的行為在

214

環境的刺激中漸漸統整。在第十天左右就已然形成，不具回應的照顧環境將持續影響到生命的前八個星期，嬰兒表現出缺乏個別反應的穩定形式，以及對實驗中呈現的視覺刺激較多哭泣的反應等。穩定的個別反應形式出現在住院五天之後回家的第三組嬰兒中。對這些嬰兒而言，「嬰兒與主要照顧者間在許多變項上（如介入前的哭泣形式）已在第十天結束時有相當明顯的特定方式」（*Sander, 1975, p.160*）。在第八個星期時，這些嬰兒觀察母親臉孔的方式就和看其他陌生人的臉孔不同。這些以及其他研究（例：*Condon & Sander, 1974 ; Papousek, 1977； Papousek, Papousek & Bornstein, 1985； Prechtl, 1979*）反映出即使在新生兒階段，嬰兒已經能夠去偵測環境中互動的因應程度，並且回應照顧行為而與之同步。

　　主要照顧者在早期階段所擔任的角色是提供平順與和諧的生活常規（表*9.1*）。如果照顧的品質是有回應性且具高可信度的，嬰兒對主要照顧者的熟悉度便能較快完成，建立後來互動的良好基礎。當嬰兒脫離新生兒階段，將明顯地更外向，且具有能力警覺地與環境互動，這仍是持續建立在最早數週中的經驗之上。建立平順和諧的常規將仍繼續提供良好基礎以啟動持久的互動。

時期	年　齡	議　　　題	主要照顧者的角色
1	0-3　月	(朝向)生理調節	平順的生活常規
2	3-6　月	緊張的調節	敏睿與合作性的互動
3	6-12　月	建立有效的依附關係	可及的回應
4	12-18　月	探索與精熟	安全堡壘
5	18-30　月	個體化(自主性)	穩固的支持
6	30-54　月	衝動的調節、性別角色認同、同儕關係	清楚的角色、價值；彈性的自控
7	6-11　年	自我概念成長、忠誠友誼、同性同儕團體效能、實務能力	監控、支持性活動、共同調節
8	青少年	個人認同、混合性別關係、親密感	提供資源、監控兒童之自我監督

表 9.1　發展的議題

　　生命最早期數個月不但對嬰兒非常重要，這段時間顯然
也對照顧者是很重要的。對照顧者而言，在後續的時期如何
對嬰兒情緒狀態與訊號反應是相當關鍵的。誠如第十章所將
提出的大量支持研究指出此反應能力與稍後嬰兒－主要照顧
者間的依附品質有關。生命最早的三個月提供了主要照顧者
重要的機會去瞭解嬰兒的個性與特質。而且即使個別嬰兒會
有重大的轉變，致使照顧者的反應或策略不再適用，但仍能
使照顧者持續投注與有信心。即使有時可能還相當困難，主
要照顧者若在早期階段中保有對嬰兒的正面興趣與投入，將
能產生效能感與滿足感。有時主要照顧者不能順利的安撫或
吸引嬰兒，但經歷前幾個月之後將會有更多的成功。穩定的
社會性微笑與普遍增加的社會反應在此時期結束時發生，將

216

情緒發展

支持著主要照顧者繼續的投入。主要照顧者以及嬰兒已準備在將來有更多主動性互動。正如桑德（*Sander，1975*）討論此議題的摘要：

　　在前三個月中，最重要的特徵之一，就是嬰兒是被幫助或被要求妥協的幅度，成為進行他自己情緒調節的開始。母親這方面在嘗試錯誤中學習何者是「可行」的，並對瞭解她孩子的需要和能夠特別滿足這些需要產生信心感（*p.137*）。

第二時期

　　由主要照顧者所引導的緊張調節是下一時期（大約三至六個月時）最主要的議題，當然這議題源自於之前的階段。主要照顧者對訊號的反應與配合嬰兒行為的能力，一部分是照顧者在早期階段所習得的功能，亦可視為照顧者的反應動機。同樣的，此時嬰兒維持與主要照顧者互動的能力也源自早期調節的情形。而且，緊張的調節將持續到兒童早期仍是一個重要議題。但是因為此時嬰兒首次能夠學習以個人風格處理緊張，而使緊張調節的議題在此第二時期中相當關鍵。如同在第五章與第八章中所討論的，「緊張」一詞較「生理激發」為佳，因為它掌握了嬰兒在創造以及反應刺激的主動積極角色。正因為此時期嬰兒準備參與環境，所以他或她在混亂或無反應的照顧中更顯得脆弱。

　　如同心理分析文獻所強調（如 *Fenichel, 1945*），緊張的調節所涉及遠超過避免過度刺激嬰兒，或是解除緊張。當然這些都很重要。不安－解除的循環（*Lamb, 1981*），以

217

及綽尼克（*Tronick，1989*）所曾指出的在主要照顧者與嬰
兒間失去協調之後的「互動性修護（*interactive repair*）」，
提供了基本激發調節的重要基礎，並預期個體在組織崩潰之
後能恢復整合。但此時期中許多涉及高度生理激發的關鍵經
驗與微笑、大笑有關。畢貝和賴區門（*Beebe & Lachman，
1988*）描述在面對面「模仿」中發生的高度激發與正向情
感，史登（*Stern，1990*）則報告介於主要照顧者與嬰兒之間
正向情感漸增的循環促發了相互的微笑，而最終建立起強烈
的喜悅與「互相喜歡」。這樣的經驗基本上使嬰兒確認即使
相當高度的生理激起也不一定會造成不安或混亂。因爲在面
對面的遊戲中，興奮所建立的正向情感的交流是如此凸顯，
故此時期被稱爲「正向情感期」（亦見　*Sander, 1975*）。這
類正向情感的經驗能終止不安而爲調節緊張的一部分。

　　主要照顧者的角色是幫助嬰兒在面對新奇刺激時能維持
統整（與感到正向）。認知的成長來自對新奇事物的精熟，
此精熟包括落實協調與同化的傾向。我們推論緊張是這樣奮
力的投入時無可避免的產物。因此，嬰兒能在面對漸增的緊
張時，學習維持統整與專注的程度決定了他們的認知與社會
發展。緊張若造成混亂、或導致退縮、或行爲刻板化將減損
認知與社會的發展。

　　觀察嬰兒顯見當嬰兒滿足生理需求時他們將持續的尋求
心理刺激。內在動機去做、去經驗是嬰兒發展的基礎。在社
會環境中，容忍緊張並持續與主要照顧者或其他人互動的能
力奠基於這樣的動機。敏睿的主要照顧者藉由與嬰兒的互動
和給予嬰兒精熟必要的空間來支持這樣的內在動機。

　　相當多的觀察者對於在常規情境中，如餵食、洗澡、遊

218

戲等，能學到（並得到支持）這麼多的緊張調節感到印象深刻。幫助嬰兒在面對逐漸增高的緊張時學會維持統整的行為，是當主要照顧者參與嬰兒的互動，並心理上準備對他們回應時的自然回應（如 *Fogel, 1993*；*Tronick, 1989*）。這個系統的著眼點是使得主要照顧者回應嬰兒的需求，而嬰兒的反應鼓舞著主要照顧者適切地繼續或改變他們行為。

　　史登（*Stern, 1974*）在一篇標題為「母親與嬰兒遊戲之目的與功能」經典論文中描述此現象（亦見 *Brazelation & Cramer, 1990*；*Gianino & Tronick, 1988*；*Stern, 1985*）。在一個動作、調整、生理激發增加、調節激發等的複雜過程中，嬰兒與主要照顧者朝著在每一回合互動中產生正向的微笑與牙語的結果後迂迴前進。遊戲互動的變異相當大，例如，嬰兒有時會減緩他們的步調而東看西看，或是主要照顧者會藉由改變強度、種類、或步調、或暫停一下來提高或降低刺激。無限多種可能的行為與行為的組合皆共同環繞著產生正向情感的交流的結果。

　　史登（*Stern，1985*）也論及了他所謂的「稱配」或「協調」。敏睿的主要照顧者回應了嬰兒情感的狀態（流露於其表達行為中），表現出充分的、支持的或調節嬰兒反應的行為。例如，嬰兒可能牙語與微笑，而主要照顧者也能可搖晃他或她的上半身回應來促使這樣的微笑再現。主要照顧者所做的並不只是簡單的模仿或是增強，而且在許多訪談的案例中顯示他或她不自覺做出這樣「稱配」的行為。

　　考慮以下的場景中所出現的一個主要照顧者與嬰兒之間短暫的、遊戲互動的典型例子：

哈囉....小南瓜....媽媽來了.....嗯....真的來嘍。（暫停）媽媽把你抱起來，然後搔你癢。你喜歡嗎？（暫停）來嘛....來嘛....小可愛。讓我看看你笑一下。嗯？（暫停）對，就是這樣。就....是這樣。（嬰兒表現了微笑與擺頭，而媽媽和藹的反應，然後說）哦，現在，你要說些什麼呀？你說呀？（暫停，媽媽點頭、睜大眼睛）。來嘛！（暫停）（嬰兒開始來回移動手臂並且踢腳）來嘛。（拖很長，然後暫停）對！（嬰兒開始發出咯咯的聲音，而主要照顧者大笑並且擁抱住孩子）

經由一個簡單、每天發生的場景，反應出主要照顧者與嬰兒之間親密的、社會性的「舞蹈」。布列斯頓（如：*Brazelton et al., 1974*）描述了主要照顧者適切的提高或降低在互動過程中的緊張程度。嬰兒被輕柔的語調所吸引，然後照顧者再加上點頭、改變面部表情、聲音等更多的刺激，使嬰兒持續被吸引且營造出興奮感。若沒有面部表情或聲音品質的改變將無法維持嬰兒的注意力。而音調與表情的變化則可以產生興奮。當然，事實上嬰兒在任何年紀皆可能變得過度刺激或過度興奮。敏睿的主要照顧者可以從嬰兒身上掌握這些線索。在緊張度變得太高時，嬰兒會轉頭、看別的地方或開始表現出不安。當嬰兒在某些情境開始顯得退縮或感到不安時，敏睿的回應是停止增加和減少刺激的程度。嬰兒有時在繼續之前需要有重整的機會。而主要照顧者會放鬆並等待嬰兒，瞭解這並不是嬰兒拒絕一個人的信號。在嬰兒暫停接觸時嘗試去要求他，反而會導致嬰兒更加逃避刺激或感到不安。

情緒發展

　　瞭解嬰兒需要調節他們自身的緊張程度，具回應性的主要照顧者就能在當接觸中斷時仍覺得輕鬆，並且在嬰兒準備好之後再次互動。瞭解這類交替現象的重要性，或單純欣賞它們時，具回應性的主要照顧者就能保有與嬰兒的互動，進而在互動事件與接觸量上逐漸增長以及更豐富多樣化。

　　嬰兒從這些遊戲中得到了許多。這樣的遊戲奠定了相互關係的啓始。嬰兒初步感受到施與受、社會性參與和效能感（如　Fogel, 1993）。主要照顧者會對他或她反應，這同時也是刺激的來源。嬰兒的行動發生一種效果，並且主要照顧者所做的反應進一步的刺激了嬰兒的表現。當主要照顧者技巧地建構了這樣的互動，嬰兒在恰當的「對話」中得到一種參與感。

　　嬰兒也在這樣互動的遊戲中學習到容忍逐漸增加的緊張程度。當他或他可以容忍更多的緊張而不需要中斷接觸，也不會使行為變得混亂時，他們能夠投入的情境的多樣性（或刺激量）都將會增加。逐漸地，嬰兒不再受限於調節情境的強度、新奇或複雜性，而可以逐漸地因應更豐富與多樣的經驗。在面對複雜的挑戰時，容忍緊張與維持注意力顯然是與環境交流和進行重要學習的基礎。嬰兒與孩童藉由去做與行動來學習。在面對複雜與新奇事物時，逐漸增加維持統整的行為能力是基本而且重要的。如同布列斯頓與其同事（Brazelton et al., 1974）的摘要所述：

　　母親傾向於以本身的線索提供了一種「持擁」的結構。也就是說，她以雙手、以雙眼、以她的聲音與微笑支持擁抱嬰兒。而當他習慣了其中之一時，她便改變成另一種感官方

式。所有這些持擁的經驗，皆提供了嬰兒學習如何控制自己的機會，如何去控制運動反應與如何保持長時期的參與。他們累積對行為統整的學習以便能持續參與（p.70）。

　　許多研究者強調，讓嬰兒覺得有能力去影響世界的回應行為在嬰兒學習上的重要性。路易斯和戈伯格（Lewis & Goldberg，1969）稱此學習為「類化性預期」，一種認為個人可以產生影響的信念（White, 1959〕稱之為「效能感」）。心理分析師畢特漢姆（Bettelheim，1967）以他「交流性」的概念指出了相同的想法，嬰兒不僅學到環境影響了他們，也學到他們可以影響環境。這樣的因應行為無疑是相當重要的。但是，如前所論，具回應性的照顧遠比等待一個來自嬰兒的適切反應和及時的獎勵更為重要。主要照顧者也同時創造一種氣氛與安排互動方式使這樣的回應得以產生。彼此協調顯然比只是因應更加重要（Bloom, 1975；Fogel, 1993；Tronick, 1989）。

　　因為主要照顧者在早期調節生理激發與情緒的重要角色，使得研究者用「共調節 co-regulation（Fogel, 1993）」或「相互調節 mutual regulation（Tronick, 1989）」來描述這樣的過程（亦見 Thompson, 1988）。主要照顧者首先扮演了主導的角色，此時嬰兒穩定成長。吉尼諾與綽尼克（Gianino & Tronick，1988）描述了在三到九個月中，嬰兒為了回應有時發生但無可避免的不和諧反應而擴充出種種調節的技能。

　　當處於良性交流時，介於嬰兒與主要照顧者間的互動就能產生一個隨著另一個的引導，而發生的真正相互影響。然

222

情緒發展

而事實上，是在第一個半年中主要照顧者主導著互動，營造了嬰兒所經驗到的互惠關係。例如，如果想像一連串的互動，好比 *A，b，C，d，E，f*，其中大寫字母表示嬰兒行為，小寫表示主要照顧者行為，當中有輪流行為的順序。然而，詳細的分析（使用序列機率）發現主要照顧者充分的配合嬰兒的反應而且引發出下一個行為（如 *Hayes, 1984*）。如果嬰兒破壞了此順序，主要照顧者就隨之而變（例如：*A，b，E，f*），反之照顧者破壞順序的發生機會卻相當少。這也就是為何在第二季時，我們稱之「主要照顧者主導的兩人調節」。

安思渥斯的「敏睿度」量表

基於這些考量，安思渥斯（如 *Ainsworth et al., 1978*）強調主要照顧者的敏睿度是評估此時期的主要焦點，即使我們是對嬰兒情緒能力的發展感到興趣。她表示嬰兒只能在主要照顧者對他們尚未適應的行為、狀態的改變與初步情感信號等的回應範圍內反應。我們同意桑德（*Sander，1975*）的觀點，此時測量的雖是嬰兒與主要照顧者的「適合度」，但卻只有照顧者能夠作出有意圖的調整。然而根據參與照顧者主導的互動情形，嬰兒在下一個時期中逐漸成為一個主動的角色。

此論點在安思渥斯(*Ainsworth*)的兩項量表（見第十章），即「對嬰兒溝通的敏感度（*Sensitivity to the Baby's Communications*）」以及「合作與干擾（*Cooperation－Interference*）」上獲得大量驗証。第一項包括四個主要成

223

分：（1）對信號的察覺，（2）正確的解讀，（3）適切的反應與（4）即時回應。為了察覺嬰兒的信號，主要照顧者必須是靠近的且專注的。他或她也相當能同理嬰兒所以不會曲解來自嬰兒的信號，也就是說，信號解釋必須不是根據主要照顧者本身的需求或想像而來（如：她在匆忙時，可能會以為進食速度變慢是一種飽了的信號）。如同安思渥斯（*Ainsworth，1970*）所言：

敏睿的照顧者為了引起社會互動而作社會性回應，為引發玩遊戲而變得好玩。她在當他希望時抱起他，而在當他希望去探索時放他下來。當他不安時，她知道他所需要的安撫方式或程度，而且她也知道有時候一兩句話或分心就足夠了。另一方面，母親若回應不當就是在他飢餓時試著和他社交，當他疲倦時跟他玩耍或當他試著開始社會互動時餵他（*p.2*）。

敏睿度並不需要主要照顧者總是接受嬰兒的需求。與艾瑞克森（*Erikson，1963*）相同的，安思渥斯（*Ainsworth*）認為挫折是無可避免的且是健康的發展中的一部分。然而這些挫折不能是善變且反覆無常的。敏睿的照顧者即使不能完全同意仍須知道嬰兒的願望。此外，他們也在這樣的挫折發生時進行補償性的互動（*Gianino & Tronick, 1988*）。

最後，根據安思渥斯的看法，敏睿的照顧反映出互動是「圓滿的」且「完整的」。例如，當嬰兒尋求接觸，敏睿的照顧者維持了夠長的接觸直到嬰兒被安撫下來，使得嬰兒被放下來時，他或他不會立刻又想要再被抱起來。桑德

224

情緒發展

（*Sander，1975,* 出版中）也強調了完整的與敷衍的照撫之間的區別。

「合作與干擾量表」的主要議題在於「母親的介入與造成互動打斷、干預或中斷嬰兒正進行的活動，而沒能短暫迎合和因應嬰兒的狀態、情緒與當下的興趣」。高度介入的照顧者「不能尊重嬰兒為一分隔的、主動的與自主的個體，他們的期待以及活動有對自己的意義」。合作的照顧者則能引導而非控制他們的嬰兒。

回應性、互動性、互惠與合作是相互關聯的。當主要照顧者回應嬰兒的信號時，他們種下一種效能的基礎。嬰兒發現這個世界（主要照顧者）回應他或她的需要，他們可以造成一種效果。同樣的，這種效能感也在主要照顧者配合嬰兒活動給予扶助時培養出來（參見 *Fogel, 1993；Tronick, 1989*）。嬰兒對刺激開放時才能接收刺激。刺激與嬰兒引發的行為間並不是相互矛盾的。在互動中有一種流動，在活動間平順的移轉著。例如，合作的主要照顧者不會猛把嬰兒從玩具中拉出來或把嬰兒摔到澡盆裡。她首先在聲音與面貌上吸引住嬰兒的注意。為了達到刺激，她可能會加些水的遊戲－可能用微溫的布溫柔的擦，然後逐漸的開始洗澡。嬰兒學到來自主要照顧者的刺激（情境）不是混亂的、刺耳的。雖然在嬰兒早期，互動性和互惠主要代表主要照顧者的一致與穩定度（對嬰兒的需求留有空間），由穩定所帶來的信任感與效能感，最後促成了真實的交流互動。

敏睿的、合作的照顧提供了一重要的情境讓嬰兒有維持與調節高度緊張的經驗，也學到了在有主要照顧者的情境下緊張不一會變得混亂。這些論點的效度奠基於在第二發展時

225

期中細心的照顧與十二個月大時的探索、少量的哭泣、對新奇事物的容忍度、被安撫的能力以及依附安全性之間有很強的關聯（如 *Ainsworth et al., 1978*；*Belsky & Isabella, 1988*；*Isabella, 1993*； 亦見第十章），並且與兒童期當中，主要照顧者與孩童的行為有重要的關聯（如：*Carlson, Jacobvitz, & Sroufe, 1995*；*Egeland, Pianta, & O'Brien, 1993*；*Jacobvitz & Sroufe, 1987*；亦見第十一與十二章）。

敏睿的、面對面的互動也因能讓嬰兒得以從物理基礎的安全感轉變成心理基礎的安慰，所以非常重要。在嬰兒早期，身體接觸（腹部對腹部）、搖晃、輕拍與拍打是安撫的基礎。然而，在第二時期裡主要照顧者以眼睛與聲音「持擁」嬰兒，且嬰兒在這樣的面對面親密裡有了安全感。

確切的說，身體的接觸仍然是重要的，但早期的主要照顧者－嬰兒之間的遊戲能促進轉變為內化性依附，產生一種即使沒有立即的身體接觸下仍有照顧是可及的預期，而衍生出安全感。照顧者和嬰兒都能在一段距離中表達感覺。當嬰兒能夠逐漸自遠離的線索中獲得安全感時，他便能從參與的新奇環境中增加彈性。當嬰兒可以遠離主要照顧者，他擁有了更大的探索與學習的自由，而不僅只是坐在主要照顧者的腿上而已。

朝向依附

在第二個半年中更重要的發展議題是形成一個有效的依附關係（表*9.1*）。當主要照顧者的角色仍是回應性的照顧，嬰兒此時已成為一個情緒的個體，在發展中承擔了更主動的

226

角色。當然，回應式照顧亦隨嬰兒能力的改變而變化。與嬰兒增加合作涉及了允許嬰兒擁有更多的空間去引發互動和對主要照顧者反應。桑德（*sander，1975*）描述這種轉變是由照顧者對嬰兒訊號的解釋反應轉成為對嬰兒發出的明確、直接的訊號反應。主要照顧者持續地對這些回應，然而現在回應的是嬰兒有意圖的邀請。

我曾經使用教導孩子打桌球的比喻。首先，我們直接朝孩子的球拍發球。而學生很僵硬的握著拍子，使得球可能飛到各處，但總是會被老師救回到中心線。然而，隨著時間老師會要求學生做些小修正，而一點一點的，學生漸漸成為勢均力敵的角色。有效的教導包括在不令學生挫敗或不允許他們躍進的情況下漸漸增加學生的角色。這就是所謂有效的主要照顧者與嬰兒之間的互動。從在開始時全然由主要照顧者發起互動並回應嬰兒，到後來輪流地發起或回應而有更雙向的互動。

在第二個半年中，嬰兒更處於能主動參與遊戲的角色。皮亞傑（*Piaget，1952*）曾描述此為「使有趣景象持續的程序」，而於此時期結束時開始模仿新的舉動。我稱這段七至九個月的時期為「主動參與期」（表4.1），主要因為此時期中社會行為發生重大的變化。許多觀察者注意到此時期中，嬰兒「持續努力的引發社會反應」（如 *Escalona, 1968*），即使對象是其他嬰兒（*Goodenough, 1934*）。在第一個半年裡，嬰兒會看著其他的嬰兒，或許也會笑，然而到了七至八個月時他們會發聲、引誘、觸碰，或用其他方式試著引起其他嬰兒的反應。同樣的，對主要照顧者也出現了有意發起互動的清楚訊號。如果一個要求回應的請求不成功時，他不但

會再次邀請，還會嘗試別的方法。這個年紀也是在社會遊戲中出現大笑明顯增加的時期（*Sroufe & Wunsch, 1972*；第五章）。例如，嬰兒在玩拉扯母親嘴中的布巾遊戲時，就明顯的需要相當程度的相互性。當然，十個月大的嬰兒也會笑鬧著企圖將布遞回去給母親或塞回母親的嘴巴中。

桑德（*Sander, 1979*）將這七至九個月間定名為「發起期」以描述這時期中嬰兒在社會交流中顯著的主導性與他們清晰的目標導向行為。與本書所述之情緒發展一致的是，桑德亦論及在成就目標時，經驗成功或阻斷（和生氣）的新能力。

嬰兒的主動角色逐漸增加以及他們漸增的行動力，帶來了後續時期（十至十二個月）環繞主要照顧者組織他們行為的顯著變化。主要照顧者成為「家庭堡壘」（*Mahler et al., 1975*）或「安全堡壘」（*Ainsworth,* 【譯者註1969,1974】）的角色，而嬰兒則以這樣的堡壘為中心擴展他們的探索活動。桑德適切的將此時期稱為「聚焦期」，意味著 此時主要照顧者成為一個擴展世界的中心。這可能造成過分關注在主要照顧者身上，而且分離的不安在此時達到了頂點，但也代表著嬰兒開始向外界發展。嬰兒的世界環繞著主要照顧者組織是形成「特定」依附關係的關鍵，此點我們將於第十章中討論之。

在此時期中，主要照顧者逐漸成為隨時可及而不再是主導或發起的角色。當嬰兒開始離開主要照顧者而主動地朝向這新奇的世界時，主要照顧者隨時準備在嬰兒受到威脅或不安時給予回應是相當重要的。在後續章節中將詳細地闡述，嬰兒基於與主要照顧者先前的互動史所產生對照顧者是否隨時可及的信心促進了他探索的行為。嬰兒在得知當他們不安

228

時，主要照顧者會採取立即的行為，而且他們學習到當主要照顧者在場時將不會有混亂緊張，於是他們在探索時不須感到焦慮。這些嬰兒在他們的依附關係中就感到安全。

當然，主要照顧者在面對第三時期中的嬰兒增加的意圖與目標導向（一種早期的獨立形式）或在第四時期中的嬰兒強調需求與要求時都可能感到喜悅或威脅。主要照顧者持續的回應力與可及性具關鍵重要性。如同桑德（*1975*）的結論：

我們的研究資料中指出，在合理的情境和限制中，產生對母親可及性的預期，是與自第二發展議題（互惠交易）起保有人際「適配」的基本愉悅感密切相關。根據對聚焦議題的適度調節，相同的情感將出現於下個時期中，也就是當嬰兒投入並注意母親以外的世界拓增其精熟的時刻（*p.140*）。

結論：整體的發展

本書的中心主題是整體的發展。因此，檢驗特定情緒發展的過程亦為情緒調節發展的基礎。此外，生理的、認知的與社會的發展面向，均與情緒生命各層面協調發展。

在本書第二部份中，特定情緒的發展與意義的成長相結合。在第一年中，情緒的表達漸漸不是單純決定於什麼發生在嬰兒身上，而漸漸有賴於這些事件對嬰兒的意義。相同的，當我們現在更廣義的檢視情緒的調節時，我們發現貫穿此時期的評價歷程有漸漸增長的角色。在第二個半年裡，調節生理激發與情緒不再僅依賴主要照顧者的作為，而是嬰兒如何解釋主要照顧者的可及性與行為，以及嬰兒對以環境和

個人先前經驗爲基礎的威脅閾值的廣泛預期。

這些逐漸增加的認知過程建立自早期的生理原型。所有成熟的情感均以基本生理激發的增加或調節爲核心，而且調節緊張的基本預期中有一個生理的原則或根源。這些認知的預期（例如：即使在面對高生理激發時也能維持統整的行爲）是根據先前生理激發增強和降低時的身體內在經驗，其中主要的是中樞神經發生一系列基本的反應，引導出維持和調節激發的神經生理能力。

生理的協調與和諧是情緒調節和認知／評價成分的基礎，其主要原因在於兩者皆在主要照顧者的關係中穩定成長。使嬰兒參與能容忍但程度上卻逐漸增加的刺激，以及保護嬰兒免於（或助其修復後果）過度激發，照顧者實際上協助裁塑一個適應的、有彈性的神經系統（*Schore, 1994*）。此外，經由對嬰兒初始訊號和對後續有意圖的邀請的回應，照顧者促進了嬰兒認爲他或她能影響環境，以及擁有即使當生理激發高時仍然可以維持統整的信念，尤其是當主要照顧者在場的情境下。

因爲嬰兒期與兒童早期的情緒與社會發展如此緊密的結合，而使社會情緒發展一詞普遍使用於此領域中。主要照顧者的照護以及與照顧者互動是塑造情緒發展的關鍵。同時，嬰兒情緒發展的進階使得新的社會關係和參與層次成爲可能。從生理狀態和激發的調節，其中主要照顧者提供了穩定的規律與可信賴的照護模式，先發展出以主要照顧者引導的緊張調節，再發展到嬰兒有意圖的利用主要照顧者完成有目的性的緊張調節，在這個過程中嬰兒邁向建立第一個情緒關係。我們將在第十章中討論這個特殊的依附關係。

情緒發展

第十章　依附行為：兩人間的情緒調適

在一個穩定環境中，當嬰兒感覺夠安全時，母親允許他從身旁離開．．．也允許他自由的返回，如此，嬰兒便有能力去調節他們生理激發程度。

——羅森布隆（Rosenblum, 1987）

在個體尚未成熟的發展過程中所衍生之對於依附對象的可及性和回應性的多樣化預期，大約正確的反映出這些個體的實際經驗。

——鮑貝（Bowlby, 1973）

依附，指的是在生命的第一年以及之後所衍生出的一種嬰兒與主要照顧者之間具情緒本質之特殊關係。它不只意指嬰兒與父母親之間的「情感鏈結」，也能適切的描繪出嬰兒情緒調節的特性。事實上，它是兩人互動時情緒調節的基礎，是第一年中所有發展的高峰以及後來自我調節的先驅。

此特殊依附關係的發生代表著嬰兒在兩人互動中承擔更多主動角色的發展時期。也就是說，由主要照顧者主導的調節移向所謂真正的兩人互動。在出生後第一個半年中，情緒調節藉由嬰兒內在的調節能力與具回應的照顧環境來完成。主要照顧者覺察嬰兒不安的訊號或其他情緒的溝通，賦予之

意義，並給予回應—此時兩人互動中調節中並不包括嬰兒的意圖。但是在出生後第二個半年裡，嬰兒特別有意的導引與主要照顧者間的溝通，採取目的性的行為來達成接觸，並且有彈性的自一個擴充的資料庫選擇和改變行為直到互動或接觸（與情緒上的穩定）的目的達成為止。當我們發現嬰兒有這樣的主動行為，即能依情緒調節的目的作修正，並且有朝向特定他人的偏好，我們才能論及依附。

正常的嬰兒普遍於第一年結束時建立與特定的照顧者間的依附關係。此關係的初始跡象均與情緒相關，如分離不安，通常具泛文化間一致性於九個月時達到頂點（如 *Kagan et al., 1978；Schaffer & Emerson, 1964*）。雖然此年齡會較安思渥斯（*Ainsworth，1967*）在烏干達的經典研究發生的年齡較早一些，不過都反映出透過特定的照顧形式（如在烏干達嬰兒總是靠著他們的母親）在區辨學習和形成主要照顧者（個體恆存在）基模上具相同的發展歷程。分離不安的產生與統整性的迎接行為的發展是平行的，且僅針對主要照顧者而言。

另一個發生依附行為的重要現象是「安全堡壘」的行為。嬰兒環繞著主要照顧者將之視為他或她持續探索的中心。當主要照顧者在附近或留意他們時，嬰兒變得更有信心去探索；而當受到威脅時，他們便撤退回主要照顧者身邊。與安全堡壘現象密切相關的是在特定的情境中對主要照顧者表現出偏好反應。通常嬰兒在第一年結束時對於他人相當感到興趣，但當受到威脅或不安時，他們只特別的向主要照顧者求援（*Tracy, Lamb & Ainswoth, 1976*）。

232

情緒發展

　　依附關係雖穩固於第二個半年中，但實則奠基於先前幾個月的互動史。在第一個半年裡，嬰兒不斷地在有主要照顧者的環境中經驗到生理激發並不一定造成混亂（見第八、九章），而當生理激發超過了嬰兒調節的容量時，主要照顧者便會採取行動來重獲平衡。根據這樣累積的經驗以及他們累進的認知能力，嬰兒此時可以瞭解到主要照顧者在情感調節上的角色，以及他們自己在引起主要照顧者的關心與協助上的角色。嬰兒可能會需求主要照顧者在身旁，可能遠距的發出需求的訊號，而且也可能在受到威脅時主動尋求接觸。這些舉動是否總能達成情緒調節的目標決定了嬰兒在關係中能否發展出更多的自信，而能在參與環境（新奇、身體距離等）時容忍更多的緊張。嬰兒也會發展出持續擴張漸具更彈性整合的行為庫以用於兩人調節的過程。

　　同時，互動情緒調節的另一方面，有關正向情感分享亦漸漸更有目的性。「情感分享」指的是經常的、主動的與主要照顧者分享愉快發現，並佐以大笑與發出聲來（如同在第一章中嬰兒拼圖的例子）。這樣的分享的一個面向是社交性的指稱或「分享視覺注意」，這現象在十至十三個月間大量增加（*Butterworth, 1991*）。這樣情感分享是依附關係的核心，儲備正向經驗以構成多數嬰兒與其照顧者間情感的連結（*Waters, Wippman & Sroufe, 1979*）。溝通方式的增廣也支持著孩童對周遭世界的探索。

依附是具組織性的建構

鮑貝的行為系統模式

鮑貝（*Bowly，如1969, 1982*）首先以互動的行為模式來定義依附。在此之前，心理學家們都將依附定義為嬰兒表現出特定行為（如：哭泣或黏人）頻率的特質。就好比一個小孩子太依賴，我們就說他太依附了。但是這樣的前鮑貝式概念說法中有很大的問題。例如，嬰兒會隨著年齡增加愈來愈不依附（因為學步兒較嬰兒少有需求接近父母）；但一般的觀察中很明顯的發現依附並沒有消失只是改變表現的方式。一般而言，兒童和嬰兒仍依附著他的父母。同樣的，以行為作為依附的「指標」，可能隨著時間甚至情境而變動，而造成依附無法反映個別差異建構的矛盾結論（*Master & Wellman, 1974*）。

在鮑貝的概念提出之前，依附的形式往往被視為是以驅力或增強為基礎的特質。一種看法是依附是是二級驅力，衍生自更原始的動機。因為母親餵養嬰兒，而且用其他方式減低孩子的緊張，經由連結她於是成為被依附的對象。另一些的看法強調連續性或是增強物，主要照顧者是一個明顯的刺激因為他或她經常伴隨著酬賞的發生，或者主要照顧者強化一些行為使其在行為表單中具顯著性。然而有許多的證據與這些觀點相左（見 *Ainsworth, 1969*），其中包含了哈洛的絨布或鐵絲代理媽媽的經典研究（*Harlow & Harlow, 1966*）。這些動物很明顯的依附了絨布代理媽媽（如：受驚嚇時跑去依靠它），縱使鐵絲代理媽媽是提供食物的來源，而且兩者皆同時出現並且均與強化行為無關。藉由鮑貝的理論，這研

情緒發展

究的現今解釋可以是，絨布媽媽更能提供猴子的依附行為系統運作的機會。

鮑貝的理論與先前的論點不同。人是社會的動物，因此有一些預先適應行為隨發展而出現。在早期幾個月裡包含了看、微笑、哭以及抓握（尤其是在人以外的靈長類）。接著後來有尋求接近和引發信號等行為。這些行為因著他們促進生存的角色經由演化而進入行為表單中。如同其它生物，人類的嬰兒在適當的情境中將自然地表現出表單上的行為。這些行為將針對最可能和最合適的對象發展並受其引導。沒有所謂次級驅力的概念。在自然的情況下，嬰兒傾向對一位或「一小組階層化」的成人去組織這些行為。這些成人並不須去教導或強化這些行為，而僅需在身邊並且與嬰兒互動使之發生。同樣的，在一般情境下，一位或多位成人會特別傾向對這些預先適應行為作反應，並且會照顧、撫摸、交談與對這些嬰兒互動。這些互動性行為的出現，促進了嬰兒環繞主要照顧者做出最佳的行為整合，並對嬰兒情緒進行互動調節－這就是依附關係。成熟的十二個月大嬰兒的任何或所有依附行為均可以被視為維持接觸或再次和主要照顧者接觸的「既定目標」有關。當因為距離的增加或威脅的增加而使接觸的需要增加時，它們就被激發。一旦增加接觸的目的達到，它們便會停止。

鮑貝認為依附關係不等同於依附行為。依附關係中有各式的行為，但沒有一種行為僅是依附行為。微笑、發聲、甚至是尋求接近亦可視為非依附系統之行為。例如，這些行為有時針對全然陌生的人，但也可視為親近或探索行為。因此特定行為的出現或其單純頻率尚不足以「代表」依附關係。

235

當嬰兒在看到小丑玩具出現幾次後露出微笑（第五章），我們不會認為這是依附關係的增長（或在後續不笑時視為依附關係的削弱）。

依附關係，相對於依附行為，指的是與主要照顧者有關的特定行為整合，以及兩人間情緒調節組織的特定角色。依附的嬰兒不會時時黏著且只注意主要照顧者，他們反而與照顧者分離去探索新的環境。為了探索，他們看別的地方並露出微笑，同時調整他們與照顧者的接近性。當沒有威脅時，這些行為經常發生。如同依附關係本身一樣，在依附與探索之間求得平衡是人類生存的一部份，均在人類適應中扮演精熟環境的角色。然而，鮑貝的演化基礎理論之必要條件是當嬰兒面對威脅情境下會立即以移動、信號或兩者來尋求避難於主要照顧者，而且嬰兒也清楚知道照顧者身在何處以便能隨時接近她。鮑貝探討了這些事件的基本生存價值，因此早先所提及的研究（*Tracy et al., 1976*）之重要性在於以實徵證據說明，當嬰兒受威脅或有一些情緒調節的需求時，他們會特別的尋找主要照顧者。這並非是指嬰兒接近照顧者的「量」，而是藉由與其他行為和情境的整合定義了依附關係。

鮑貝的論點對於研究個別差異有重要的啟發。主要的個體間變異應不是特定依附行為的量或強度，或是它們出現的年齡（應是受認知／發展因素的影響）。在第一年結束前，幾乎所有的正常嬰兒都會形成依附關係，且只有靈長類的神經系統才能形成這樣的依附關係（*Schore, 1994*）。然而，依附的品質變異相當大，取決於主要照顧者的反應與嬰兒和主要照顧者之間的互動程度。高品質的依附關係是由嬰兒發出的訊號能引發照顧者的適切回應，以及嬰兒的行為和依附對象

236

情緒發展

在互動中協調，以達成持續的情緒調節的程度來決定。低品質的焦慮依附關係則因為發生了兩人情緒調節的失調現象。

鮑貝依附關係組織概念的延伸

鮑貝(*Bowlby*)的概念是依附關係的整合觀點的開始，也留下對此議題相當多待進行的研究工作。鮑貝就依附系統的目標設定、修正與功能等方面，區辨此心理建構與因果特質概念的差別。依附關係不是一件嬰兒擁有的特質。它不是一種需求或動機。因此，它不會促使嬰兒去做某件事。實際上，依附指的是一種行為系統，由個體於環境中成功的繁衍的效應而演化。鮑貝將躲避掠食者視為其生物性功能，視尋求接近為系統的預設目標，他強調各式依附行為（如：哭、跟隨等）在功能上是相關的，都為導致相同預測的結果—即主要照顧者與嬰兒的接近性。此外，預設目標、修正目標的概念意味著這些行為會在嬰兒得知（受環境所影響的）超過了接近—距離的閾值的訊息時自動被激起。在這樣的回饋循環中，這些行為持續運作著直到（也只到）接近性重新重建之時。由此鮑貝排除了驅力的考量與需要提出一個形成依附的動機的必要性。鳥類並不因牠們的築巢的動機耗盡（如果研究者拆了牠的巢，牠仍會持續築巢）而是因為完成築巢而停止此行為。相同的，嬰兒尋求接近直到他得到為止。

然而，為了產生了一個真正具解釋力的發展建構，鮑貝的控制系統模式（有別於他廣泛的理論觀點）仍需要進一步討論。鮑貝在依附運作模式中排除了減低驅力的因素，但也因此排除了動機和情感成分，然此二者是此處所謂組織觀點

的核心，且傳統上與減低驅力無關（*Engel, 1971*）。雖然鮑貝的觀察使他將依附描述為「情感鏈結」，也儘管他的研究清楚地預期此論點，情緒和動機仍被忽視。機械式的模式無法正確的涵蓋鮑貝的重要觀察，尤其是忽略了情感的中介角色。

　　若依附繫於預設之接近性目標並且外在因素決定行為，那麼就無法解釋為何嬰兒在分離／重聚經驗之後緊接著的分離時顯得更加難過（當同樣是超過距離閾，為何他們的反應變得如此強烈，除非是受到先前情感經驗中介的影響）。相同的，以發展上的進階選項來接觸嬰兒（如：拿玩具給嬰兒玩）也無法有效安撫。因此以銘印與固著行為模式類比依附關係並不恰當。更正確的說法是小鴨子看到母親遠離牠便自動的尾隨。而人類的行為卻遠比這樣更有彈性與更複雜。

　　另一方面，當依附系統的目標被訂為「覺得有安全感」，情感被視為是中介的適應行為時，這些問題就得以被解決（*Sroufe & Waters, 1977a*）。接近性的尋求不是主動發起的，而是有賴於嬰兒個體對許多內在與外在線索的評價而產生了安全或不安全的主觀經驗（*Bischof, 1975*）。環境、先前經驗和情境的其它層面（第六章和第八章）以及嬰兒心情與發展層次對嬰兒情緒經驗具重大影響，也影響著接觸或接近需求的產生。維持接觸的各種方法隨著發展而增加，而且在沒有壓力時尋求接近主要照顧者的現象日益降低（如*Feldman & Ingham, 1975*）。

　　當超過了某些固定的距離閾時，接近性的尋求並不是自發啟動的。例如，當嬰兒首次進入新情境時可能有較多接近需求。一旦他們在情境中覺得更自在時，他們可以容許較大

238

情緒發展

的距離。當主要照顧者短暫的離開，在他或她回來之後，他變得對照顧者輕微的動作也敏感察覺。鮑貝會說這是因為設定點的改變，但沒有情緒經驗的角色就仍然無法解釋這種動態的改變。

此外，對較大嬰兒和學步兒而言，主要照顧者的安撫話語能調節分離焦慮，以及後續的抗議行為。主要照顧者重返時，遠遠地拿出一個玩具或用其他方式互動就可能足以重建嬰兒的安全感，全然不必須真正地接近。另一些嬰兒則因為情緒的干擾而無法接近照顧者，而且甚至即使處於不安之下仍（病態的）主動迴避照顧者（將於後續討論）。明顯地，接近性的需求在人類嬰兒中不是自發的。

鮑貝對依附功能的論點仍需要擴充。雖然保護的功能可能足以解釋許多物種依附的演化現象，但因主宰環境與掌握機會是人類的優勢，故支持探索的角色在人類適應中亦具重要性。於是將依附對象視為探索時的安全堡壘的概念（如：*Ainsworth, 1973*），是除了保護以外所增加的功能，這些使得依附成為一種發展育成的建構。主要照顧者是在遠距離時仍然可及的移動式的安全感來源，支持著對未知與有潛在威脅世界的互動。主要照顧者的存在平衡了對於新奇事物的吸引與不安，通常有助於探索。當探索帶來了壓力，來自主要照顧者的安撫便能支持他們再繼續遊戲。

依附是一種關係性建構

依附指的不是一套行為或嬰兒的特質，而是嬰兒與主要照顧者之間一種特殊的、情感的關係。如同其他的關係，依附關係隨時間演變，而且是特定雙方互動史下的產物（不同父母親雖有不同，但其中仍有一致性：如 *Fox, Kimmerly, & Shafer, 1991；Main & Weston, 1981*）。沒有所謂立即的依附關係。它與「鏈結（*bonding*）」（*Klaus & Kennell, 1976*）的概念有所不同，後者指的是主要照顧者與嬰兒相繫，而且這樣的認定在出生後幾小時與幾天內很快的發生。依附指的是一種漸進式雙方互動過程，以及一種共有的關係。主要照顧者的確是心繫在嬰兒身上，警覺於嬰兒的訊號、甦醒於嬰兒夜間騷動時、焦慮於嬰兒是否受到傷害，以及母親在嬰兒哭時分泌出乳汁等。然而，嬰兒也同樣的在情感上繫在主要照顧者身上。這兩人具「心理生理協調性」（*Field, 1985*）。

嬰兒在情感上繫於主要照顧者，如同主要照顧者心繫著嬰兒，這看法擁有許多支持的證據。如前所述，嬰兒受到威脅或感到不安時，以主要照顧者為探索的安全堡壘，並偏好主要照顧者的處理。嬰兒在警覺時會觀察主要照顧者，而在難過時會特別藉由他們得到安撫。當依附關係在第一年結束時剛剛穩定下來，即使是短暫的分離（幾分鐘）也會感到不安（可能是因為情感鏈結受到威脅），而且重聚是特別的，即便當時嬰兒並不感到難過。

然而，更深刻的是嬰兒或學步兒對長期分離（如：數週）的反應。典型的反應順序是一段時期的反抗，接著一段時期的沮喪，然後抽離（*Bowlby, 1973；Robertson & Robertson,*

240

情緒發展

1971）。當然，此順序不能單以主要照顧者的缺席來解釋，因此它證實了嬰兒內在的統整過程。它見證了這個情感鏈結的持久品質。在一段長期的分離之後重聚時，我們發現了另一典型的順序（*Heinick & Weatheimer, 1966*）。嬰兒首先忽略主要照顧者，變得好像不認得了雖然他們其實認得，而且在分離後對主要照顧者反應變少。接著出現一段時期的生氣的矛盾心情，最後恢復友好。這順序再次提示依附關係的情感核心與特殊品質。長期分離所帶來的情緒變化如此巨大，所經驗到的傷害如此深刻，嬰兒的行為組織被拆解而不能立即的重整。以臨床用語，我們稱此嬰兒初次面對重建的痛苦和傷害而產生抗拒，因此無視於主要照顧者的存在。

　　將依附定義為情緒關係性建構的重要價值更來自於對穩定依附個別差異的研究。隨著發展依附行為的表現有著明顯的改變。在十二到十八個月大時，當留下來跟陌生人相處時，對新環境的謹慎與不安明顯的下降，結果是歡迎行為與有距離互動代替了尋求接近。一但靠近時，十八個月大的孩童而言，身體接觸是短暫的，而且不安時可以很快地被安撫下來（*Sroufe & Waters, 1977a*）。因為這樣的發展改變，個體在此時期表現出特定行為的頻率（如：發聲、看、接近的量；如 *Waters, 1978*）缺乏穩定性並不令人驚訝。然而行為的形式與統整（指的是情緒關係的品質）的個別差異於一般環境中是相當穩定的。嬰兒在十二個月時的分離不安，強烈的且有效的在重聚時尋求接近（重聚促進返回遊戲），整體而言雖和在十八個月時的行為表現相當不同但卻功能相似。在沒有感到不安時，他們有歡欣熱切地歡迎且能遠距離的與

主要照顧者互動，而不是莫不關心或任性地。身體的接觸轉型成心理的接觸，然此關係仍支持著探索，且情感鏈結仍未消失。

視依附是一種關係建構可以清楚的評估個別差異。雖然測量繫於個別行為，然其焦點是在動態的關係，也就是有效地支持探索與調節嬰兒的情感。這樣的效能性可以用許多方式表現，而嬰兒與主要照顧者多樣化的行為形式都可能共同有效。

測量依附品質中的個別差異

測量依附關係的品質相當複雜。沒有單一指標或計算頻率的程序能成為最有效的測量。這些程序需考量情境並觸及情緒互動調節的統整行為。建立測量程序的效度也將是複雜的。依附的安全性（品質）是一種架構，而建構效度的程序則需要建立一先前的、當下的與後果相關的關係網絡。如果能掌握依附品質，此測量就必須與發展歷程以及重要發展結果相關。

安思渥斯的典範

安思渥斯針對行為整合發展出一測量的程序，著重於情緒表達與情緒調節（*Ainsworth et al., 1978*）。此外，它產生了一個以此關係在支持探索與激發調節的效能性為核心的分

情緒發展

類系統。此系統是高度行爲的，避免了先前數十年過於簡化的操作歷程，而且她所發現的依附行爲變化歷經超過二十五年以上研究的檢驗。

根據長期研究嬰兒第一年中在家庭生活行爲的表現，安思渥斯 (*Ainsowrth*) 發展了一個普遍被使用的實驗室程序。程序的初始效度與計分方法與家中的探索、哭泣、尋求接近等行爲有關。這絕對是具重要的。任何宣稱測量依附的程序（即使是安思渥斯程序的變化或是新應用）均需要在一個中性環境中觀察依附—探索間的平衡。這是關鍵性的標準。

此程序包括八個事件：（1）主要照顧者與嬰兒進入了一個新奇充滿多樣適齡且有趣的玩具的房間中（一分鐘）；（2）嬰兒安置於座位上與主要照顧者玩（三分鐘）；（3）陌生人進入，安靜的坐一分鐘，與主要照顧者交談一分鐘，然後與嬰兒玩並注意嬰兒的需求；（4）主要照顧者離開（三分鐘，除非嬰兒過度不安且無法被陌生人安撫下來）；（5）主要照顧者返回，陌生人悄悄的離開（三分鐘的重聚）；（6）主要照顧者離開嬰兒單獨一個人（三分鐘或更短）；（7）陌生人進入，試圖去安撫嬰兒（三分鐘或更短）；（8）主要照顧者返回（三分鐘重聚）。

這個程序刻意的爲嬰兒安排一個累進性不安（在西方文化是中等）的壓力情境。這些事件的順序安排有其目的。一個新環境是稍具輕度壓力的，但主要照顧者的出現使玩具的吸引力超過對環境的警覺。陌生人代表一額外的壓力源，但他與母親交談且容許嬰兒能相當控制他們與陌生人互動的步調，得以緩和此壓力。研究發現，當主要照顧者在場時，大多數的嬰兒會很快的暖身而與陌生人互動。主要照顧者的離

開是令十二個月大的嬰兒不安的一個明顯增加壓力的事件。而照顧者第二次離開更加有壓力，一方面因為它是第二度的激發的警訊，另一方面是因為這一次嬰兒是獨自留在房間中。幾乎所有中產階級樣本的嬰兒在此情況下哭泣。而有較少一些但仍相當多數的低社會樣本的嬰兒哭泣，這可能是因為他們有較多與不同人互動的經驗。即使對那些不哭的嬰兒而言，此事件仍然是具有壓力的（如減少玩的動作或表現出自主神經激發等，如 *Sroufe & Waters, 1977b*）。

在此系統中，依附的品質取決於已然成型的兩人情緒調節如何有助於探索和精熟。這是十二個月到十八個月大嬰兒的重要發展議題。平靜的與主要照顧者分離繼續去探索（安全感來自單純的可及性）部分定義了一個有效的依附關係。同樣的，不安時主要照顧者的安撫使嬰兒平靜而能繼續遊戲也是依附關係的一部份。當程序繼續下去，壓力漸增，嬰兒的典型反應是尋求接觸主要照顧者的需求增加。大多數的嬰兒在事件發生時需要安撫，而且大多能被安撫下來。當嬰兒無法離開主要照顧者去探索或在不安時無法從主要照顧者得到安慰，這樣的嬰兒與主要照顧者間的關係就被視為不具功效（一種「焦慮的」依附）。

在測量中，重聚事件特別被強調是因為它們觸及這兩個人對處理分離壓力（一種情感連結的威脅）的能力。分離－重聚的事件順序對兩人情緒調節的負荷能力帶來重大考驗。當實驗室的門關上，嬰兒並不能對分離做些什麼，而且有許多因素影響著不安經驗的程度（如：疾病、疲勞與陌生人涉入的程度、以及對大一些的學步兒而非十二個月大的嬰兒較明顯的是主要照顧者離開的方式等；*Weinraub & Lewis,*

244

情緒發展

1977）。因此，分離不安的存在與程度並不是決定依附品質的關鍵。然而，不論是否不安，嬰兒在重聚時做了什麼，才是最重要的。

舒爾（*Schore，1994*）根據費爾德（*Field, 1985*）、富利基達（*Frijda, 1988*）與賽倫（*Thelen, 1989*）和其它人的研究強調分離—重聚經驗對嬰兒發展的重要性。他們提供了重大「心理生物狀態移轉」的重要經驗，也就是由強烈的負向情感轉換到正向情感或從低能量轉化到高能量的狀態。這樣的經驗不但是建立面對不安時能預期重建整合的基礎，而且舒爾（*Schore*）認為這實際上影響著動態腦部系統的形成（交感系統與副交感系統的平衡）。「藉由促進她（主要照顧者）成熟的與他（嬰兒）不成熟的神經系統共容性，孩子從副交感優勢轉向交感優勢的能量擴充模式」（*p.112*）。再者，此「外在」引發之交感神經活動導致了生理激起的增加，「正向情感再生」而且增加活動力「使得學步兒重獲能量返回世界」（*p.113*）。隨著時間，這樣交感系統與副交感系統的平衡成為孩子的能力。這樣的經驗在心理與生理層面上皆具關鍵性。

四種分類測量（尋求接近、維持接觸、抗拒接觸與逃避等）被用來檢驗安思渥斯（*Ainsworth*）系統中重聚行為的效能性。這些測量都與有效利用主要照顧者進行情緒調節相關，包括被照顧者引導、投入性和釋懷的程度。這些測量由主觀評量（較缺乏精準）與出現頻率（無法掌握行為意義）的測量共同組成。在測量中的每一分數均提供多個實際行為事例，這些事例雖然各不相同但均代表根據一群判斷者的評量所得之相等量表意義。研究者的工作是找出與觀察行為最

245

類同的對照（量表細節見*Ainsworth et al., 1978*）。

基本依附的類型

根據對重聚行為的評定與程序中所觀察到的現象，依附關係可以依行為類型分為三種類群。

B群（安全依附類型）。這些嬰兒的典型是已經準備好要離開主要照顧者而全神地玩玩具，也許有時會隔著一段距離分享他的發現。他們很少對陌生人感到警覺，雖然他們可能在陌生人進入與接近時會回頭看看主要照顧者做確認。他們可能會，也可能不會在分離中不安，但如果沒有不安也常減緩遊戲並朝著門或主要照顧者的椅子看。如果感到不安時，重聚時他們會直接走向主要照顧者，主動尋求接觸，並且維持一段時間直到安定下來。他們通常黏著、靠著、迎合著或以其他方式明白的表現出他們需要接觸以及接觸確能帶來安慰。他們從過度的生理激發、混亂的狀態恢復到平順、穩定與圓滿。如果沒有感到不安，他們典型的反應是重聚時不尋求身體接近，而以微笑、蹦蹦跳跳、出聲或秀一個玩具等主動的尋求互動（心理上的接近）。他們很高興的看到主要照顧者。不論是否不安，他們都很明顯的表達對主要照顧者的喜愛。他們可能會接受一個陌生人的接觸，甚至安定一會兒，但當主要照顧者重返時，他們會立即的離開陌生人並且極不相同的方式來迎向照顧者。他們對主要照顧者再回來時不會表現任何的抗拒，也沒有在尋求接近時混雜生氣、任性或拒絕（雖然他們可能對陌生人表現出這些行為）。

246

情緒發展

C群（焦慮/抗拒型依附）。這類的嬰兒表現了較少的探索與對陌生人的警覺，很可能是在分離之前就需要更多的接觸。他們對分離感到相當不安並且沒有辦法藉由陌生人安撫下來。更重要的是，在與主要照顧者重聚時他們仍然很難被安撫。他們可能身體僵硬、踢人、推人、丟開給他們的玩具、扭動著要下來然後又哭著要抱。雖然他們尋求接觸，但他們也抗拒接觸（清楚的表現其矛盾），或僅僅哭與被動的抱怨著。在任何情況下，他們都無法有效的藉由主要照顧者來獲得情緒的調節。他們也無法得到全然的安撫，也無法重新投入探索與遊戲。

A群（焦慮/逃避型依附）。這類的成員準備好脫離照顧者去玩（即使他們的玩耍僅是表面的），而且他們一般對陌生人表現了較少的不安。他們在被單獨遺棄時感到不適，並在事件七陌生人重返時就被安撫下來。更明顯的，在主要照顧者重返時，他們僅僅表現出普通客套的歡迎，而且可能會忽略、轉頭、朝向他處而非主要照顧者。他們不會主動發起互動也不對照顧者企圖互動做出回應。這類的逃避（並不會對陌生人表現）在第二次與照顧者重聚時反應更強。因此，在壓力與尋求接觸的關係反轉，當壓力增加，逃避也增加。雖然這些嬰兒在重聚中沒有表現明顯的不安，但他們在分離－重聚階段中仍然感到不安，而且探索能力下降（*Sroufe & Water, 1977b*）。

抗拒組的依附很明顯是焦慮的，帶著清楚的矛盾與探索行為的失敗。而逃避組的焦慮依附則是當他們在經驗到壓力時依附行為明顯被干擾。我們相信他們對於主要照顧者的可

及性感到十分懷疑。我們也假設他們對於接觸的渴望是存在的，然而卻因某種干擾而無法表現出來。緬恩（*Main, 1977*）指出這種憤怒以及渴望接觸的矛盾被引發出來，導致忽略或表現出其他替代行為。換句話說，嬰兒在尋求接觸時曾被拒絕，重複地產生了混亂的情感，使其在生理激發時壓抑接近性行為。接近可能必須干冒混亂情感（包含生氣）的風險。早期或近期的情緒經驗即使沒有表達出來均受缺乏預期行為和維持統整的影響。忽略在此情境中也應被視為是一種逃避（這些論點的效度將被下一節中的證據所支持）。

安思渥斯的評量表中，分類是一個類型比對的問題。在主要的類型之下還有些亞型。例如，一些安全依附的嬰兒對新奇的事與陌生人都表現出不安，在分離時大哭且需要相當多的接觸（*B4*組）。他們被分為安全依附組是因為他們主動、有效、順利地尋求接觸，沒有接觸抗拒的跡象，而且接觸可以有效地終止他們的不安。另一些安全依附嬰兒可能一點都不哭，而且只尋找一點點或不需身體上的接觸（*B1*組）。他們的安全感表現於強烈的歡迎行為與主動地在遠距離引發互動上。另一安全依附的亞型則在第一次重聚時表現出一些逃避，而在第二次重聚時尋求接觸（*B2*組）。（值得注意的是逃避與抗拒均不視為依附行為，然而沒有這些行為才是決定安全依附的關鍵）。

安思渥斯雖根據小樣本中發現這三類基本依附類型，不過其他大樣本的研究中通常90%都能夠依此分類。不熟悉依附類型分類的人則因為相信三種類型（八種亞型）是所有可能的形式而無法領會安思渥斯的成就。事實上並不只有這些

248

情緒發展

類型。例如，在我們原先的中產階級樣本中，並沒有一個嬰兒逃開主要照顧者，也沒有嬰兒對陌生人露出警覺的樣子或在留下與陌生人共處時大哭，而且也沒有嬰兒逃避母親和陌生人（*Sroufe & Waters, 1977a*）。這些的形式或許可以「逃避特質」概念或逃避的類化來解釋，但事實上並沒有這樣的觀察發現。此外，沒有任何嬰兒在重聚時表現出接觸抗拒，而且所有嬰兒都在最後單獨留給陌生人後大哭。

後續的研究顯示即使不能吻合於安思渥斯系統分類的嬰兒通常也代表具意義的變異。緬恩與她的同事（如：*Main & Hesse, 1990*）強調這些適合安思渥斯系統的個案（即使是*A*組與*C*組）也都反映出當生理受激發時，處理依附感覺的一致策略。例如，逃避可以被視爲對持續拒絕的主要照顧者保持近距離（而非更加疏遠）的策略。這樣保留著當極度的威脅發生時照顧者提供反應的可能性。但在某些例子中無法產生一致性的策略。這些嬰兒可能表現了失序混亂的行爲或是當主要照顧者回來時表現出發抖、僵化或面朝下趴在地上等奇怪的行爲。緬恩認爲這些嬰兒之所以沒能發展出一致性策略主要的原因是主要照顧者本身行爲的不一致或具威脅性。因此，依附行爲的主要對象也就是混亂或威脅的來源。這類構成D組（焦慮依附、失序的）的例子可能與主要照顧者本身在過去有受虐經驗或有未解決的創傷有關（*Carlson, Cicchetti, Barrett & Braunwald, 1989；Main & Hesse, 1990*）。

249

依附是組織建構的研究支持

根據鮑貝的看法，整合觀點的主要假設是（1）不同的照顧品質會導致不同的依附品質（如：早期的主要照顧者調節會導致後來互動調節的形式），（2）依附關係的差異對嬰兒後續的自我情緒調節產生重大的影響。

第一個假設的核心概念是根據互動的經驗，嬰兒會對主要照顧者的反應產生預期，並且隨時間以一種互補的方式產生對本身引起反應的效能之預期（鮑貝稱之為「內在運作模式」）。通常，從第一個半年中由主要照顧者主導的協調性交換行為，和從第二個半年中主要照顧者對嬰兒外顯訊號的反應，嬰兒學到了主要照顧者是最可能有反應的人，以及何時情緒調節得以維持，或當情緒失調何時可以重建。這樣的預期反映出依附行為的整合。預期主要照顧者會有反應的嬰兒能有自信地探索，當有需要時有意地發出需求信號或主動地尋求接觸，並且很快較對主要照顧者的介入有所反應（預期他們是有效的）。

第二個假設的核心概念是當嬰兒成為更主動的角色時的互動調節經驗，提供了自我調節的必要基礎。當主要照顧者做出反應，嬰兒就獲得對自身影響力的自信。嬰兒的確對於環境有很大的影響。自我調節並非一蹴可及而是經由一連串的時期，其中嬰兒的能力逐漸發展而容許減少頻率、小幅度、以及遠距的使用主要照顧者作為調節的一種幫助。對主要照顧者的信賴變成信賴自己與照顧者，而且最後能全然的信賴自己。

250

照顧品質與依附品質

安思渥斯的原始研究證實了鮑貝的第一個假設（如：*Ainsworth et al., 1978*）。她發現當主要照顧者在第一年的敏睿度量表（見第九章）上評分愈高分時，在十二個月時依附關係就愈可能被分類成安全型。儘管在第一年早期的嬰兒行為沒有任何特別不一樣，逃避型與抗拒型的主要照顧者都在敏睿度上評定較低（*Blehar, Lieberman, & Ainsworth, 1977*）。逃避型的情形有一個特別的特徵，就是當嬰兒想要被抱起來時，主要照顧者對嬰兒表現了很強的拒絕（雖然一般而言，他們對於嬰兒沒有較少的身體接觸，然而他們似乎不太喜歡身體接觸）。因此，這些最終被評為安全依附類型的嬰兒必須要有從先前互動中滋長並預期照顧者反應的經驗。形成焦慮依附的嬰兒，則有著對獲得主要照顧者的回應或有效性有不確定感，尤其是逃避型的例子中對主要照顧者是否能及時的回應有著強烈的懷疑。

安思渥斯的一項特殊發現，是有關在第一年中立即有效的回應嬰兒的哭聲與十二月大時依附行為之間的關係（*Bell & Ainsworth, 1972*）。這樣的回應與後來的安全依附有關，或者從狹義的增強物觀點來看，這樣的回應能降低哭泣行為。這發現與鮑貝所稱廣義的學習一致。哭泣不是隨機操弄的事件，它是一個信號，是對過度生理激發的自動反應（就好比感覺冷時發抖）。之後它成為更直接的反應。當然，在嬰兒期之後這些反應變得可以操控，且可能被不適當的強化。但年幼的嬰兒不會被照顧者的回應所寵壞。相反地，嬰兒學會主要照顧者會對他們的信號回應，而逐漸引發不同的發展。學到了主要照顧者會對他們的不安做出可信賴的反應

251

（經驗到有效的情緒互動調節），較大嬰兒就可能因為主要照顧者的現身或主要照顧者在遠距離時的發聲、微笑或其他信號的反應而變得更為安心。他們不需要使用較不分化的哭泣為信號。

安思渥斯的基本研究被許多的研究者複製（*Bates et al., 1985; Belsky & Isabella, 1988; Egeland & Farber, 1984; Grossmann, Grossmann, Spanger, Suess, & Unzer, 1985; Isabella, 1993; Isabella & Belsky, 1991; Kiser, Bates, Muslin, & Bayles, 1986*）。這些例子均發現，由獨立的評分者完成在四或六個月時（以及其他年齡）對安思渥斯的敏睿度量表的評分與十二個月時的依附類型有關。我們也重複觀察到主要照顧者的拒絕與逃避間的關係（*Isabella, 1993*）。哥魯斯門（*Grossmann, et al., 1985*）的研究特別有趣，因為二與六個月的敏睿評定可以預測依附行為，但十個月的評定則不行。這是因為在德國北部的樣本中，主要照顧者在第一年的末期時開始要求「合適」的行為舉止。敏睿的變異消失且平均敏睿度降低了。這大大的證實了安思渥斯的研究，因為早期的敏睿評定可以預測晚期的依附品質，儘管後來主要照顧者的行為因一般文化標準而隨時間有所改變。

其他的研究也顯示了第一年中由主要照顧者引導情緒調節的不同面向，包括主要照顧者的「情緒可及程度」與情緒溝通的品質以及後來的安全依附有關（如 *Egeland & Sroufe, 1981 ; Tronick, 1989*）。總而言之，依附品質與早期照顧品質的假設被大量發展研究所支持。

介入性的研究通常包含了訓練與其它增強敏睿度的努力，提供了對鮑貝假設的額外支持。縱使不一定顯現出效

252

情緒發展

果，這些優秀的研究結果也經常相當有力且歷久不衰（如
van den Boom，出版中）。敏睿度的訓練足以大幅的提高了
安全依附的比率，尤其是當面對一群具有挑戰性的嬰兒或是
對於已經表現出互動困難的親子關係（*Lieberman, Weston,
& Pawl, 1991*）。

　　值得再提的是作此考量時，不同向度行為的氣質變異並
非無效或無意義（見第九章）。事實上，敏睿的定義包含了
不同的行為風格。敏睿表示他對特定孩子的特殊本質、情感
與信號方式有反應。但同時也有兩個理由可以將依附變異與
氣質變異視為是正交的。首先，他們呈現了不同層次的分
析。依附的測量是基於行為組織的層次。因此，不是嬰兒哭
泣與扭動的多寡，而是在何種情境以及和其它行為出現的順
序與方式才是關鍵（即使在分離甚至重聚之初大哭的嬰兒，
以及跟陌生人相處時相當侷促不安的嬰兒，如果他們因接觸
主要照顧者得到安撫回到遊戲中，仍然可以評斷為安全依
附）。第二，如前所述，安全依附的嬰兒（與焦慮依附的嬰
兒）在行為形式上有很大的差異，從不易激起與不喜愛擁抱
（*B1*）到暖身緩慢和容易過度激動（*B4*）。

　　檢視分離—重聚行為中，湯普生（*Thompson，1990*）
強調氣質差異可能主要影響了重聚時嬰兒的需求。安全依附
「源自於所提供的協助行為之效益」（*p.386*）。例如，對那些
儘快的回應分離需求的主要照顧者而言，強烈不安需要立即
與完全的回應，一些安全依附的關係於焉而生。其他不那麼
嚴重的不安則只需要遠距互動，而這也能在安全關係中有效
的達成。

　　研究支持由照顧史和氣質變異能區別依附關係的品質。

第一，第一年不論從行為觀察或父母的報告中所評定的氣質均無法預測依附安全性（*Ainsworth et al., 1978; Bates et al., 1985; Blehar, Lieberman & Ainsworth, 1977; Bohlin, Hagekull, Germer, Andersson & Lindberg, 1990; Egeland & Farber, 1984; Vaughn, Lefever, Seife, & Barglow, 1989*）。第二，研究顯示了氣質評估（不論是由父母親的報告和嬰兒在壓力下皮質素的反應）預測了在安思渥斯程序（也就是對不安的一般反應）中分離事件的哭泣量，但無法預測在重聚時的哭泣量，也無法預測逃避與抗拒的程度（*Gunner et al., 1989; Vaughn et al., 1989*）。後者才是決定依附安全性的關鍵，而且反映出對主要照顧者的信賴程度，和由過去照顧經驗中對自己的行動所形成的預期。

雖然嬰兒的氣質並不直接影響依附，但氣質或新生兒神經系統狀態與其它因素間確有交互作用。例如，克肯伯格（*Crockenberg, 1981*）發現只有結合主要照顧者低度社會與情緒支持時，才會發現不佳的新生兒狀態能夠預測焦慮依附。在最近的研究中，曼傑斯多夫與其同事（*Mangelsdorf, Gunnear, Kestenbaum, Lang & Andreas, 1991*）發現嬰兒不安的傾向與母親控制特質的交互作用預測了焦慮依附。不安的傾向，除非在結合高控制力的母親之外，均無法單獨預測焦慮依附。這些發現建議在某些情形下氣質因素可能影響主要照顧者的敏睿度。

情緒發展

依附品質與後續情緒發展

從許多角度，我們都會預期嬰兒與主要照顧者依附的品質與後續孩童發展之間有關連。其中一些強調由安全依附史或由回應性照顧所帶來的主動感，能引發對社會關係的正向預期。這些與其它一些論點都與檢驗整合性的理論有關，將在下面章節中討論。在此我們將簡短的考量將依附視為兩人情緒調節的特定觀點來考慮依附發展的涵意。兩人的情緒調節差異如何影響個體後續發展的差異？更精確的說，兩人的調節組織變異的開始如何引發不同的發展路徑？

嬰兒時期有效的兩人互動情緒調節（安全型依附）預測著初期對情緒激發的結果，和在行為層次上對嬰兒的表達、調節和有彈性的控制情緒的結果。那些參與了平順、調節良好關係的嬰兒重複經驗到（1）當他們的情緒被激起時，其他人是能夠且會反應的，（2）情緒的激發很少是混亂的，（3）若是混亂的激發，重建平衡通常可以很快達到。基於這些預期，有安全依附史的孩子已準備投入可能會激起情緒的情境中，而且能夠直接表達情緒，因為情緒不被視為具威脅性，而被認為別人將會視情緒為一種溝通。因此，一項特別的預期是在社會情境中，有安全依附史的孩子會表現出明顯的好奇、探索的熱情與情感的表達。相同的，即使強烈的情感被激發時，這些孩子經常能保持統整，表現出調節激發的努力，或者當他們的能力不足時會有效的尋求其他人的幫助。他們在情緒上是有彈性的或「具恢復力的」（見*12*章），隨情境表達出不同的衝動與情緒（例如在遊樂場中的瘋狂，克制性的閱讀等），並有著重在經驗到高威脅或情緒激起後的反彈能力。

255

一個可能含括了前述所有行為的特殊預期，就是具安全依附史的孩童較具有焦慮依附史的孩童，在情緒上更能獨立（以鮑貝（*Bowlby*, 1973）的用詞就是自我信賴）。經由深深被另一個人所關切，知道當需要時可以依靠其他人，並相信自己可以引發照顧，這些孩子有自信地去練習自發性因應激發的能力。一個人的行為在過去是有效時（雖然是依賴主要照顧者的反應），他可能預期發展出的新能力也一樣的有效。從某些觀點而言，這是根據鮑貝整合性觀點所得最矛盾的預期。安全依附的嬰兒直接表達了他們對主要照顧者的依賴，當受威脅或有需要時總是轉向主要照顧者，且在這些時候通常是投身於照顧者的懷抱。相反的，一些焦慮依附的孩子—逃避組中的成員，當面對中度的威脅時，無法尋求接觸且常常漠視主要照顧者。因此，那些有效依賴的嬰兒，而非那些（不適合的）被稱為「過早獨立」的孩子，被預測在後來的情緒上更加獨立。

　　後續章節會更詳細的描述並列出大量支持此處所提及的每一項預期的縱貫研究，其中對於「依賴－獨立」的預期有特別強的支持。嬰兒期焦慮依附的評估與學齡前期、兒童中期與進入青少年期的依賴測量結果具強而有力的關聯（如：*Elicker, England & Sroufe, 1992*；*Sroufe, Carlson & Shulman, 1993*；*Sroufe, Fox & Pancake, 1983*）。

256

結論：組織性觀點的因果

　　上述討論並不意味著簡單、線性的因果模式。例如，嬰兒期的焦慮依附未必無可避免的導致後來的情緒依賴，也並不僅單純地導致後來的依賴。根據鮑貝（*Bowlby, 1973*）的理論，行爲總是過去經驗與現在情境的複雜產物。所有的發展路徑在一開始時是接近的，個體在任一路徑的旅行中均觸及一個大範圍。被選擇的那一條路徑在「每一步的旅途上都是個體當時發展的程度和自我所處環境的互動結果」（*p.364*）。

10.1 鮑貝（1973）的發展路徑概念圖

257

於是在一個新的情境或是新的支持出現時，將可能發生基本行為改變（*Pettit & Bates, 1989; Vaughn, Egeland, Water & Sroufe, 1979*）。利於考慮個別發展路徑的一個模式是將之視為鐵路的分軌或樹的分支（*Bowlby, 1973; Waddington, 1957;* 見圖10.1）。任何早期參與的路徑（如：依附類型）都可能依循後續情況而有多重可能性。任兩個體都可能由類似的開端而後分歧，或由不同的路徑開始或因後續轉折而歸於相似的適應形式。然此模式意味著早期適應的實踐限制了後續發展。過去無法簡單地拭去，他仍是個體適應的一項力量，尤其是一再重複出現的形式。測量嬰兒依附關係的一項預測力是來自於指出主要的發展過程和早期的發展路徑。於是重點是在如何從早期測量的預測力延伸至瞭解個體維持和偏轉個人早期參與之路徑的歷程。我們將在最後三章中進一步討論連續、轉變和因果模式。

258

第十一章 自主性自我的開端：
照顧者引導之自我調適

親子間的正向互動能使孩子預備、接受和有意願對父母親所引導的社會化反應...內化父母的標準和價值觀可能是長期正向關係的結果。

——科奇斯科(Kochanska, 1993)

羞愧不安的心理生物狀態代表一個快速從交感為主轉為副交感主導的激發...照顧者影響著此兩邊緣迴路之分化...而因此影響到長期的前額葉─邊緣調節系統的興奮與抑制（自動化）平衡。

——舒爾(Schore, 1994)

嬰兒期之後發展可謂神速，發展仍是以質變和轉換為主。重要的改變包括明顯的符號表徵和語言、自我覺知和自我控制的開端。發展是整體循序的，建立在先前出現的基礎之上往前邁向更複雜的新層次。

學齡前的主要社會情緒作業是由配對調節走向自我情緒調節。如同所有的發展特性，此項發展亦具備一系列的時期。如同由照顧者所主導的方式是為發展出真正的兩人調節鋪路，此處所包含的發展轉變是由照顧者所支持和引導的自我調節發展出嬰兒能在照顧關係之外進行調節。在嬰兒期剛完成時，也就是一般西方人所謂之學齡前時期，幼兒有時已

259

能調節激發和行為而不需要照顧者的介入。但當產生混亂時幼兒仍須依賴照顧者的調節能力或經由對照顧者的預測行為，以及大多情況中，照顧者的出現所帶來的情緒支持加強幼兒的自我調節活動。照顧者在幼兒高激發的情況下介入，並且對控制攻擊性和衝動行為影響甚鉅。照顧者的工作是預測幼兒可能經驗挫折以及在幼兒失控前介入，但同時容許幼兒盡其所能（見 *Wertsch, 1979,* 摘自 *Vygotsky, 1978*）。於是幼兒因此得以增廣管理自己激發的經驗，而同時仍能得到照顧者的保護。同樣地，幼兒學習到控制衝動（包括在面臨強大的情緒時）。雖然少有照顧者預期當他們不在場時，幼兒能夠完成自我抑制，但他們卻經常預期幼兒聽從照顧者的直接制止。所以學齡前期的幼兒主要是學習如何在照顧者的指導、監護以及鼓勵下學習抑制衝動。這些均為後續的自我調適鋪路。

如同嬰兒期，學齡前時期中各層面亦以整體合一的方式發展，認知、社會行為和生理成熟的發展涵蓋調節情緒的新經驗和新能力，而這些新的經驗和能力又接著促進認知成長，其中包括自我覺知能力的增進。中樞神經系統發展支援所有上述的成長，而隨新能力而來的經驗則影響著腦部後續的發展（*Schore, 1994,* 亦見後續章節）。由於運動和認知的進階，情緒狀態逐漸成為幼兒自身行動的結果，而產生自我是行動主體的概念。因此產生了一些新的情緒，例如羞愧和正向自我評價等受幼兒社會行為和內在經驗影響的情緒。對於行動主體的新體驗以及再次辨識自我和他人的區隔，形成有力的、新的情緒經驗，趨使幼兒從事更多的自我調節。

在學步期和學齡前時期的發展也具備複雜性增加的特

260

性。在學步期幼兒不但對情境（包括情境中的感覺）作評價而且也對之反應，但是現在他們也評價自己的行為與行為標準的關係——從一開始以外在標準到最終（在學齡前時期）是以內在標準（如 *Kochanska, 1993; Lewis, Alessandri & Sullivan, 1992*）。此能力和新情緒的發生代表著發展中重大的質變。

如下所述，情緒生命的改變也具備分化的特性。當開始產生新情緒時，它們經常是由多樣事件所引起。但隨時間則增加引發情緒的情境特殊性以及情緒反應的分化，從較籠統和未分化的激發朝向特定的情緒反應（*Kochanska, 1993*）。

最後，一般性的和個別性的發展將再次在學步期和學齡前時期互相參照。此時期控制情緒的開端和轉型的歷程以及情緒表達的調節，仍是建構有意義的個別差異的關鍵。自我概念的開端和依標準去調節行為的進階能力是正常發展的中心特徵，同時也是個別差異的核心。嬰幼兒的自我調節若準備不足或缺乏支持，或是沒有被引導建立實際行為的標準，或是做出些微違背標準的行為就遭到懲罰，這些嬰幼兒將易受制於生氣和羞愧（以及之後發生的沮喪和罪惡感）。

個別差異總是能溯源於發展史和當下情境條件。發展史包括天生的差異性。許多人認為與自我調節發展相關的先天氣質特徵（如 *Kachanska, 1993*），也是個人發展史中的一部分。這些氣質差異在結構上是複雜的，天生的兒童個人特質差異性轉型於照顧關係脈絡之中，而非全然自由的或是完全不變的。發展觀點與氣質的研究均一致認為兒童在學步期對自己的發展建構出強大的動力。學步期的兒童影響他人的

反應，而且創造一部分他們所處的環境。兒童依著他們所具備對環境的期望和自己與環境的關係而逐漸衍生出因應環境的個人特質，並在面對不同型式的照顧時保持不變。於是那些被指稱為氣質的特性漸漸成為更穩定的人格特質（*Schore, 1994*）。

此時期的情緒經驗有兩項任務，一方面直接表達情感，而另一方面在必要時控制和調節情緒。直接表達情感需要能自在地接觸情感並且能自由的表達他們。控制和調節情感則需要對表達自己的情緒具安全感和面對高激發保持統整的能力具有正向的預期，同時也有信心在強烈情感表達後恢復平靜（例如：生氣之後完全恢復）。雖然在這裡談及的是結果，但也可將此個別差異視為自嬰兒期所建構而成。調節自我表達的基礎在於照顧者和嬰兒在早期面對面接觸之支持架構（第九章），和依附關係中安全和探索間的平衡（第十章）。一個已經持續進行的調節，事實上發生在兒童的自主性行動之前。根據艾瑞克森（*Erickson, 1963*）的說法，信任是自主性的根基。在學步期兒童以此為基礎，不但學習接納強烈的情感而且學習約束它們而可以從容自若，縱使這些均發生於照顧者的引導之下。

學步期的正常發展特性

自發自覺的「我」

大多數的理論例如艾瑞克森（*Erikson*）、史匹茲（*Spitz*）、馬勒（*Mahler*）和桑德（*Sander*）等人雖然使用了包括

262

自主性、意向、個人化和自我恆常等多樣的詞彙，事實上均反映出學步期的自我具質性躍進，且此進展與認知和語言功能的發展平行。例如史匹茲（*Spitz, 1957*）在他的著書「是與否」中提到所謂「我」的經驗來自於在漸增的社會壓力限制下學步兒逐漸覺知到自己的意圖。桑德（*Sander，1975*）、曼德勒及其同僚（*Mandler et al., 1975*）和艾瑞克森（*Erikson, 1963*）均指出這是一群組變化，包含覺察到自我是一個行動主體以及自我決定行為的動機。

　　複雜的發展共同將學步兒推向更具自主性的功能。其中較明顯的發展包括運動技能（行走、爬行、精細動作操弄）和表徵能力（含語言）。嬰兒實際上逐漸遠離照顧者（*Rheingold & EcKerman, 1971*），並且具備表徵經驗以及將自己置於其經驗中心之新能力（如 *Bretherton & Bates, 1985*）。我們也觀察到學步兒依辨證發展法則有過度脫離嬰兒期依賴的傾向。例如學步兒常說的「我做它」和「我自己做」，甚至出現在學步兒能清楚表達他們的願望之前。布瑞格（*1974*）如是說：

　　當學步兒盡力表現獨立時，就必須依賴自身的能力。因為父母不答應他的願望而對他說「不」，又因為（學步兒的）想法大部分靠模仿，所以學步兒也以「不」來因應他的父母就成為非常自然的事。這類的否定行為在此時成為典型（*p. 135*）。

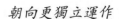

朝向更獨立運作

多位研究探索行為的學者支持在學步期獨立性或「執行力」漸增的想法（*Wenar, 1976*）。在探索過程中，學步兒可能步出照顧者的視線（如 *Rheingold & Eckerman, 1971*）。尤有甚者，他們逐漸減少與照顧者之身體接觸，取而代之的是以口語或其他方式作有距離的互動（*Feldman & Ingham, 1975; Sorce & Emde, 1981; Sroufe & Waters, 1977a*），或是發出有距離的情感訊號。當情況不明時，學步兒參照他的照顧者的正負向情緒表達線索。此行為被視為「社會參照」（如 *Boccia & Campos, 1989; Gunnar & Stone, 1984*）。更甚之，他們經由以視覺或身體接觸的「機會」而得到再度的安撫。因此卡爾及其同僚（*Carr et al., 1975*）發現當學步兒的照顧者出現在螢幕的另一端看不見時，學步兒玩耍和探索較少而頻頻發出聲音。事實上，如果學步兒若能自由的接近其照顧者時，他們並不真正接近或甚至不注視照顧者。在此時期，只要有接近照顧者的可能，嬰兒就能得到安撫。

自我再認的開端

平行於這些反映出自主性自我的開端行為，此時亦有自我察覺的直接證據。其中最明顯的例子是鏡中自我再認的研究。根據加路普（*Gallup*，如 *1977*）研究黑猩猩的典範，阿姆斯特丹（*Amsterdam*，*1972*）首先提出大多數二十二個月大的人類嬰兒具自我再認的證據。當悄悄地將胭脂塗至嬰兒的額頭（或是再大一點時塗在嬰兒的鼻頭）時，相較

於十六個月大的嬰兒，二十二個月大的嬰兒會去摸他的額頭而非鏡中的影像。他們知道污垢是在自己的臉上。一歲以內的嬰兒會對鏡中的影像笑或大笑，到了十二個月時他們會變得對鏡中的自己露出沉穩、專注，並且甚至好奇（*Sroufe & Wunsch, 1972*）。怕羞反應和「尷尬」則稍晚出現（*Amsterdam & Leavitt, 1980; Lewis & Brooks-Gunn, 1979*）。然而在接近兩歲時的反應則與早期有性質上的差異，有些語言發展較佳的嬰兒甚至能叫出自己的名字。路易斯和布魯克斯岡（*Lewis & Brooks-Gunn, 1979*）成功複製了阿姆斯特丹的發現，而柏坦索和費雪（*Bertenthal & Fischer, 1978*）則根據一系列測量程序所揭露之自我再認發展提出了一個精緻的階段理論。

我們自己的研究（例如 *Mans, Cicchetti, & Sroufe, 1978*）包括對唐氏症嬰兒的研究主要闡釋自我再認和認知發展的密切關係。唐氏症嬰兒普遍智障和異質的特性充分反映於自我再認的資料中。唐氏症嬰兒鏡中再認自我的能力普遍遲緩，而且其表現也充分反映於他們的認知發展。自我再認嚴重遲緩的唐氏症嬰兒在智力發展上也與此平行，但接近正常自我再認能力者則接近正常發展商數（*DQS*）（其中一位具貝利發展商數為*125*的嬰兒在十六個月大時表現出鏡中自我再認能力）。很明顯地，自我再認與認知成長關係密切。

明瞭自己和他人是行動者

自我覺察和瞭解自己和他人是行動者的發展是平行的，在學步期共有三個發展時期（*Wolf, 1982, 1990*）。十二

個月大的嬰兒能認出一些別人能做但自己無法做的事，但是他們仍不瞭解別人是自主的行動者。嬰兒可以模仿父母以手遮臉，然後當嬰兒放開自己的手時會對父母仍遮住臉感到驚訝。他們仍無法區分這是兩個人的臉和手。

一歲以後兒童因為開始瞭解他們自己和別人的行為，而能從事真正的角色輪流。然而他們所瞭解的「別人」仍是有限的。嬰兒可能知道父母的手必須被移走，但是他們可能不等父母去做。取而代之的是嬰兒扮演父母和自己兩個角色而將父母的手移開。

之後在將近兩歲時，嬰兒開始真正瞭解自己和別人是各自獨立的行動者。也就是兩個行動者在社會交換中扮演不同的角色。例如現在學步兒能真正玩躲迷藏的遊戲。在小一點的時候，他們很可能在被找到之前就自己跳出來，因為躲起來的和找人的角色的區隔是模糊的。然而兩歲時，等待別人來找的時候他們會朝反方向逃走。他們已經瞭解別人的角色和意圖。

學步兒再認他們自己是行動者（對行為負責）的典型證據來自於此時期中他們的情緒反應。學步兒對完成拼圖、或一個問題、以及當他們較實驗者更快完成一項工作時所表現出明顯的快樂（*Stipek, Recchia, & McClintic, 1992*）。同樣地，當他們做錯事被罵時也會感到羞愧（詳見下節）。

覺察標準和自我調節的濫觴

習得一組規則、價值以及最終原則，以及使用這些標準來引導行為的歷程發生於整個兒童期和青少年期。不過邁

266

向以標準主導行為的重要進展仍發生於學齡前，甚至在兩歲時即有所徵兆。標準導向的行為自這些徵兆行為以一定的邏輯逐漸演變而來。開始能覺察到標準對之後的行為所產生的控制則可視為是學步期的發展地標（*Maccoby, 1980*）。

即使在一歲半左右，學步兒便表現出對社會性要求的敏感度，例如理解某些特定的行為是被禁止的（*Kochanska, 1993; Kopp, 1989*）。他們可能因為猶豫而在開始之後又中止這些行為，或者有時一邊看著照顧者一邊做這些行為。他們並且能覺察到一些非常態的事情（*Emde, Biringen, Clyman & Oppenheim, 1991; Stipek et al., 1992*）。這樣的覺察發生於面對有缺陷的物品所露出的不確定或不安的表情，或者是發生於當外在標準被破壞或無法達成之時的不安神情。甚至於他們也能察覺別人的不安（*Zahn-Waxler, Radke-Yarrow, Wagner & Chapman, 1992*），以及別人的犯錯（*Dunn & Munn, 1985*）。這些反應對於揭露和預測個體的發展具關鍵性，尤其是此時嬰兒的反應是羞愧、罪惡和驕傲等情緒的主要基礎，然而這些反應在學步期仍然很粗糙，例如這些反應究竟是緣由於表現不符水準或是違背了父母的規定則無法區分。他們可以解釋為對成人所禁止的行為的反應，並且一般帶有強烈不確定的激發（*Kochanska, 1993*），混合著感興趣、煩躁和愉悅是最佳寫照（如 *Dunn & Munn, 1985*）。這些將在後續的年歲中逐漸分化。

在接近兩歲時，學步兒對負向情緒訊息有反應（*Emde, 1992*），而且對自己的犯錯表現出特定負向情緒反應。在犯錯或將做出被禁止行為時，他們表現出不安或「犯錯焦慮」（*Dienstbier, 1984; Hoffman, 1985; Kochanska, 1993*）。在研

究中當面對實驗設計好的禍事（果汁濺在新襯衫上，在玩的時候弄壞了洋娃娃），學步兒表現出多樣的負向情緒以及關切的言語甚至嘗試修復（*Cole et al., 1992*）。在自然的研究情境中，學步兒亦表現出自發性的自我修正，這也經常伴隨語言（*Londerville & Main, 1981*），例如或許會說出「不，不能做」，然後不再繼續不該做的事。在此年齡仍以外在標準為基礎，而因此總是需要一個成年人在場才能堅守標準。

情緒經驗的發展性轉變

從綜合和組織的發展觀點，情緒層面的協調進展亦必然發生於學步期。自我覺察、區辨自己和他人、和漸增之容忍激發的能力，均必然影響進一步區辨和轉換現存之情緒或是形成新情緒。

發生現有情緒的轉換，一方面有賴於在面對高度激發時保持穩定的能力有所增加，另一方面則因為能區分自我和他人。因此，學步兒能表達「忿怒」，此情緒包括生命早期挫折的反應和強度，以及受後續生氣反應特性的引導。同樣地，此時學步兒能體驗恐怖和狂喜這些早期會帶來失控的情緒。對於緊張的容忍度增加支持著學步兒啟始和持續進行粗暴的遊戲。例如此時學步兒主動地蓋住或揭開照顧者的臉並發出喧鬧的大笑。

自我與他人的分化使學步兒以新的方式對照顧者表達生氣和愉悅，而衍生出抗拒和喜愛（愛的典型）。學步兒不但覺察照顧者是與己分離的人，也知道自己和其他人是各自分離的。因此他們能在沒有特殊事件時反抗別人或經驗正向

268

情緒。例如十八個月大的學步兒能在短暫的分離後對照顧者的返回表現興奮的期待，或者是對長時間的分離持續生氣。兩歲的學步兒能在不煩躁時主動表達友善，並且能夠強力地、單純地拒絕受控制只為了證明個人的存在。

　　重要的新情緒亦發生於此時期，包括羞愧和所謂「正向自我評價」。例如羞愧是自我揭露且受傷的感受——也就是一個「壞我」（*Erikson, 1963*）。以下是湯姆金斯（*Tomkins, 1963*）對羞愧和其它負向情緒的比較：

　　　　當來自於外界的傷害帶來恐嚇和煩躁不安....羞愧被視為是內心的掙扎，心靈的病痛.....是一種羞辱....覺得自己赤裸、破損、被排拒、缺乏尊嚴或價值（*p.118*）。

　　這就是說，學步兒因對自己有新的瞭解而使上述情緒反應成為可能。由於此時學步兒具脆弱且無法分化的自我，他們因特定行為而受到懲罰時往往全面地感受到被侵蝕（尤其是被強烈或嚴厲的懲罰的時候）。另一方面，羞愧平行於全面正向自我感覺之能力（這是學步兒的自我膨脹反應），這與一歲前的自我之間有本質上的差異。此時讚美一些行為帶來自我的全面肯定。這些情感經驗不但反映而且決定了自我概念的開始。

　　麥可·路易斯（如 *1992; Lewis et al., 1992*）也強調此時之基本情緒具性質上的差別。他於是稱這些情緒是不可能在擁有一些客觀自我（包括視自我為行動者），以及一些對行為標準的理解（如自我覺察性情緒或與嬰兒期基本情緒不同之「次級情緒」）之前出現。這些情緒包括了尷尬、羞

愧、驕傲和罪惡。他強調這些情緒均明顯顯示自我萌芽的開端，並且同時對於固化自我具關鍵性。

　　路易斯強調這些具自我意識之情緒含括一系列姿勢、身體和口語反應與嬰兒期僅具刻板面部反應的基本情緒不同。路易斯根據其他學者的研究歸納出「羞愧」的反應包括低頭或眼，垮著身體，行動僵直和虛偽的笑容。而相反地，驕傲自三歲起即具有向上抬的姿勢，可能包括手臂和眼部，以及勝利表情和明朗的笑容。

　　我們進一步以當代發展觀點區辨自我覺知情緒。與路易斯的分析所不同的是羞愧、罪惡感和驕傲並非出現於同一年齡。驕傲和罪惡感因須建立在生命早期的前驅經驗而直到學齡前才出現。相較於學步期即已出現之羞愧僅需對外在標準具單純敏感度，罪惡感和驕傲則須要自我概念的更加分化以及具備內在行為標準。正如對嬰兒期基本情緒的分析，驕傲和罪惡感亦由其之前所產生的情緒演變而來。其中包括羞愧（之於罪惡感）和所謂「正向自我評價」（之於驕傲）（Sroufe, 1979a）。學步兒的情緒典型被視為具備更成熟情緒的核心——即貶抑或膨脹的自我。然而相較於後續情緒，感到羞愧或正向評價則僅需要對行為具輔助性正向或負向的感受，它們為全面性且較非特定的反應（也就是對自我感到全面的好或壞），經常但並非精準地評斷個人的所作所為（Lewis, 1992）。尤有甚之，他人的反應對這些情緒感受深具影響。但相對地，感到罪惡感和驕傲，則並不需要他人在場。

270

學步期情緒發展的情境因素

上述心理功能的發展變化產生於支持性之情境中。其中兩項關鍵且交互相關的層面是發展中的中樞神經系統和兒童所持有的依附關係，兩者均於各向度中支持著情緒發展之變化。同時，兒童的改變和兒童的經驗也影響著關係和腦部的成形。

腦部發展和功能的正常變化

中樞神經系統在一至二歲間持續發生重大變化。就生存的目的而言，皮層結構自出生即已活躍進行，而特定與交感神經系統相關的皮層組織則於一歲前快速成熟。然而許多需要微調的抑制歷程包括與副交感相關的神經系統則成熟緩慢（*Thompson, 1990*）。一個關鍵性的發展是前額葉的成熟，比如大約在十五個月時腦皮層的各層間達到類似的成熟狀態。除此之外，腦結構也發生明顯的變化。其中最明顯的可能是兩個杏仁核迴路的成熟和階層整合（*Schore, 1994*）。在背側（即抑制）杏仁核迴路的眶額葉有長足的發育，而使此系統較腹側（即興奮）迴路更早達到成熟。這樣的發展使延宕反應能力成為可能，並且能更多樣和更快速轉換於情緒狀態之間。

此二系統相互平衡並且依不同的法則運作，並且容許在交感與副交感反應間快速轉換。舒爾以及一些研究者強調此轉換是經驗羞愧時的神經生理條件，也就是快速由交感興

奮轉換爲抑制且低激發的狀態（同樣地，他們強調從抑制狀態再次轉換至正向狀態的恢復力也是重要的）。

社會化和情緒發展

學步兒的父母往往開始從單純的行爲接納轉向爲更分化的反應，包括指示、引導和禁令等反應（*Sroufe et al., in press*）。一項研究指出父母對十一至十七個月大的幼兒平均每九分鐘發出一次禁令（*Power & Chapieski, 1986*）。這些禁令使學步兒常感受到不贊同的情緒，並且引發互補性的情緒經驗。父母親藉由這些經驗讓幼兒知道他們希望幼兒能開始控制這些行爲。

一些研究者強調羞愧在學步兒社會化歷程中的角色（見 *Schore, 1994*）。這些經驗是很明顯的。它們通常發生於學步兒經驗到高度興奮和正向情緒之時，也可能包括與照顧者分享發現（*Izard, 1991*）。當照顧者的反應是不高興或厭惡時，幼兒就經驗到與照顧者關係的突發且強烈的失衡，原來興奮情緒的快速下滑而感到無趣，並且伴隨明顯的動作抑制（*Stern, 1985*）。羞愧有力地指出當下行爲的問題嚴重性。

幼兒自身的發展亦扮演重要的角色。這些發展包括辨識照顧者的情緒表情以及表達自己情緒經驗的能力。到了學步期，幼兒也有能力持續高度正向的激發狀態，而此能力對經驗羞愧的情緒轉折具關鍵性。

羞愧雖對於幼兒社會化和朝向自我調節具重要性，但我們並不建議父母刻意令幼兒感到羞愧。羞愧經驗只在無可

272

情緒發展

避免的情形下才發生，而且也僅是社會化的一個面向而已。我們將在討論個別差異時再作更進一步探討，重要的是這些經驗不常發生，而且必須伴隨親子關係的重建。這些結果幫助幼兒學會只有某些特定的行為必須被抑制，正向和強烈負向情緒均不必然永久地破壞親子關係（*Malatesta-Magai, 1991*）。

腦部發展和社會化的互動

　　無可諱言，成熟中的腦有助於社會化歷程。整體而言，腦部持續促發幼兒動作和認知發展（例如：使用語言），這些發展引導幼兒接觸社會環境並且開啟他們接收新的刺激。更重要的是，出生後的腦部結構和功能的發展改變能支持學步期新情緒的出現以及情緒調節的開始。

　　同時，幼兒與照顧者關係中的社會化經驗以及其中的情感也影響著腦的發展。這就是艾倫‧舒爾的主要論點（*Schore, 1994*）。舒爾強調學步期的情緒轉變，尤其是那些與羞愧相關的部份造成了腦部神經內分泌上的改變。羞愧經驗引發了兩個邊緣系統中的背側皮層腎上腺素（抑制性）迴路並減低了中腦腹側區的多巴胺迴路。這些經驗帶來迴路的細緻化。例如使副交感末端大量植入腦皮層，使腎上腺素得以輸入，加上生物胺的作用促發眶皮層區更進一步的成熟（*p.230*）。因此不同的經驗能造成平衡兩邊緣系統迴路的個別差異，而且最終造成自主性情緒調節和自我調整的差異。這些觀察說明了學步期在發展情緒調節之個別型式上的重要性。

273

學步期的個別差異

學步期所造成之個別差異的重要性已得到實徵性和理論上的支持。實徵的研究指出許多個人特質在學步期隨年齡逐漸穩定下來，而與嬰兒期的表現不同。這樣的穩定性使預測後續兒童行為更為可能。例如，情緒的基調包括對正向和負向情緒的多項測量已於學步期呈現穩定（如 *Bates, 1989; Rothbart, 1989*）。有些兒童持續被評量為快活的、易社交的、不易煩躁的，而這些特質對於開展社會關係具強大的影響。另一些研究者則發現在面對陌生情境時的生理活動、害怕、焦慮或克制力的個別差異於學步期至兒童期穩定下來（如 *Broberg, Lamb & Hwang, 1990; Gunner, 1991; Kagan, Reznick & Gibbons, 1989*）。此外，一些證據發現與後來自我調節的個別差異有關之社會化互動型式，例如易害怕的孩子對於權威性父母管教的反應較其他不易害怕的孩子為強（*Kochanska, 1991*）。一般而言，早期個人特質的差異為繼續社會化歷程提供了不同的情境脈絡。

理論上亦發現學步期對於個人發展影響甚鉅。在許多層次的分析上均可發現此時期對於後續適應的關鍵性。新心理分析理論，例如艾瑞克森、馬勒和桑德均強調自我或意識的層次。根據這些學者的看法，學步期新形成之自我可視為是可塑且易受傷的。一方面而言，此時期代表著人格的初始框架。第一個自我意識的經驗發生於此時期，而一個典型的自我表徵在此之後建立，是個人基本自我價值感的核心特質。因此在照顧者情緒拋棄、慢性貶損、或嚴厲對待之下的學步兒容易對自制能力產生大幅的懷疑。這種自我懷疑與實

情緒發展

徵上這些學步兒對成人的贊同與否表現出強烈敏感的證據一致（如 *Stipek et al., 1992*）。

在行為層次上，對衝動的控制於此時期開展（*Kochanska, 1993; Maccoby, 1980*）。當面對清楚、明確及合理的行動規範，而不是無規範、不一致或過度嚴厲的規範之時，學步兒較能建立具彈性之自我調節行為。

最後，一個人的基本神經生理調節的型式亦於學步期產生（*Schore, 1994*）。合宜的社會經驗帶來激發和抑制系統的動態平衡，其中興奮可能減弱，而抑制亦可能回復。情緒激發狀態可以被調節，而且幼兒得以轉換於不同情緒狀態之間。學步兒與其他兒童的互動經驗可能減弱或增強抑制系統的調節力，也可能成為平衡興奮與抑制系統的負擔。值得強調的是經由照顧者主導之重複性以及分化性的調節激發經驗形成學步兒的內在生理系統的基本運作方式。例如，一個重複處於高激發狀態並因自己的不當行為而感到羞愧的幼兒可能極易受到巨大情緒和生理激發所左右。

在下一章中將陳述所謂個人特質，也就是自我調節的穩定性於學齡前期萌芽的證據（如 *Kopp, Krakow, & Vaughn, 1983*）。然而這個穩定自我結構很顯然奠基於學步期。由順從大人的要求以及遵循規範當中，學步兒不但得到對調節激發和控制行為極富價值的經驗，而且也漸漸對自控能力有信心，同時也能增加正向的自評（自己是好的）。另一方面，也因學步兒很易感到羞愧並對自己控制衝動的能力感到懷疑，因此容易產生忽視自己的感覺或者過分控制衝動的現象。

學步期轉變的發展動力學

早期嬰兒與照顧者關係品質是帶領幼兒走向自主與自我調節的基礎。在依附關係理論中，安全性得自於負責的照顧、重覆以照顧者為基礎進行探索、和當受威脅或感到不安時得到安撫，均支持著學步兒能對自主性活動具正向期待（如 *Sroufe, 1990*）。在依附關係中感到安全意指對得到照顧者的關切具信心，學步兒得以自由接觸世界，並且能自由引發和表達各樣感覺。倘若發生情緒失控時，亦可藉由照顧者的支持重建平衡。調節激發以面對陌生時的預期型式已然建立，並且當學步兒自身能力增長時能發展出新的方式。主動參與動態情緒調節在擴展自我調節能力上扮演著不可忽視的角色。

馬格麗特・馬勒（如 *Mahler et al., 1975*）提出一項詳細的描述說明早期照顧支持著自主調控的轉變。依馬勒的說法（但也和安思渥斯類同），一種嬰兒的「共生」（密切）關係以多樣的方式支持個體走向自主性或「個人化」。因為嬰兒對照顧者有信心，也因為照顧者會「來回察看」，學步兒得以走近接觸周遭事物；這就是馬勒所稱之「練習」。學步兒對照顧者的依賴並不僅止於身體上的支持。當探索中遇及輕微威脅時，學步兒可能搜尋照顧者，但因動態激發調節型態已經建立，學步兒得以在不需要照顧者直接的安撫下重建情緒平衡。在一定的範圍中幼兒能自我調節情緒而照顧者只是輔助性的角色。當照顧者容許幼兒自主、同時保護幼兒免於過度承受壓力、並在必要時協助他重建平衡，照顧者就促進了幼兒自我調節能力的增長。

幼兒甚至能在沒有注意到已與照顧者分離的情況下就

276

完成了初步的行為自主。瑟倫‧寇克蓋德（*Kierkegard，1938*）傳神地說明了此一歷程：

　　富有愛心的母親教導她的孩子獨立行走。她雖然站在距離無法直接扶助孩子的地方，但是她伸出她的手迎向他。她模仿他的動作，當他蹣跚的時候，她隨之擺動做出抓住他的樣子。這些動作使孩子覺得他並非單獨行走。不但如此.....她的臉還流露出鼓勵和獎賞的姿勢。因此孩子獨自行走時注視著母親的臉，而非行走時的困難。他以母親那雙隱形的手支持著自己並且總是奮力的尋求母親雙臂的保護。毫無疑問的他在證明自己能獨立行走時仍強調著對母親的需要（*p.85*）。

　　馬勒認為這樣以情緒親近為基礎的自主功能，所引發出的是帶領幼兒認識到與照顧者分離是為必然，並且可能在一至二歲間成為一個潛在危機。嬰兒期與照顧者間的親密及接近很可能漸漸被拋在腦後。更重要的是當幼兒發展自主性朝向自我調節時候，他們必然有即使相左於照顧者仍堅持自我內在目標的時刻。因此，在此時期衝突是發展中必然的一部份，而且此衝突也可能威脅幼兒對照顧者的安全感和協調。正如桑德所言，此關係中之衝突是重要的。尤其對於穩定的兩人互動調節的情境脈絡而言，採取一個相對立場可能使幼兒....

　　開始隱約認知到他在決定行動的角色，也就是追求自己的意圖而非他人的引導。此自主性的開始是以自覺的進階分

化為基礎——尤其是以內在知覺作為此階段「分離性」自我調節的核心（*p.141*）。

　　自我必須認知到自我的內在目標才能開始發展。更重要的是解決與照顧者分離的衝突是幼兒發現自己解決問題能力的開始。如同艾瑞克森強調此經驗加深了幼兒對自己和照顧者關係中信任感的體會。而這樣的衝突經驗也表徵著幼兒在後續親密關係中的典型模式。它提供了一個持續的信心模式，也就是關係仍可以在爭執中維持，因此他們可以冒險衝突於關係之中，而最終甚至能體會衝突的價值。

　　一般而言，有幾個因素共同協助幼兒解決生命第二年中的危機重建與照顧者的關係。第一，依據照顧者過去的反應方式，嬰兒對於照顧者在他急需時所提供的照顧具有信心。第二，嬰兒在分離時發展出與照顧者保持接觸的新方法。經由無數次有距離的分享發現和感覺的經驗，使嬰兒在身體接觸不可及時仍和照顧者保有心理的接觸。接觸並非消失而是轉型了。此外，學步期的特性並非只是追求個人意向，表現自主性和否定行為。桑德（*Sander，1975*）指出並非所有學步兒的自主行為皆與照顧者相違背，而是與照顧者的想法相平衡（*p.140*）。最後，探索及精熟環境的動機對於幼兒的發展具重大影響。幼兒於發現和解決問題中得到樂趣（*Stipek et al., 1992*）。在馬勒所謂之「練習期」中，探索活動是有趣的、喜悅的以及不具威脅性的，外在世界的吸引力遠遠超過早期的共生親近關係。

　　對大多數學步兒而言，此時期的主要問題不是單純的自主性或親近性，而是保有親近的自主性（*Emde &*

情緒發展

Buchsbaum, 1990）。自嬰兒期起兒童就開始投資於建立一個協調的情感親近關係。新的能力和自主性對親子關係帶來挑戰，但也提供了維持親近的新方法。兒童所需要的不是強迫接受父母的新標準，他們所需的是父母帶感情的告知行為標準，並且在他們的行為控制能力所不及時得到父母的支持；不過一般而言他們希望能完成父母的期望（*Ainsworth, Bell & Slayton, 1974; Kochanska, 1993; Maccoby, 1980; Rheingold, 1983; Waters, Kondo-Ikemura & Richters, 1990*）。既然孩童已經投入於此親子關係系統，他們就在逐漸發展的過程中學習更多的方法來適應這些新標準（*Waters et al., 1990*），因為父母的目標和要求是「追求共同目標的相輔活動史」的一部份（*Maccoby & Martin, 1983, p. 69*）。根據安思渥斯和其同僚的看法，兒童這樣的行為可視為是「內在社會化」（*Sroufe et al., in press*）。

　　基於這些考量衍生出一個強預測——即嬰兒與照顧者情感關係的品質應可預測學步期的適應型式。例如：安全依附的嬰兒應更能平順地轉變出具效能的自主功能，其原因是他們衍生出對自己探索能力、調節外界激發以及關係中情緒溝通的正向期許，並且對照顧者會繼續關心照顧具信心。他們會盡其所能地熱心參與環境中的各種機會和挑戰，並且有彈性的尋求照顧者的支援，與父母合作朝向共同目標。另一方面，焦慮依附的嬰兒則可能成為功能較差的學步兒，可能因為他們對分離的不安全感和探索能力的貧乏，或者是因為他們在分離和個人化時經驗到維持情緒親近的困難。照顧者持續的佔有（照顧者的參與經常引發憤怒和挫折）以及早熟的獨立性（遊戲時缺乏熱情、不直接拒絕和在需要時不依賴

照顧者等）均被視爲不良適應，而對後續發展影響深遠。

個別差異的測量與確認

　　學步期發展之個別差異一般以兩種方式測量。第一是結合嬰兒氣質特性觀點而著重特定行爲向度。前述的研究對於反映學步期之情緒經驗和情緒表達的一致性和穩定性具重要性，並能預測將來的行爲。但是這些對於特定特質的研究鮮少探討個別差異的發展（除了檢視早期這些特質的測量外）以及如何將這些特質納入個人性格。

　　第二個方式，也是本章所強調而將詳述者，是測量整體適應型式以及學步兒因應此時期重要事件之行爲品質。具體而言就是測量學步兒妥協於自我調節和照顧者指引的轉換間的反應。這樣複雜的測量較合適的原因是整合了自我調節的呈面，並且此多向性、結構性的方式已被証實具預測力。

　　以組織／適應的觀點，兒童於學步期以各種方式進行上述之妥協。在達成受引導之自我調節品質差異的過程中，不同型式和行爲組織的差別可視爲個別轉變的特性。這與著重特定特質的分析不同。兒童或具高度活動力、或壓抑、或大膽、或謹愼，皆可能順利或不易達成自我調節。但即使著重在這樣複雜組織性的差異，仍可清晰指標出個體間的差異。

　　測量以行爲組織功能良好的學步兒爲基準。根據本書的看法，即使嬰幼兒的風格變異各有不同，某些特定的行爲型式對於自父母主導之調節進階至自我調節過程中產生正向經驗特別具重要性。至少這些特定行爲對於學步兒參與環境中新經驗和挑戰時的一致性、持續性和依賴自己內在能力均

280

具指標性。這包括對於產生精熟、或至少是感到興趣和好奇的動力。若欲持續且重複參與一項活動，其中正向情緒必須多於負向情緒，而且需要相當程度的控制外界之激發。精熟經驗也受限於兒童無法參與或很容易被外界干擾。因此建立自我調節的過程中兒童必須盡力發展出在面對外界刺激時維持有組織條理的行為（此時仍有親子關係的支持）。同時，因為能力的限制兒童必須更依賴父母的支持。那些能直接且清楚地反映需求，以及那些有父母關心或甚至共同參與活動的幼兒更能自由的表達他們的能力不足，但仍能持久享有正向精熟的經驗，同時順利練習持續的情緒調節。尋求父母的協助而且遵從他們的指引和支持，也能幫助幼兒朝向內控，這也是下一階段的主要目標。

組織性的測量有很多方式，但它們均有下列共同點：它們具有廣度（以行為組織而非特定技能為基），具統整性（整合情境中之情緒、認知和社會行為），以實際活動事件為中心，會消耗孩童的情緒調節資源（也就是具不同程度的挑戰），而且他們與此時期主要的發展相配合。因此，除了分離和重聚的經驗之外，此測量與安思渥斯的依附測量類似。我們的方式也廣為他人所採用（如 *Bates et al., 1985; Spiker, Ferguson & Brooks-Gunn, 1993*），包括一段自由遊戲期，一段整理玩具期，和一段漸進系列問題解決期，這些都有照顧者在場（如 *Mates, Arend & Sroufe, 1978*）。每一情況均具有不同的「負擔」。遊戲時段對學步兒和父母的負擔是最輕的，而且通常孩童能獨立自主。整理玩具期則對父母是負擔最重的，因為在事先父母就知道此時他們要打斷孩童的遊戲時段，並且要孩童將玩具放回架上。這時父母與孩童的意

281

願相左似乎無可避免。在漸進系列問題解決時段中，共有四個問題（其中最簡單的問題是以一支長桿推出一個玩具，最難的問題是以積木壓下一塊板以得到大盒子中的糖果）。這些問題的設計是為提供一系列的問題，讓每一個參與的孩童都可以單獨解決問題進階到至少有一個問題是超過自己的能力。因此得以測量孩童和父母在達成孩童情緒調節，和引導性自控的目標時所表現出的彈性。

在此程序中不但可能檢視所有可能的與自我調節相關的行為向度，也能測量情境變化中的整體行為組織。在遊戲期得以觀察學步兒正向具創造力的主導參與探索和遊戲的能力。在清理玩具期以及後續的問題解決期得以分析和比較於不同情境中，學步兒順從父母指引的能力。在欲解決問題時，孩童可能希望得到父母的指引，而在清理玩具時，他們則可能與父母的目標相左。這樣的結果反映出遠較單純計算在單一情境中不順從行為的頻率更多的訊息。在解決工具問題中亦能測量孩童的熱切程度、情感反應、挫折容忍度和使用資源的彈性。

我們的測量方式主要採用主觀評量因為它們能夠反映情境的差異，不過這些測量也必須佐以更直接之行為測量（例如：持續力評量以及解決問題的實際時間，負向情緒評量以及哭泣和不安的頻率）。為全面掌握行為的組織，這些多向度的評量是以因素分析、聚落分析、和/或集合成為適切的剖面圖（如 Gove, 1983），以及在後來的研究中我們以質的評量代表孩童行為和經驗的品質。因素分析反映出一統整而廣泛的「能力」因素，包括主要變項以及熱切度、正向情緒、持續力和順從度。有趣的是，此因素與第二個以氣質為主的因素（挫折行為、負向情緒）本質上並不重疊，而且

282

情緒發展

也與貝利發展商數（視為第三因素）相獨立，這些都指向第一個因素捕捉了所謂適應品質的獨特層面。

這些測量的效度在我們原始的研究以及後續在明尼蘇達大學收集的另外兩個研究樣本中均得到不錯的結果（*Erickson, Egeland & Sroufe, 1985; Gove, 1983*）。在此三個樣本中，學步兒適應品質均與其嬰兒期依附安全性高度相關。那些有安全依附史的學步兒較焦慮依附的學步兒表現出較強的持續力、彈性、順從力、熱切度和正向情緒。此外，學步兒的測量尤其是質性評量部份，能預測後來兒童期的廣泛能力，比如好奇心、自尊心、獨立性和正向同儕行為，以及具彈性之自我調節（*Sroufe, 1983*）。

由這些測量所反映的個別差異是在行為和情緒組織的向度上（其中學步兒和父母是調節系統），而非歸屬於氣質向度。氣質因素並不與依附安全感顯著相關，例如在某些特定質的分化上關切的是它們的組織方式而非單純的出現頻率。因此在清理玩具情境中，那些安全依附的孩童和焦慮依附的孩童同樣表現出對立的行為（雖然他們最終仍順從於父母的限制）。然而在解決工具問題，尤其是當孩童尋求幫助時，焦慮依附的孩童才表現出較多不服從父母指導。

在學步兒的測量中亦發現照顧者行為的差異有意義。其中值得一提的是，這些差異也能被依附史所預測，即使依附測量僅以嬰兒行為為重點。安全依附嬰兒在學步期往往能得到父母的鼓勵分享精熟的喜悅、面對預期中的挫折以及需要時的安慰（反映在「表現支持」評量），同時父母提供清楚合宜且適時的線索，避免讓孩童深陷困境或過早以為自己已經精熟能解決問題（「協助品質」評量）。而且，這些照顧者評量能預測幼兒於學齡前當照顧者不在場時的行為

（*Arend, Gove & Sroufe, 1979; Sroufe, 1983*）以及家庭中第二個孩子在平均三年後的依附分類（*Ward et al., 1990*）。

　　整體而言，這些發現說明從早期照顧者對嬰兒激發和情緒的調節方式、其後之依附測量（兩人間調節）和後續對學步兒的測量能夠掌握自兩人相互調節至自我調節歷程中的個別差異。此歷程中最佳結果的標準（以依附而言）以及對後續學齡前時期自我調節的最佳預測因素，是學步期之親子關係所提供之孩童正向精熟經驗，也就是在不勉強的情況下提昇孩童的能力。結合依附和學步兒的測量確能較個別測量增強對後續彈性自控和其他層面的個人能力的預測（*Erickson et al., 1985; Sroufe et al., 1990*）。

　　後來的研究對於學步兒的不適應行為類型進行分析（如 *Gove, 1983*）。聚落分析和先前評量剖面圖均顯示有逃避和抗拒依附史的幼兒在行為和情緒調節型式的不同。當工具問題的難度增加時，抗拒依附組的孩童已漸漸表現出對立、高度挫折、生氣和不安。當他們尋求照顧者時亦漸負面和對立。他們的照顧者，相反地，漸更主動地引導孩童，但他們協助的品質卻漸差。普遍的結果是孩童和照顧者漸捲入彼此的衝突中而忘記了所要解答的工具問題。與此不同的，逃避依附組的孩童並不直接對照顧者表達挫折，但是他們對其他情境表達生氣以及間接被動的不順從（可能假裝沒有聽到照顧者所說的話，或以其中一個工具敲照顧者，不過沒有立即的反抗）。逃避依附組的幼兒似乎在即使面對很難的問題時也是情緒抽離的。孩童並不增加尋求來自父母的幫助，而父母也不增強指引。這兩組幼兒的反應均明顯與安全依附組迥然不同。安全依附組的幼兒在問題難度增加時有效地尋求照顧者的協助，照顧者則提供清晰和直接的線索，而使負

284

情緒發展

向情緒大幅減低，產生正向解決問題的經驗並能分享精熟的
喜悅。

適應的轉變與連續性

上述說明強烈地認爲學步兒的適應，可視爲是由嬰兒
期對情緒調節的品質演變而來。它們反映孩童推動以及內化
一個關係系統的歷程。但這個關係系統也與孩童的內在差異
（必然溶入於關係系統中）或照顧者的責任相關。關係內權
力轉換和父母責任的証據來自於有關發展轉變的研究資料。
發展雖然具有明顯的連續性，在學步期和兒童早期仍有明顯
個別適應的轉變。就父母而言，造成轉變的中介變項是生活
壓力、社會支持和成人關係的品質（如 *Belsky & Isabella,
1988; Erickson et al., 1985; Carlson et al., in press; Vaughn et
al., 1979*）。孩童的適應——即朝向有效的自我調節，則隨
父母資源和環境挑戰而相較於先前適應增強或減弱。介入的
研究亦顯示（雖然有些許不一致）不論配對調節和學步兒引
導的自我調節均能由實驗者對照顧者提供的支持而提高（如
*Lieberman et al., 1991; Spiker et al., 1993; Vanden Boom, in
press*）。這些均與個別發展歷程的關係系統相符。

結論

嬰兒期當中重要的發展在於情緒經驗範圍的增長以及
在嬰兒—照顧者關係系統中進行情緒調節。嬰兒期的情緒調
節深受照顧者的出現與行爲，以及嬰兒因爲對照顧者的信賴

和預期而增加的主動性影響。而在學步期，孩童則因日益增加的意圖和自決力走向情緒自我調節。學步兒努力在面對挑戰和挫折的時候維持自主並實踐自己的目標。情緒較不直接與環境相關，而主要是依據孩童的行動和期待而產生。父母則可能是干擾，也可能是支持。

學步兒的主要發展是朝向自主。因為認知到自我是行動的起源，學步兒能夠經驗到羞愧和正向自我評價，並且能夠不因特定原因而持續朝向目的，甚至生氣地與照顧者對抗。在一定的範圍內，學步兒較嬰兒更能調節情緒，例如，忍住眼淚或是以不明顯不直接的方式表達生氣。然而當產生強烈情感、衝動或期望時，學步兒初始的自我調節能力就很容易失控了。其中一個重要的因素便是照顧者能否繼續提供指引和支持。雖然此時期是以學步兒的意圖和願望為主要特徵，但是他們還沒有能獨自處理各種情境的能力。即使學步兒現在已在「共生的軌道」（*Mahler, 1975*）之外，他們仍時常需要依賴照顧者界定極限和範圍。在下一章中，我們將討論到只有在外在控制持續存在的情況下，學步兒才能發展出對情感、衝動和期望的彈性自我調節。

有關認知發展的主要理論提及「潛在發展區」（*Vygotsky, 1978*）和「輔助架構」（*Bruner, 1975*）來說明其他較有能力的人（例如父母）能提供兒童運用他們能力的極限，甚至於超越極限的場域。因此在照顧者的限制和支持的指引下，學步兒能達成相當程度的自我調節，而能為真正的自我調節做準備。馮高斯基（*Vygotsky, 1978*）對發展的普遍特質結語如下：「任一兒童的文化發展功能均出現兩次：第一次是在社會層面，而之後才表現在個人層面。首先發生在人際間（人際心理的），而後發生於兒童內心（內在心理的）（*p.57*）。」自我調節的發展亦復如此。

情緒發展

第十二章　　自我調適的發展

*在內化的過程中，最初調整人際的因應策略，如今
成為自我調節的特徵，最終成為個人人格特質。*

—桑德（Sander,1976）

*一個心理功能……曾在嬰兒期的一個時期是外在的
調節，在後續的時期成為內化且自動的調節。*

—舒爾（Schore,1994）

　　西方文化中，不同於學步兒被弔詭地稱為「引導性自
我調節」，學齡前兒童在情緒與衝動的自我調節上擔任著主
要角色。其任務是即使在沒有成人直接監督時，他們還能約
束調整或使衝動轉向。雖然他們仍需成人監控、增強與支
持，學齡前兒童就必須在沒有成人直接要求時大致服從規則
與禁令；也就是他們能內化這些行為控制的標準及依據這些
標準行事，即使有時必須自行抑制強烈衝動。同樣地，他們
必須逐漸保護自己避免受到過度刺激或因混亂而帶來的情緒
影響。心理分析的專有名詞將這種防護的過程，稱之為「防
衛」，它是正常發展的一部分，但也有可能變成病態。

　　此時孩童被期望能處理挫折以及調整一般性情緒的表
達。學齡前兒童必須能延宕、延緩，接受替代物而不因挫折
變成具攻擊性或脫序，並且被期望能夠妥善的因應來自環境
的高度生理激發。同時，當環境許可時，他們能夠自動自發
而且有活力。當然，孩童還持續需要成人的導引，並且可能

在他們承受壓力、疲倦與生病時情緒管理失控，但這些均可視為是健康情緒發展的一部分。因此，在這個時期進步是顯著的。

另一個情緒控制的發展觀點由被稱為「依賴性」的研究所探討。學齡前兒童通常表現出「工具性依賴」（對於超出他們能力範圍的問題或任務而尋求援助），他們漸不似學步兒般「情緒依賴」（*Hartup, 1963; Maccoby, 1980; Sroufe et al., 1983*）。情緒獨立包含能在環境中不需要大人們持續的給予注意、指導與滋養而獨立運作。同儕與物體的世界（並不是照顧者或老師）支配著學齡前兒童的注意。那些無法與父母分離、時常徘徊或流連在老師身邊、或習慣性的表現誇張以獲取注意或讚揚的學齡前兒童被視為是情緒依賴的，表現正常的學齡前兒童在當他們受傷、生病、沮喪時仍然依靠大人，而且與大人們樂於交流分享發現。這些行為將普遍地促進與環境擴展交流。當需要大人的接觸與注意會干擾孩童精熟環境時，也就將累及兒童的情緒發展（*Sroufe et al., 1983; Urban, Carlson, Egeland, & Sroufe, 1991*）。

學齡前兒童發展出一些輔助情緒控制的方式來增進自我效能（*Maccoby, 1980*）。當然，這些輔助方式大多來自認知發展，包括瞭解（主要藉由語言）期望中的結果可能延宕，負面後果係由某些行為而來，而正面後果則跟另一些行為而來，不同行動會使別人感到好或不好.....等等的能力。另一個重要（或許未被充分的覺察到）的能力是假想遊戲的發展。藉由假想遊戲的過程，孩童能夠在被控制的場景內展現活生生的感覺，並且經由重覆地以各種表徵方式面對衝突與痛苦的感覺（*Breger, 1974*）。假想遊戲是情緒調節的

288

一種重要的工具，主要為學齡前兒童所使用，在此時期之前尚未發展（*Sroufe et al., in press*），而且在進入皮亞傑具體運作期時下降（*Doyle et al., 1985*）。因而此時期中假想遊戲能力的個別差異是情緒調節的一個重要指標。

這些能力最終的目的是與同儕建立關係，也就是學齡前兒童的一個中心議題。適切的同儕關係，不但涉及接受一給予的規則，也包括情緒參與和發現與分享的樂趣，對於他人情緒瞭解及反應，以及在複雜的社會互動中必要的緊張調節的能力（*Sroufe et al., 1984*）。就某種意義而言，同儕關係完成了這個從一對一的互動調節到自我調節，再回復到一對一互動調節的循環，經由不同性質的方式形成平等個體間的關係。因為同儕互動需要投入學齡前兒童所有的情緒調節能力，因而測量對同儕的功能將是代表此時期整體個人適應的一個最好的指標之一，預測著兒童期及進入成人期之後的功能（*Parker & Asher, 1987; Sroufe et al., in press*）。

此時個人適應型態各自相異，而且各方面適應組織互相呼應整合。彈性的自我控制、情緒獨立、好奇心、豐富的假想遊戲、同情心與同儕和成人間有效且溫暖的關係似乎同時發生，同時也有不良適應型式（*Eder & Mangelsdorf, in press; Magnusson & Torestad, 1993; Sroufe et al., in press*）。例如高攻擊性的兒童沒有表現出很多利社會行為，或是豐富的假想遊戲。而那些明顯依賴老師的兒童，則會被同儕忽略並且具較低的好奇心（*Henderson & Moore, 1980; Sroufe, 1983*）。一般來說，此年齡是特殊情緒調節的穩固期。有些兒童特別拒絕與別人接觸，避免情緒激發的情境，而且否認生氣與害怕的感覺。另一些兒童則有慢性調節不良、無名焦

慮及缺乏人際界限等。如此統整之行為組織以及在此時期所形成強烈關於自我與社會世界的預期，使我們稱此為「人格」的養成。在本章討論一般正常發展之後，將進一步討論明顯出現於學齡前時期之統整以及穩定的個人差異。

學齡前時期正常情緒發展的層面

自我控制的發展

在兒童的學齡前期，自我控制的許多層面快速發展，對情緒的表達與調節有重大意義。此時兒童在指揮甚至監控自己行為的能力上大幅提昇（*Kopp et al., 1983*）。他們也在約束自己行為的能力上有進步（*Arend, 1983; Kopp et al., 1983*）。例如，俄國研究者盧力亞（*A. R. Luria, 1980*）要求兒童看見綠燈出現時便緊壓手中的按鈕，而紅燈出現時不按。結果顯示，二歲大的兒童在不論紅燈或綠燈出現時，都會壓按在手中的按鈕；但四歲的兒童，在紅燈出現時則能夠約束自己按鈕的反應。此種約束能力也適用於情緒表達，此時兒童能隱藏自己的情緒（*Izard & Malatesta, 1987*）。第三種能力則是在面對挫折時的情緒維持統整。兩歲兒童較十八個月大的嬰兒在無法解決問題時，明顯的減少了發怒的行為與其他有關挫折的表達（*van Lieshout, 1975*），但三歲半的小孩甚至連不安反應也減少了，通常他們會引導自己從事另一個創造性活動（*Arend, 1983; Sroufe et al., in press*）。擁有這個及其他能力使兒童在與父母的關係上也顯現出較多的自控。在二至五歲間兒童明顯地減少直接的挑戰與消極的不同

290

情緒發展

意，取而代之的是簡單型式的拒絕。

標準的內化

同時伴隨著也是自控能力的一部分的是學齡前兒童清楚的表現出具備行爲的內化標準，顯而易見的是自早期外控轉變爲內控（如 *Power & Manire, 1992*）。尤其是當照顧者不在時的延宕與遵從命令的能力有顯著的增進（*Kopp et al., 1983*）。

標準的內化也表現於對成功與失敗的進階反應上。三十個月大以上的小孩，不但在任務失敗時，明顯的表現出負向的情緒反應（噘嘴與皺眉），也在任務成功時有反應上的改變。在史提皮克與同事(*Stipek et al., 1992*)在一系列的實驗中，觀察兒童在競爭情境是他們或實驗者其中一方先完成任務時的反應。發現只有學步期之後的兒童反應有差別，當他們任務成功時會表現出較多的歡愉。此外，他們完成任務時逐漸不再依賴大人做出正向反應，而在實驗者的回饋產生之前或甚至沒有回饋時，就表現出他們正向的反應。此種行爲代表著對自己的表現具有進一步評價的能力。

另一項內化的發展表現於對別人的關心。三歲的小孩對他們自己引起或目擊的不幸事件會有情緒反應，還會去尋求補償（*Cole, Barrett & Zahn-Waxler, 1992*）。甚至當父母不在時，他們也通常不肯違反父母的規定，並爲此感到不安，在父母回來時也會承認違反規定（*Emde & Buchsbaum, 1990*）。這些證據使恩德（*Emde，1991*）等人做出兒童在三歲時形成「道德我（*moral self*）」的結論。

相對地，關於兒童內化標準的間接證據指出，學齡前期有一個促進內化主要的因素是來自父母訓練兒童社會化方式的改變（*Power & Manire, 1992; Sears, Maccoby, & Levin, 1957*）。父母的控制方式由直接或有時強烈的控制（如嚴明禁止、直接干預、示範），轉為間接外控（如讚許），最終成為鼓勵內控。後者更顯示增加使用講理與說服。包爾與瑪尼瑞（*Power & Manire, 1992*）根據過去的文獻與他們自己的研究提出結論，當父母提供關於規則與價值的訊息，並以一致的行為強調他們對這些規則和價值的重視時，當父母不在的期間兒童就更可能表現出負責的社會行為。

由內化標準衍生的情緒

學齡前期的認知與社會改變對於情緒生活有重要的影響，是情緒反應改變的基礎。相對於依賴父母在場與父母情感反應的嬰兒期與學步早期，以及由外顯規則產生情緒的學步晚期，學齡前期兒童的情緒反應則是基於其內化標準而來。例如罪惡感的產生，不是因為父母做了或說了些什麼，而是因為行為本身就是「錯」的。這些行為也較具組織性（如相對於普遍焦慮），而且更具情境特殊性。因為容許對某特定錯誤行為反應補償（*Kochanska, 1993; Lewis, 1992*），此時負向情緒不再那麼來自害怕被處罰，而是來自自尊受損（*Kochanska, 1993*）。

同樣的，自豪不同於早期對精熟的喜悅或對自我的全面性正向感，因為自豪是根據自我評價內化標準而來。因此，當學齡前兒童較實驗者更能完成任務時，他們表現出較

292

情緒發展

多歡愉與自豪的徵象（見第十一章）（*Stipek et al., 1992*）。此外，完成較困難問題時，這些徵象在學齡前兒童表現得更普遍及強烈（*Lewis et al., 1992*）。這樣發展上的改變顯示兒童不但能評量任務的複雜性，而且也對自己的表現有既定的標準。

學齡前時期的個別差異

自我整合的過程

自我或人格不僅被視為個人擁有一組不同程度的特質，也是態度、信念與價值的內在組織（*Sroufe, 1990*）。此組織的主要特徵包含個人對於情緒經驗的開放程度、對調節生理激發與情緒的獨特型態、對自我調節能力的信心及在調節過程中對於他人或關係的預期。上述信念與預期定義了自我的情感核心。而且在學齡前時期，一個連貫且穩定的自我已然成形。

發展議題中最引人注目的是自我的形成。如第一章所定義的，自我具漸成的本質。無疑地，人們不會認為在新兒期就有自我的存在，因為其皮質尚未具功能性（見第二章），並且也不具獨立信念，在預期和態度上較不具組織性。任何有關新生兒的行為觀察均不足以預測明顯具複雜性的自我調節組織，也就是所謂「個體我」的觀點。我們不能簡單的假設自我是突然出現從無生有，但如何解釋此獨特組織的形成呢？

由前幾章所預言以及路易絲‧桑德(*Louis Sander*)明確

293

指出（如 *1975*）這個問題的解答始於自我調節組織達到足夠複雜而能產生形成自我的基礎。然而，此組織不僅單獨存在於嬰兒，也存在於嬰兒－照顧者的系統中。在最初之時可能是照顧者試圖與嬰兒同步協調。於是自我的形成反映出這個系統性或配對性組織經由一系列發展歷程時期溶入於兒童成長中的心理狀態。前幾章論及一個意圖與覺察的發展歷程，其中兒童學習在調節中漸漸增加主動的參與。一開始照顧者主導的一系列調節行為，引發重覆的結果，接著引起兒童調整照顧者行為目標的歷程，以及同時從天生的反射性的行為所自動引發的照顧者的援助到向照顧者發出要求輔助調節的明確意向的訊號。在此強調任一階段配對組織的特性和品質均在本質上兼具之前階段的基礎。於是嬰兒的角色變為更主動，但仍承襲之前的組織。嬰兒新形成的能力溶入既有的架構。然後在學步期，當兒童朝向自我調節時，才開始在情緒調節上扮演一個前所未有的重要角色。他們對自我調節所做的努力，係由早期重覆經驗到的生理激發與情感調節模式所導引。此模式是生理性的調節（*Schore, 1994*），並且受制於有關情緒經驗和高度生理激發狀態之可能結果的強烈認知預期以及維持組織所能得到的支援。進一步而言，此時期生理激發與情感表達的界限仍持續被照顧者所監控與引導以實踐自一開始就有的組織性目標。

桑德指出這個形成自我的最後階段具一種從嬰兒－照顧者系統「解離」的自我調節核心，同時伴隨著另一個新層次的覺察。與第十一章出現的概念一致，這裡並不需要假設分離有一個特殊的動機。而是當兒童習得自我調節能力時，他便會自然的去練習使用，單純的只為了進一步擴展自主的功

294

情緒發展

能。桑德(*Sander*)對於分離的一般性歷程的描述,也能應用到研究個別差異。他採用皮亞傑的「操作」與「可逆性」來解釋自我恆常性的習得。在生命第三年中,孩童不但刻意且預知地將他與照顧者的關係搞亂,而且還覺察到照顧者理解他的意圖(分享性覺察)。重覆搞亂的運作方式代表著對系統內和諧調整的威脅。但當搞亂持續被孩童或父母修正並且重建與照顧者的和諧關係,就能對此關係產生一個新的持久性信賴感。於是自我在關係中的角色於焉成形,即使在相當的改變中仍具穩定性。

此種穩定且實用的自我調節核心奠基於整個和諧的調節史,逐漸將調節功能轉移至兒童,並且也讓照顧者接受兒童此時漸增之獨立性。如果照顧者會受到兒童獨立的威脅或責備兒童表達自主的方式,而需要扮演一個對立角色時,兒童內在自我的重要特質就將被限制。照顧者輕鬆的接受兒童的探索(維持對關係的信心)並持續跟隨兒童保持緊密關切,將增進兒童彈性的自我調節。

根據依附理論,照顧者與兒童對關係的信任將轉成自信,安全的依附關係會導致自我信賴。相反的,兒童在經驗混亂、不一致的照顧時,不但不會儲存正向調節的經驗以引導自己的調節努力,也無法因對於照顧者(最終是對自己)有所信賴彈性地進行有關調節的實驗。同樣地,在情緒支持不可得或嚴厲照顧下被迫提早獨立的兒童將傾向採用刻板的調節策略,通常孤立地實行或很少會利用社會資源。

依附理論可以結合桑德(*Sander*)、馬勒(*Mahler*)、艾瑞克森(*Erikson*),與其他學者(第十一章所述)的研究組成一個對產生獨特個別自我的發展觀點。在一般的情況下,個

人的安全感可被視為自我的最核心部分，也就是個人對他人的關心、自我價值以及世界是安全的等基本感覺。上述這些感覺是來自依附關係中具回應性照顧的必然結果。在這個態度基礎的核心部分之上，學步期追求自我內在目標的實際經驗與引導性自我調節，則提供了自我的第二層基本面。通常這是建立於照顧關係的早期經驗（取決於照顧者的反應）。但此時嬰兒所關切的是達成意圖目標的努力，並且經由個人的自主力維持一定程度的情緒調節。兒童在此時期學習到他們內在目標和衝動是可被接受並且是有價值的（引申而言，自我被評價為有價值的），並且發展出對於他們調節能力的信心感。引導性自我調節的成功加深了對未來勝任能力的態度基礎，並且，也提供了憑藉個人行為進行調節的經驗。當在大人控制之外，兒童在同儕世界和其他領域中承擔了自我調節的責任和功能，於是在學齡前時期以及之後就形成一個兼具勝任力和驕傲的實際功能感。當然這些經驗非常重要，因此需要大人持續地監督與引導，並且也建立在早期的態度與經驗的基礎上。總而言之，回應性的照顧之重要特徵是安全感、接受度與功能性。

此歷程之變異或瓦解可能以不同的方式在不同的階段中發生，導致個體基本的變異。在每個階段，因為每個人和其經驗的獨特性以及複雜度相差甚鉅，但仍可發現某些一般型式的適應（或「因應策略」）並與一特定時期的基本情緒相關。

在初始時期無法獲得具回應性的照顧，或是得到不一致的照顧時，嬰兒會易感受到巨大的害怕，生氣也不再只是一時的信號而成為慢性持久的經驗。此情況下的兩個可能的

情緒發展

適應策略（與兩類主要焦慮依附型），一是視大部份的情境為威脅而不斷的給予照顧者信號，以及（或是）尋求持續的接觸；另一是單純抽離情感經驗，尤其是當需要尋求溫柔的照顧之時（此處不討論緬恩〔如 *Main & Hess, 1990*〕所提出的「混亂型依附」。我們認為這些極端的個案中，兒童面對令人困惑的或具威脅性的照顧者，而根本無法形成一致性策略去因應依附感。因此，這些混亂型依附的小孩不在我們所討論的正常變異範圍之內）。

相似但更進階的模式則在第二個時期出現。假如在走向自我調節過程中，兒童未能給予適當的引導，或太早要求他們嘗試全然自我調節時，則他們將經驗到失敗以及伴隨而來的之狂怒及羞恥（*Erikson, 1963*）。常見的特殊模式包括慢性適應不良（及過度刺激）與採用僵硬的自我調節策略。在起初兩個時期的適應，不論是以伴隨（常見的形式）或以複雜方式交織的型式都將延續至學齡前的自我調節。

假如在當時兒童無法彈性的調節他們的情緒，且達到一定程度的功能感及社會效能，他們容易產生低自尊與失能感，以及隨之而來的沒價值、罪惡及沮喪感。年幼兒童所普遍使用的自衛方式，形成了固著的防衛策略。一些兒童的典型特徵是：一、易挫折、過度刺激、緊張與焦慮；二、依賴的、被動及無助的；三、敵意的、攻擊性的與反社會的；四、情緒的絕緣；五、抽離經驗連結。最前兩項與抗拒性依附有關，是延遲自主因應並呼叫需要大人持續照顧的防衛反應；後三項則使兒童對於人及感覺保持距離。這些防衛的共同特徵是阻撓彈性情緒調節策略的發展。

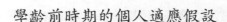

學齡前時期的個人適應假設

由這些理論所衍生之主要假設是，學齡前個人情緒調節型態和參與環境的特性將可預見於之前互動調節的品質。以下的討論將著重於由嬰兒時期調節經驗的累積形成嬰兒－照顧者依附模式所得之預測。

考慮學齡前時期的一般性假設有許多特定的層面。彈性的情緒調節，或是布拉克與布拉克（*Block & Blcok, 1980*）所謂的「自我恢復性（*ego-resiliency*）」均具多面向。調節良好的兒童，基於擁有被接納和彈性包容的經驗，而能夠在必要時，控制情感與衝動，也能夠適當的、完整且彈性的表達感覺。那些安全的經驗史被視為是情緒調節的一部份，其中展現出各式情緒經驗以及在遊戲時呈現出情緒豐富的假想生活。兒童能將情緒投入於活動，並且顯現出好奇心與個人動力（去探索新事物、努力嘗試、有彈性的堅持以達成目標）。

與這些能力最相關的是調節良好的兒童是自我導引的。鮑貝（*Bowlby, 1973*）特別預測有安全依附史的兒童，即使是和被迫提早獨立的逃避依附兒童比較，在情緒上也較能自我信賴。真正的自我信賴來自照顧系統中有效的情緒調節史與即使面對挑戰與壓力時也覺得會安然度過的信任感。因此，這些有安全依附史的兒童深信自己有影響世界的能力，會先運用他們自己的資源，而當他們的努力已經耗盡或有特別的需求時才會彈性地尋求大人的援助。

可預期的是伴隨彈性調節而來的高自尊感。因為這些兒童在環境中真正具有效能及這些兒童深深感到自我的價

298

值。當一個人一直受到關懷，必然地會形成一個自己是值得被照顧以及有價值的自我模式。

最後，社會關係是特別重要的。例如，關係不但需要（因此能增強）兒童的調節能力（與他人互動，在面對高度激發時的維持互動，表達情感與調節情感...等等），而且也代表著根據互動調節史所產生的互動模式的預測。由內在關係模式觀點而來的一個強烈的假設是預期安全依附的兒童會去同情其他人。因為曾參與具回應性的關係，這類兒童亦視關係為理所當然。在兩人互動關係中，當一方需要時，另一方就表達關心。在學齡前發展同情和利社會行為所必須的就是這些有關人際知覺與工具性的能力（如 *Sroufe & Fleeson, 1986*）。

可觀察的適應模式

自嬰兒期到學齡前適應的連續性是很多研究探討的主題。此處的討論著重在嬰兒依附模式與在托兒所、幼稚園的功能間的關係（三個分別的研究）。在這些情境中，提供了一個全面性有關自控的議題，而且容許對早期互動調節的內化進行直接的檢測。由於嬰兒的依附對象不在場，孩子的行為便不能被認為是由父母行為所直接影響與制約的。因為這些研究的結果在之前已經提及（如 *Sroufe, 1983, 1988, 1990*），故在這此僅作一概述。

自我調節、自我信賴與自尊

　　大量現有的資料顯示，學齡前兒童有許多自我引導和調節能力以及與自尊相關的感覺。這些能力若是與兒童的依附史相互佐證就會更加有力。舉例來說，在中央托兒所的研究中（二個班級，共40位兒童），不論是相依評分或由三位不同的老師獨立的對兒童排序均顯示出安全依附與焦慮依附（包含那些被迫提早獨立的逃避型依附組）的兒童並沒有重疊。此外，安全依附的兒童被評為有較高自我信賴，可經由在遊戲時觀察兒童對老師、以及老師對兒童接觸的頻率，以及在圍圈圈坐時，兒童坐在老師身邊的頻率的獨立觀察得到一致的結果（*Sroufe, 1983; Sroufe et al., 1983*）。相對於安全依附的兒童而言，那些逃避依附的兒童，與抗拒依附兒童一樣，通常不是離老師遠遠地就是常黏在老師的身邊。

　　同樣地，對於自我恢復力的排序及Q分類指標也強烈的區分出不同的依附群。在Q分類的程序中，老師們被要求使用九點量表對一百種項目分類。根據對於特定兒童的獨立評分的接近性，而將兩至三名老師的分類加以合併。然後對個別兒童的分類敘述與一個由專家評定的所謂「高自我恢復兒童」Q分類求相關，得到一個相關分數。對於抗拒依附、逃避依附與安全依附團體所得的平均相關係數，分別是.07，-.13和.05，並且後兩個團體間沒有重疊。即使是個別的項目也是有鑑別力的，例如，安全依附被描述為有較多的情感表達、對於新奇的事物較具好奇心、較能延宕滿足、較不易在壓力下的瓦解。獨立觀察的結果也支持老師們描述的結果。詳細的記錄顯示出安全依附的兒童情感表達較多樣、表情較豐富，並且當有情緒的劇變時能夠很快的恢復（*Sroufe,*

情緒發展

Schork, Motti, Lawroski & LaFrenier, 1984）。這些兒童投注在活動與關係上的能力，以及在面對挑戰時採用他們內在的資源做出重大的努力，也被獨立的實驗室研究對行為受阻反應（*Arend, 1983*）和當兒童參與班奈的好奇盒子作業時有較大好奇心的結果所證實。

有安全依附經驗的兒童在其它的方面，也表現出較佳的處理能力。他們在課堂上較沒有攻擊性與違規行為，並且事實上也較少受到老師的懲戒。由老師與兒童互動關係的錄影帶評分中，也顯示出老師（並未知道兒童是屬於那一個依附類型）對於那些安全依附的兒童有較高標準的行為，且預期這些兒童對於他們的指導會有較高的服從性；通常以溫暖的、切合實際的、符合年紀的行為來評判這些兒童（如 *Sroufe & Fleeson, 1988*）。對於二個焦慮組的兒童，老師採高度控制和較低的順服預期（例如，在兒童尚未完成一個指令之前，就指示下一個行動，而不能像對安全依附的兒童一般對他們完成任務有信心）。此外，老師對抗拒型依附組顯示出較多的照顧，對於他們的違規，像對待小小孩一般給予較多的容忍。至於逃避型依附組，則沒有接受到這樣的照顧，他們是唯一會引起老師的憤怒的一組。但不論是抗拒型或逃避型都不能視為自我調節得當。

在外在的情緒、調節層面上，安全依附的兒童在進行遊戲時，流露出豐富的內在幻想世界（*Rosenberg, 1984*）。安全依附的兒童不但表現出較多的投入，而且遊戲時有較大的彈性與複雜性，情緒主題更見廣度。其它依附類型組則相對地較為貧乏，而在逃避型依附組，本質上是遠離人群的，在學齡前兒童遊戲時會明顯的逃離缺席。此外，我們也強調

安全依附兒童的遊戲更具有實用性，當三組兒童都同樣會頻繁產生衝突時，安全依附兒童較能依循常軌把衝突成功解決。（舉例來說，「喔！不！他被卡車給撞到了！他傷了他的腿！救護車來了！.....快帶他去醫院，他們治療了他的腿！」）。

最後，安全依附兒童在很多方面表現出擁有高度自信與自我價值感，如能體驗新經驗，當面對挑戰時能夠有彈性的堅持，當受傷或是生病不舒服時會去找大人，在爭執時為自己辯解，不忍受其他人不良對待等等。實驗室觀察顯示，當面對極大困難問題並且僅有自己的資源時，安全依附型的兒童更能夠具備彈性的堅持，仍保有創造力去因應環境，當在最後得到指引時能夠有意願再加努力，以及能夠經常在努力受挫時重振奮起。他們得到兩個彼此獨立的評分者的高自尊評分，甚至能夠去享受困難的經驗，並且能保有「正向的預期」（*Arend, 1983*）。在學齡前時期，老師所評的整體自尊向度得分再次明顯的區分出安全依附組與焦慮依附組，焦慮依附組的得分非常低，而安全依附組的得分則是非常高（*Sroufe, 1983*）。同樣地，*Q*分類的指標也可強烈的區分出不同的依附組；而且在具標竿的外在表現題項上（例如：顯露出價值感）也有明顯的不同（這樣的不同也在另外兩個關於學齡前兒童的研究上被發現（*Arend et al., 1979; Waters et al., 1979*）。另一方面，老師對兒童情緒的判斷與觀察測量所得的結果，僅有（大約一半的）逃避依附及少數的抗拒依附史兒童表現出憂鬱的徵兆（*Garber, Cohen, Bacon, Egeland & Sroufe, 1985*）。

綜合這些資料顯示那些擁有有效互動調節經驗的兒

302

童，在學齡前時期表現出有彈性、有效的自我調節能力，並伴隨正向的自尊感與效能感。因為如此他們在學齡前能夠把握機會並且面對挑戰。這不僅反映在他們的好奇心與對世界事物強烈的主動感，也同時反映於他們的同儕關係。

與他人的關係：互動模式的延伸

情緒是關係的核心代表著兩個意義：其一，因為親密關係最核心的部分，是個體的間情感連結與感覺分享（*J. Sroufe, 1991*）；其二，因為所有親密關係中施與受、協商與衝突的處理都是基於參與其中的每個人的情緒調節能力。因此，由組織的觀點而來的一個清楚的假設是，學齡前兒童的關係品質與本質，可以說是反映而且重現早期的互動組織，此假設也被強力的證實。

那些安全依附的兒童，因經驗過具回應性照顧與堅定的情感，能肯定與其他兒童關係的價值，享受與他們在一起，並且表現出關心且重視他們的福祉。比起焦慮依附的兒童，他們通常較能主動與人互動，並以熱誠與正向情感（較少負面情感）回應他人（*Sroufe et al., 1984*）。由不知道實驗目的的獨立觀察者對重覆互動的遊戲時段所做的評分中，顯示這些兒童的關係中有著更多的承諾和情緒凝聚力（*Pancake, 1988*），而且他們較願意幫助能力差的伙伴，對於具攻擊性的伙伴則較能自我堅持（*Troy & Sroufe, 1987*）。肯定自己的價值因而無法忍受被別人剝削，關心別人也不剝削別人。這些均在老師對兒童的同情心評量上（根據Q分類），以及錄影帶記錄中發現兒童在其他兒童受傷或苦惱

時，所表現出的同情/利社會行為上得到支持（*Kestenbaum et al., 1989; Sroufe, 1983*）。

相反地，那些焦慮依附傾向的兒童在處理同儕關係中的情緒挑戰時較有困難。逃避依附的兒童，通常會情緒性抽離，或是敵意的對待其他兒童；他們經常顯示出無來由的攻擊行為，且有時會去剝削或傷害其他人。在有關同情的研究中（*Kestenbaum et al., 1989*），他們迫使研究者創造出一個新的類別，即所謂「反同情」。對處於苦惱中的人的反應是做些讓他人更加苦惱的行為（例如：用面具嚇已受驚的兒童；奚落正在哭泣的小孩並叫他們「愛哭鬼」；用力壓按一個正在胃痛的小孩的胃）。在成對遊戲的研究（*Troy & Sroufe, 1987*）中，發現十九對中的五對有系統性的剝削模式存在，其中一位兒童利用並虐待另一位兒童。而這些「剝削者」全部都是逃避依附型的兒童。

那些抗拒依附兒童則傾向出現其他的問題。通常是不成熟、容易受挫或是易被過度刺激，儘管他們是傾向社會接觸的，但對持續「施與受」的關係有困難。他們可能會停留在團體的邊緣，或是為了躲避苦悶而與人接觸。有時，他們有困難維護個人界限。在觀察同情行為時，當其他人是苦惱時，他們自己會變得混亂（例如，當別人臉色沉重時，他們會閉嘴並尋求老師的撫慰）。他們是那些恃強欺弱的兒童最佳的欺負對象。事實上，逃避依附的兒童會剝削抗拒依附的兒童或是其他有特殊弱點的兒童（例如智能遲緩）。

因為在托兒所研究中老師是固定的，因此之前所提及的不同的老師－兒童關係被認為主要是由兒童而來的。因此，老師對那些抗拒依附的兒童的容忍、控制並視之為嬰兒

情緒發展

的對待方式，是因為他們的不成熟與明顯的索求行為。抗拒依附的兒童有時會因為逃避依附兒童對大人的冷淡反抗和對其他兒童的傷害行為而感到生氣，並拒絕（且孤立）那些逃避型兒童。

不適應的模式

對於這些學齡前兒童的行為理論顯示出一個對預期的統整內在結構，以及對自己、他人和關係的態度。前述的五種早期模式（在自我整合歷程的部分）的預測確實可見，那些抗拒依附兒童更可以被分類（由個別老師的Q分類獨立判斷）為（1）緊張、焦慮、易受挫折；（2）被動、虛弱、大人引導的模式；而逃避依附兒童則可被分類為（3）敵意的、攻擊性的、反社會的；及（4）冷漠的、情緒孤立的模式。以另一個譬喻來說明，兩類焦慮依附組的兒童都是高度依賴的，但他們表現的方式不同。逃避依附兒童所表現的依賴是間接的。當他們在混亂或失望時明顯地不去尋求接觸，但在安靜時則會去接近他們的老師（通常是以很微小且細微的方式）。例如一個兒童每天在課堂開始前找一位特定的老師，但他是以一系列細微的斜角切入，就好像帆船航在風中一般。相對地，那些抗拒依附兒童則會將他們的心情「放在袖子裡」，常常表現出不成熟的行為並以此導引出老師對他大幅的容許與支持。

兒童中期與青春期的表現

　　這些兒童後續的資料中顯示自我調節與人格組織的主要面向持續預測在後來的歲月中的不成熟度。例如，自一系列夏令營與周末露營重聚的資料中，發現相當多來自學齡前期，甚至嬰兒期的依附史的連續性（*Elicker et al., 1992; Sroufe et al., 1993; Urban et al., 1991*）。在兒童中期與青春期時，安全依附與焦慮依附的兒童在自我恢復力、自信、自尊及社交能力上高度明顯不同。在依賴性方面的資料尤其顯著，在不同的依附類型組間僅有非常少量的相同，但在時間上的相關卻達到.50及.60。在兒童中期，那些安全依附兒童較可能形成親密的友誼（根據老師的判斷、互動頻率的觀察及相互社交提名的結果），並且在親密友誼及有效團體功能間的挑戰中取得平衡。其他人也可以和朋友一起加入遊戲中，而他們的親密友誼使他們維持與團體交流。一對抗拒型的兒童（有點罕見）互動時，則無法維持這種在朋友與團體之間的交替錯綜複雜的平衡。此外，一對逃避型依附兒童的互動關係中，則出現排外性友誼，總是與團體分開的，嫉忌其他人的接近（*Freud & Dann, 1951*），並且當他們朋友不在時感到失落。同樣地，在青春期時，安全依附的人較能適應於具更加錯綜複雜功能的青少年團體。與此有關的是在一個專門為青少年編製的「處理受挫的能力」量表上，輔導老師對那些安全依附兒童的評分顯著較高。此量表觸及關於青少年充份參與那些有情感張力與包含一些自我揭露的各項露營經驗的能力。

306

情緒發展

時間上的一致性

前述發現側重於由嬰兒晚期預測後來的兒童期；而另一些研究指出發展次序中各個階段間關係均有一定規則。因此，一般而言，早期由照顧者引導的調節模式預測互動調節（依附模式）和往後父母接納兒童自主性及促進功能性的程度（如 *Matas et al., 1978; Pianta, Egeland, & Sroufe, 1989*）。此外，在嬰兒有意圖以及形成特定依附型式之前，對由照顧者所引導的調節所作的評量，強而有力的預測了往後兒童期的調節。尤其是由安思渥斯(*Ainsworth*)的「合作與干預量表（*Cooperation-Interference scale*）」（見第九章）中對「干擾性」的一項測量被證實，可預測學齡前時期有關挫折行為、過動及注意力等問題，以及國小早期的學業與情緒問題（*Carlson et al., in press; Egeland et al., 1993; Jacobvitz & Sroufe, 1987*）。因此，一個過度被刺激、調節不良的照顧模式，可以預測後來自我調節的問題，或是對於衝動與情感的調節。

儘管這些團體資料強而有力的證實了我們的一般性假設，但它們卻無法完全適切地說明統整的個人情緒特性如何於早期逐步發展成形。本研究中詳細的個案資料將由其他人報告（*Egeland, Pianta & Dodds, in preparation*），這裡，我們略舉二例作為佐證。

在先前略為提及的一個孩子，在看到別人的時候一直緊閉雙唇爬到老師的膝上，可視為是被動以及追隨老師的孩子。他幾乎不會主動與其他兒童進行遊戲，並且很容易被忽略。從嬰兒早期起他就經驗到非比尋常的干預和父母導向的照顧。母親的反應是根據母親自己的情感而不是孩子所表達

的訊息。在兩歲時回答槓桿問題時，母親會戲弄他，母親將糖果舉得高高地當孩子過來拿糖果，她卻又將糖果丟落。當孩子受挫時，母親嘲笑他然後又要求孩子親她。之後她告訴孩子，她會給他糖果，但只是重覆使他再次受挫的循環。雖然可能發生其他學齡前的行為（如過動），但這孩子完全無能於自我導引和自我調節，他的被動和渴望大人的照顧似乎相當能從他的過去經驗史得到瞭解。同樣地，也因為如此他無法將自己的情緒經驗與他人的情緒分離。

　　另一個例子中，一個孩子自一開始就「黏著」他的老師，但當沮喪或受傷時就離開，這就是典型的情緒性孤立。有一次，他被教室裡放著的一個太空艙所深深吸引，但當他發現教室裡有其他孩子在時，他又倉促的躲避開。他暗中殘酷的對待其他受傷或脆弱的孩子。當他跟友伴遊戲時也有一次被觀察到，他倨傲的拒絕了137次的接觸，例如，當友伴建議他們玩汽車時，他說〝這真是愚蠢〞（這位友伴是抗拒依附型）。在嬰兒期，這位孩子的照顧者即是我們所謂的「情緒上不可獲得」的典型（*Egeland & Sroufe, 1981*）。這類型的母親是拘謹的且不露感情的，甚至是鄙視身體的接觸，特別是當小孩主動的時候。他們之間的依附關係在十二個月與十八個月時均被分類成逃避型依附。孩子在槓桿問題上完全無法獲得情緒性支持，甚至當他完全受困時，他的母親仍會坐在一旁休息，並且偶爾還會竊笑。因此，他避免在社會情境裡投入情感與他詭隱的殘酷，似乎從幼年這樣的經驗史看來也並不難理解。

308

情緒發展

個人適應上的連貫性與可變性

個人適應兼具連貫性與可變性。即使過去大量的資料證實了個人適應的連貫性，其中卻呈現出相當的可變性，因為連貫性不是指某特定行為隨時間穩定不變，而是指即使在不斷擴充及增加新議題的發展進程中所呈現的行為組織仍具統整模式。當然，有些時候也有由依據團體資料所得之前述結果發現個人適應上的基本質變，而且也並非所有個案均有上述兩個例子中所描述的連續性。連貫性與本質改變都應被瞭解與解釋。

個人適應在時間上的連續性有幾個基礎（*Sroufe, 1988*）。第一，照顧的品質通常顯示出某種程度的連貫性，父母在早期發展議題上是支持的，通常在後來也會維持其情緒支持（如 *Hiester, 1993; Pianta et al., 1989*）。其次，發展的本質是在前一個時期習得的能力，往往是下一個時期重要的基礎；因此，例如安全依附的兒童有情感調節的能力、精熟物體的技能與正向的社會預期，這些可用以提昇他們在學齡前與同儕成功的互動。第三，一個相關的情形是兒童根據他們不同的預期以很多方式逐漸創造他們所擁有的環境。當與老師和同儕的經驗能有改善性的影響時，那些未獲得支持性背景的兒童仍然傾向疏離、遠離團體，或無法有效利用個人的潛在資源。這些自我經常採用的適應方式通常稱為「內在運作模式」，也就是兒童以預期的架構參與環境，並且以此架構去理解互動的回饋。

以下是一個關於兩個剛到達托兒所的兒童的有趣例子。音樂正在播放，而兒童們正在「跳舞」。第一個兒童靠近一個可能的玩伴，但被拒絕；他感到生氣，跑到角落待了很長的時間。第二個兒童到達，偶然的靠近了相同的「玩

伴」，也遭到拒絕，但他跑去找其他的玩伴，並且愉快的遊戲。兩個兒童都經驗到他們對於社會世界的預期，第一個兒童拒絕接受，而第二個則回應現狀。事實上，第二個兒童可能根本沒有經驗到「拒絕」，並且懷疑是那個沒有回應他的兒童可能有什麼問題。

這樣的考量亦衍生出有關改變的假設。明顯的改變可能發生於兒童的基本預期受到根本破壞，通常發生在重要關係品質上的改變。此種基本改變總是與撫育方式的改變，或撫育情境改變，或是出現一個新的且正在轉型的重要關係相連結。現以三個例子說明：那些在嬰兒期與學齡前時期明顯改善自己的適應情形的兒童，通常在這段時間他們的母親與一個成人伴侶形成穩定的關係（*Erickson et al., 1985*）。而那些自己在孩童階段被虐待的母親，通常在有另一個照顧者幫忙，或是自己在兒童階段就有長期治療經驗時，較能對自己的小孩提供比較適當的照顧（*Egeland, Jacobvitz, & Sroufe, 1988*）。至於那些育幼院撫養長大的女孩在成人期時，通常在有一個支持性的配偶時，較能適當的撫育後代（*Quinton, Rutter & Liddle, 1984*）。類似的發現是我們觀察到有些兒童在托兒所老師的細心照顧之下改善了他們的功能。

然而，改變並不容易，而且通常需要時間，當一個行為組型存在愈久，改變就愈困難。無疑地，穩定性隨著時間增加。此外，改變並不表示消除過去。這有許多案例，一個學齡前期兒童受益於一個特定老師的照顧。有一天，小女孩說出在夢境中發生她心愛的老師將她丟擲撞牆壁的事情。老師告訴小女孩，她絕對不會這樣做，然後，小女孩吃驚地問她為什麼不會，小女孩被告知是因為老師非常的喜愛她，小女孩又要求老師解釋為什麼喜歡她。另一個例子則是一個十

310

歲大的兒童，在參加夏令營時始終對於她自己受喜愛程度抱持高度懷疑，儘管她一再被證實很受到歡迎。早期模型也適用在安全依附兒童的身上。一個父親剛被謀殺的兒童，在他的兒童中期的評量表現是心情不穩且遠離大人的，與他在早年的評價相反。然而，在青少年期的觀察中他又恢復成為整個團體的主角，是個自信且體貼的年青男人。基本預期的變化是緩慢的。早期照顧的影子仍常浮現於目前的適應中。由團體資料證實，早期經驗對後來行為的預測力，甚至是比當前環境支持的測量更為有力，而且早期的適應形態可能會在環境改變時或是特殊情境中再度出現（如特殊形式的壓力，*Sroufe et al., 1990*）。這與舒米（*Suomi*）的觀察是一致的（*Novak, O'Neil, Beckley & Suomi, 1992*），觀察中發現，已經恢復正常的猴子（過去曾被社會剝奪）長大之後被放置在試驗的欄籠中，又會重新出現非常特定的不適應行為。而這些動物，在支持性的環境中的表現很正常，而且有好幾年不曾出現這樣「銘記的刻板行為」（*Signature stereotypies*）。

結論

內化是發展進程的關鍵。基本上，內化指的是適應與融入經驗。從大腦的生理層次（*Edelman, 1992; Schore, 1994*）到人際與心靈功能的層次，將所經驗到的成為自我的各部分。此處所提及的論點，不只是父母認為的價值與那些被讚許或禁止的行為，還包括實際的互動調節型式也為兒童所內化。內化也是意識的信念與價值，影響著態度與行為風格。不論在接納情感、（於社會性和非社會性情境中）適度

311

的引發情緒、以及一般性的情緒調節上均具個別差異。

　　值得強調的是，兒童所形成的概括印象，並不是由照顧者身上所經驗到的特殊行為特徵，而是由情感為中介的照顧關係品質與模式。逃避依附的兒童，當他們胃痛時，並不是真正的去重擊他們的胃（當然他們也不會去重擊他們的母親）。安全依附孩子的父母，不會在他們的孩子在哭泣就去找老師，孩子也不直接經驗到父母的安撫。但所有的孩子都重複經驗感情的脆弱、他人的反應，及這些行動的情緒後果。因此，他們所熟悉的是關係中的情感模式，當他目擊別人的沮喪以及脆弱時，他們知道在交流中可能重新經驗到的一般情緒反應。逃避依附的學齡前兒童並不總是去捕捉這些傷害或剝削別人的經驗。他們只是以關係中他們的理解與預期嘗試去賦予經驗意義。

　　其次，我們必須謹慎地解釋不論是自我孤立於其他小孩並疏離老師，或是情緒投入與同儕和老師互動的情況下，學齡前時期兒童對自己的經驗有著決定性的影響。這也就是一般稱為「兒童的影響」。然而重要的是我們將這些特質視為逐漸發展的結構而不是孩童與生俱來的天性。孩子並非一出生就是疏離或易受傷的，尤其是縱貫研究顯示，那些被父母情緒拒絕的嬰兒（有大部分在後來出現逃避型依附），普遍地在其出生後的前幾個月中有穩固良好的整合，卻在後來的幾個月才發現，因為持續無法得到關心而產生較困難的行為（*Egeland & Sroufe, 1981*）。此外，遠離老師與其他兒童的行為（防衛、攻擊），根本不在嬰兒的行為中出現。因此，並非孩童與生俱來的固著行為特質，而是從關係系統中的調節型式所形成之對於自己、他人和關係的預期，以及情緒調節的型式將被孩童帶往將來。

312

情緒發展

第十三章　綜論

佛洛依德說中了一個人類心智的本質：它自始至終皆無法脫離本身的經驗而且只能依其發展。

——羅森（Rosen，1989）

　　早期情緒生命的研究相當反映了發展的本質。首要的是它清楚的說明發展是一個以合邏輯且複雜的方式自前驅狀態成長或開展的特定歷程。所謂「新狀態」代表與前驅狀態的性質不同且更具複雜性。但前驅狀態是新狀態的原型，賦予新狀態一個重要的核心。

　　比如玩躲貓貓遊戲的樂趣所包含對特定事物的期望、協調既存印象和眼前經驗、以及一些對人的恆常性概念是與初生嬰兒於睡眠中露出的笑容，或十週大時見到熟悉面孔時的歡愉在本質不同，但是三種經驗均以對激發（或緊張）的調節反應為核心。

　　同樣地，罪惡感是較羞愧更細緻分化的反應。罪惡感包括對內在行為標準的偏離、對自尊的威脅和贖罪的期望。相較於羞愧而言，罪惡感是較特定性的反應，是基於對一個不被接納行為的認知，因此至少可以有些機會補償。羞愧是較整體的反應，是對自我的否定（而非因不當「作為」所引起的罪惡感）。兒童無法以特定獨立的反應修復羞愧所帶來的損害，此修復需要更普遍的重建關係中的和諧。但羞愧和罪惡感均包含自我意識和對自我的威脅。

　　類似地，學齡前兒童的想像遊戲代表著由早期循環反

313

應的重大轉型。這些循環反應包括嬰兒重覆踢腿促使一個搖籃晃動、或使旋轉輪轉動、或自高椅重覆丟下玩具而覺得好玩。在想像遊戲中的重覆經驗則通常並非完全複製先前經驗，而是象徵性的再製。家庭中的衝突可能以丟玩具車來代表，而行為則可能反映在替洋娃娃換尿布或是責備它。但不論在循環反應和想像遊戲中均從行為重複中獲得精熟，並且行動的本身就是獎賞。

因此雖然可視新狀態為連續發展的見證，但它並非無中生有。發展是一個新狀態產生自其前驅典型，然後成為其後更新狀態的核心典型的歷程。例如從與新生兒睡眠中的笑容相關的愉快狀態發展至對愉快笑容的再認、又發展至對預期和（／或）遊戲中不一致所帶來的喜悅。笑容的再認包含了睡眠中笑容的生理激發。而預期笑容和大笑則包含生理激發和認知性再認二個核心。

情緒調節發展的特質和歷程與情緒發展相同。因此情緒調節發展的關鍵是由照顧者主導的調節發展成為配對調節，然後進階至自我調節。在每一個時期均以不同性質的基礎進行情緒調節，但新的型態皆與其之前的型態具備某種規律性的關連。例如意圖的加入明顯地增加了調節的精準度和彈性。這使嬰兒能在與照顧者有距離的情況下維持或重建其與環境的互動。不過先前調節的型式和效率仍存在於這樣的配對調節之中。同樣地，這種配對調節亦為後續照顧者引導的調節以及自我調節的基礎（典型）。雖然照顧者的關注和反應誠屬必要，但嬰兒在配對調節中的主動角色決定了後來自主調適的型式。

除了反映發展複雜性的本質之外，研究情緒發展亦能說

314

明發展的整體性。這包括情緒發展之次向度間的密切結合關
係（也就是各式情緒和情緒調節的能力）、情緒發展和其它
層面的發展、核心歷程各層次解釋間的和諧性以及研究普遍
發展和個別差異的關聯。

　　因此情緒研究的基本議題是：情緒發展的轉變基礎為
何？為什麼對一特定事件產生一種情緒而非另一種？在回答
這些問題時研究者也更瞭解情緒調節的個別差異。不同情緒
的發生反映由中樞神經系統刺激到認知效力，到意圖行為，
到將個人行為與內在標準比較。覺知、意圖以及自我主動角
色的增強是此歷程的重心，而這些也是情緒調節成熟的主
題。同樣地，於情境中感到安全是決定將緊張視為正向或負
向情緒的主要原因，以及由安全感在依附關係之外發展出內
在信心是有效的自我情緒調節發展之關鍵。

　　情緒發展中之人際間相互影響力，以及其他層面的發展
於本書中自始至終都是被強調的。一個重要的例子是情緒發
展是認知覺察和自我的成熟歷程，且認知覺察和自我均無法
不經由情緒經驗而得到瞭解。例如能理解自我覺知和意識才
使羞愧和罪惡感有意義。同樣地，羞愧輔助定義了自我覺知
的本質，而沒有罪惡感的概念所謂意識就沒有意義了。

　　發展歷程中各層次間的協調顯然是重要的。比較晚近生
理調節的發現和情緒調節的成長尤能明白看出其中的關係。
如上所述，自我調節可視為逐漸內化先前由照顧者主導的型
式和配對情緒調節的歷程。類似地，這些研究者追蹤中樞神
經的狀態和激發的調節時發現，早期調節係由照顧者調
節，嬰兒只是接受支配而不能自行調節（如 *Kraemer,
Egbent , Schmidt & McKinney, 1991; Schore, 1994*），直到此調

315

節最終納入腦部動態系統。

最後，正常發展和個別差異應視爲整體情緒發展的兩個互補的層面。事實上，個別差異的最佳定義是正常發展的變異。例如嬰兒面對威脅時產生害怕反應是正常的。此反應（對嬰兒和照顧者）是尋求靠近的警訊。對威脅事件的害怕反應和恢復，實際上能提高對激發的調節能力。但是長期持續害怕和焦慮的嬰兒和幼兒，則被視爲缺乏調節緊張的能力，這與在情境中的不安全感，和照護關係中缺乏可依賴的緊張調節有關。而抗拒參與的兒童被發現是因爲長期在需要協助調節緊張時明確地被拒絕所造成。那些經常被批評以及經常處於擔心和罪惡感中的兒童，則主要是因爲在形成自我調節的過程中，得到不合理標準和不當引導與支持。

同時研究不適應反應能強調出正常發展中的關鍵議題。焦慮依附嬰兒的反應讓我們瞭解，可靠的照顧在正常發展中的重要性。易怒的學步兒和過度依賴或憂鬱的學齡前兒童的反應，則顯示接納兒童步向自主性並且給予適切的引導的重要性。

瞭解情意生活是複雜的。於發展的脈絡中最能眞正瞭解情緒。情緒發展必須綜合考量本書所述及之各向度：情緒發展與認知和社會的發展相整合，研究情意生命的一體兩面（即情緒發展和情緒調節）、以及同時考量正常發展和個別差異。

316

參考書目

Ahrens, R. (1954). Beitrag zur Entwicklung des Physiognomie-und Mimikerkennens, Teil I, II. *Zeitschrift fur Experimental und Angewandte Psychologie, 2,* 412-454, 599-633.

Ainsworth, M. D. S. (1967). *Infancy in Uganda: Infant care and the growth of love.* Baltimore: Johns Hopkins University Press.

Ainsworth, M. D. S. (1969). Object relations, dependency, and attachment: A theoretical review of the infant-mother relationship. *Child Development, 40,* 969-1025.

Ainsworth, M. D. S. (1970). *Manual for scoring maternal sensitivity.* Unpublished manuscript.

Ainsworth, M. D. S. (1973). The development of infant-mother attachment. In B. Cald well & H. Ricciuti (Eds.) , *Review of child development research* (Vol. 3, pp. 173-196). Chicago: University of Chicago Press.

Ainsworth, M. D. S., Bell, S., & Stayton, D. (1974). Infant-mother attachment and social development: Socialization as a product of reciprocal responsiveness to signals. In M. Richards (Ed.), *The integration of the child into the social world.* Cambridge University Press.

Ainsworth, M. D. S., Blehar, M., Waters, E., & Wall, S.(1978). *Patterns of attachment.* Hillsdale, NJ: Erlbaum.

Ainsworth, M. D. S., & Wittig, B. S. (1969). Attachment and exploratory behavior of one year olds in a strange situation. In B. M. Foss (Ed.), *Determinants of infant behavior* (Vol. 4, pp. 111-136). London: Methuen.

Ambrose, A. (1961). The development of the smiling response in early infancy. In B. Foss (Ed.), *Determinants of infant behavior* (Vol. 1, pp. 179-195). New York: Wiley.

Ambrose, A. (1963). The age of onset of ambivalence in early infancy: Indications from the study of laughing. *Journal of Child Psychology and Psychiatry, 4,* 167-181.

Amsterdam, B. (1972). Mirror self - image reactions before age two. *Developmental Psychobiology, 5,* 297-305.

Amsterdam, B., & Levitt, M. (1980). Consciousness of self and painful self-consciousness. *Psychoanalytic Study of the Child, 35,* 67-83.

Arend, R. (1983). *Infant attachment and patterns of adaptation in a barrier situation at age 3 1/2 years.* Unpublished doctoral dissertation, University of Minnesota.

Arend, R., Gove, F., & Sroufe, L. A, (1979). Continuity of individual adaptation from infancy to kindergarten: A predictive study of ego-resiliency and curiosity in pre-schoolers. *Child Development, 50,* 950-959.

Arnold, M. (1960). *Emotion and personality* (Vol. 1 and 2). New York: Columbia University Press.

Baillargeon, R., & DeVos, J. (1991). Object permanence in young infants: Further evidence. *Child Development, 62,* 1227-1246.

Baldwin, J. M. (1897). Social and ethical interpretations in mental development. New York: Macmillan.

Ball, W., & Tronick, E. (1971). Infant responses to impending collision: Optical and real. *Science, 171,* 818-820.

318

情緒發展

Barrett, K., & Campos, J. (1987) Perspectives on emotional development: 2. A functionalist approach to emotions. In J. Osofsky (Ed.), *Handbook of infant development* (2nd ed., pp. 555-578), New York: Wiley.

Bates, J. (1989). Concepts and measures of temperament. In G. Kohnstamm, J. Bates, and M. Rothbart (Eds.), *Temperament in childhood* (pp. 3-26). New York: Wiley.

Bates, J., Maslin, C., & Frankel, K. (1985). Attachment security, mother-child interaction, and temperament as predictors of behavior problem ratings at age three years. In I. Bretheron & E. Waters (Eds.), *Growing points in attachment theory and research. Monographs of the Society for Research in Child Development*, 50 (Whole No. 209), 167-193.

Beebe, B., & Lachman, F. M. (1988). Mother-infant mutual influence and precursors of psychic structure. In A. Goldberg (Ed.), *Progress in self-psychology* (Vol. 3, pp. 3-25). Hillsdale, NJ: Analytic Press.

Bell, S. (1970). The development of the concept of object as related to infant-mother attachment. *Child Development, 41*, 291-311.

Bell, S., & Ainsworth, M. D. S. (1972). Infant crying and maternal responsiveness. *Child Development, 43*, 1171-1190.

Belsky, J., & Isabella, R. (1988). Maternal, infant and social-contextual determinants of attachment security: A process analysis. In J. Belsky & T. Nezworski (Eds.), *Clinical implications of attachment* (pp. 41-94). Hillsdale, NJ: Erlbaum.

Berlyne, D. E. (1969). Laughter, humor and play. In G. Lindzey

319

& E. Aronson (Eds.), *Handbook of social psychology* (2nd ed., Vol. 3. pp. 795-852). Reading, MA: Addison-Wesley.

Berlyne, D. E. (1971). *Aesthetics and psychology*. New York: Appleton-Century-Crofts.

Bertenthal, B., Campos, J., & Barrett, K. (1984). Self-produced locomotion: An organizer of emotional, cognitive, and social development in infancy. In R. Emde & R. Harmon (Eds.) , *Continuities and discontinuities in development* (pp. 175-210). New York: Plenum.

Bertenthal, B. I., & Fischer, K. W. (1978). The development of self-recognition in the infant. *Developmental Psychology, 14*, 44-50.

Bettelheim, B. (1967). *The Empty Fortress*. New York: Free Press.

Birns, B., & Golden, M. (1972). Prediction of intellectual performance at three years from infant test and personality measures. *Merrill-Palmer Quarterly, 18*, 53-58.

Bischof, N. (1975). A systems approach towards the functional connections of fear and attachment, *Child Development. 46*, 801-817.

Blehar, M., Lieberman, A., & Ainsworth, M. (1977). Early face to face interaction and its relation to later infant-mother attachment. *Child Development, 48*, 182-194.

Block, J. (1987, April). *Longitudinal antecedents of ego-control and ego-resiliency in late adolescence*. Paper presented at the biennial meeting of the Society for Research in Child Development, Baltimore.

Block, J., & Gjerde, P. (1993, March). *Ego-resiliency through*

情緒發展

time. Paper presented at the biennial meeting of the Society for Research in Child Development, New Orleans.

Block, J. H., & Block, J. (1980). The role of ego-control and ego-resiliency in the organization of behavior. In W. A. Collins (Ed.), *Minnesota symposia on child psychology* (Vol. 13, pp. 39-101). Hillsdale, NJ: Erlbaum.

Bloom, K. (1975, July). *Does the operant conditioning model have ecological validity for early social development*? Paper presented at the Meetings of the International Society for the Study of Behavioral Development. Guilford, England.

Bloom, K., & Esposito, A. (1975). Social conditioning and its proper control procedures. *Journal of Experimental Child Psychology*, *19*, 209-222.

Boccia, M., & Campos, J. (1989). Maternal emotional signals, social referencing, and infants' reactions to strangers. In N. Eisenberg (Ed.), *Empathy and related emotional responses: New directions for child development* (pp. 25-49). San Francisco: Jossey- Bass.

Bohlin, G., Hagekull, B., Germer, M., Andersson, K., & Lindberg, L. (1990, April). *Early antecedents of attachment: Avoidant and resistant reunion behaviors as predicted by maternal interactive behavior and infant temperament*. Paper presented at the International Conference on Infant Studies, Toronto.

Bower, T. G. R., Broughton, J., & Moore, M. (1970). Infant responses to approaching objects. *Perception and Psychophysics*, *9*, 193-196.

Bowlby, J. (1969/1982). *Attachment and loss* (Vol. 1), 2nd ed. New York: Basic.

Bowlby, J. (1973). *Attachment and loss* (Vol. 2). New York: Basic.

Brackbill, Y. (1958). Extinction of the smiling response in infants as a function of reinforcement schedule. *Child Development*, 29, 115-124.

Brackbill, Y. (1975). Psychophysiological measures of pharmacological toxicity in infants: Perinatal and postnatal effects. In P. L. Morselli, S. Garattini, & F. Sereni (Eds.), *Basic therapeutic aspects of perinatal pharmacology* (pp.21-28). New York: Raven.

Brazelton, T. B. (1969). *Infants and Mothers*. New York: Delacorte.

Brazelton, T. B., & Cramer, B. (1990). *The earliest relationship*. Reading, MA: Addison-Wesley.

Brazelton, T. B., Koslowski, B., & Main, M. (1974). The origins of reciprocity: The early mother-infant interaction. In M. Lewis & L. Rosenblum (Eds.), *The effect of the infant on its caretaker* (pp. 49-76). New York: Wiley.

Breger, L. (1974). *Form instinct to identity*. Englewood Cliffs, NJ: Prentice-Hall.

Bretherton, I., & Ainsworth, M. D. S. (1974). Responses of one-year-olds to a stranger in a strange situation. In M. Lewis & L. Rosenblum (Eds.), *The origins of fear* (pp.131-164). New York: Wiley.

Bretherton, I., & Bates, E. (1985). The development of representation from 10 to 28 months: Differential stability of language and symbolic play. In R. Emde & R. Harmon (Eds.),

322

情緒發展

Continuities and discontinuities in development (pp. 171-199). New York: Plenum.

Bridges, K. (1932). Emotional development in early infancy. *Child Development, 3*, 324-341.

Bridges, L., & Grolnick, W. (1995). The development of emotional self-regulation in infancy and early childhood. In N. Eisenberg (Ed.), *Social Development: Review of Child Development Research*, (Vol. 15, pp. 185-211). Thousand Oaks, CA: Sage.

Broberg, A., Lamb, M., & Hwang, P. (1990). Inhibition: Its stability and correlates in sixteen- to forty-month-old children. *Child Development, 61*, 1153-1163.

Brody, S., & Axelrod, S. (1970). *Anxiety and ego formation in infancy*. New York: International Universities Press.

Bronson, G., & Pankey, W. (1977). On the distinction between fear and wariness. *Child Development*, 48, 1167-1183.

Bronson, G., W. (1972). Infants' reactions to unfamiliar persons and novel objects. *Monographs of the Society for Research in Child Development*, 32 (3, Serial No, 148).

Bronson, W. (1981). Toddlers' behavior with agemates: Issues of interaction, cognition, and affect. Norwood, NJ: Ablex.

Brownell, C., & Brown, E. (1985, April). *Age differences in possession negotiations during the second year*. Paper presented at the biennial meeting of the Society for Research in Child Development, Toronto.

Bruner, J. (1975). The ontogenesis of speech acts. *Journal of Child Language, 2*, 1-19.

Buhler, C. (1930). *The first year of life*. New York: Day.

Butterworth, G, E. (1991). The ontogeny and phylogeny of joint visual attention. In A. Whiten (Ed.), *Natural theories of mind* (pp. 223-232). Oxford: Basil Blackwell.

Campos, J. J., Barrett, K. C., Lamb, M. E., Goldsmith, H. H., & Stenberg, C. (1983). Socioemotional development, In P. H. Mussen (Ed.), Handbook of child psychology (4th ed., 783-815). New York: Wiley.

Campos, J., Campos, R., & Barrett, K. (1989). Emergent themes in the study of emotional development and emotional regulation. *Developmental Psychology, 25*, 394-402.

Campos, J., Emde, R., & Gaensbauer, T. (1975). Cardiac and behavioral interrelationships in the reactions of infants to strangers. *Developmental Psychology, 11*, 589-601.

Camras, L., Holland, E., & Patterson, M. (1993). Facial expression. In M. Lewis & J. Haviland (Eds.), *Handbook of emotions* (pp. 199-208).

Cannon, W. (1927). The James-Lange theory of emotions: A critical examination and alternative theory. *American Journal of Psychology, 39*, 106-124.

Carlson, E. A., Jacobvitz, D., & Sroufe, L. A. (1995). A developmental investigation of inattentiveness and hyperactivity. *Child Development, 66*, 37-54.

Carlson, V., Cicchetti, D., Barrett, D., & Braunwald, K. (1989). Disorganized / disoriented attachment relationships in maltreated infants. *Developmental Psychology, 25*, 525-531.

Carr, S., Dabbs, J., & Carr, T. (1975). Mother-infant attachment:

情緒發展

The importance of the mother's visual field. *Child Development, 46*, 331-338.

Chance, M. R. A. (1962). An interpretation of some agonistic postures: The role of "cut-off" acts and postures. *Symposia of the Zoological Society of London, 8*, 71-89.

Changeux, J. P., & Dehaene, S. (1989). Neuronal models of cognitive function. *Cognition, 33*, 63-109.

Charlesworth, W. (1969). The role of surprise in cognitive development. In D. Elkind & J. Flavell (Eds.), *Studies in cognitive development* (pp. 257-314). London: Oxford University Press.

Charlesworth, W. R., & Kreutzer, M. A. (1973). Facial expressions of infants and children. In P. Ekman (Ed.), *Darwin and facial expression* (pp. 91-168). New York: Academic.

Chazan, S. (1981). Development of object permanence as a correlate of dimensions of maternal care. *Developmental Psychology, 17*, 79-81.

Chevalier-Skolnikoff, S. (1973). Facial expression of emotion in nonhuman primates. In P. Ekman (Ed.), *Darwin and expression* (pp. 11-90). New York: Academic.

Chugani, H. T. (1994). Development of regional brain glucose metabolism in relation to behavior and plasticity. In G. Dawson & K. Fischer (Eds.), *Human behavior and the developing brain* (pp. 153-175). New York: Guilford.

Cicchetti, D., & Beeghly, M. (1990). Down syndrome: A *developmental perspective*. Cambridge University Press.

Cicchetti, D., & Hesse, P. (1983). Affect and intellect: Piaget's contributions to the study of infant emotional development. In R. Plutchik & H. Kellerman (Eds.), *Emotion: Theory, research and experience*: Vol. 2, *Emotion in early development* (pp. 115-170). New York: Academic.

Cicchetti, D., & Sroufe, L. A. (1976). The relationship between affective and cognitive development in Down's syndrome infants. *Child Development, 47,* 920-929.

Cicchetti, D., & Sroufe, L. A. (1978). An organizational view of affect: Illustration from the study fo Down's syndrome infants. In M. Lewis & L. Rosenblum (Eds.), *The development of affect* (pp. 309-350). New York: Plenum.

Clemente, C., Purpura, D., & Mayer, f. (1972). *Maturation of brain mechanisms related to sleep behavior*. New York: Acadmeic.

Clifford, C. (1984). A genetic and environmental analysis of a twin family study of alcohol use, anxiety, and depression. *Genetic Epidemiology, 1,* 63-79.

Cole, P., Barrett, K., & Zahn-Waxler, C. (1992). Emotion displays in two-year-olds during mishaps. *Child Development, 63,* 314-324.

Collins, P. F., & Depue, R. A. (1992). A neurobehavioral systems approach to developmental psychopathology: Implications for disorders of affect. In D. Cicchetti (Ed.), *Developmental perspectives on depression. Rochester Symposium on Developmental Psychopathology* (Vol. 4, pp. 29-101). Rochester, NY: University of Rochester Press.

Columbo, J. (1982). The critical period concept: Research, methodology, and theoretical issues. *Psychological Bulletin,*

326

情緒發展

92, 260-275.

Condon, W. S., & Sander, L. W. (1974). Neonate movement is synchronized with adult speech: Interactional participation and language acquisition. *Science, 183*, 99-101.

Crockenberg, S. (1981). Infant irritability, mother responsiveness, and social support influences on the security of infant-mother attachment. *Child Development, 52*, 857-865.

Darwin, C. (1859). *The origin of species*. London: Murray.

Darwin, C. (1872 / 1965). *Expression of emotions in man and animals*. London: Murray.

Dienstbier, R. (1984). The role of emotion in moral socialization. In C. Izard, J. Kagan, & R. Zajonc (Eds.). *Emotion, cognition, and behavior* (pp. 484-513). Cambridge University Press.

Dodge, K., & Somberg, D. (1987). Hostile attributional biases among aggressive boys are exacerbated under conditions of threats to the self. *Child Development, 58*, 213-224.

Doyle, A., Bowker, A., Hayvren, M., Sherman, L., Serbin , L., & Gold, D. (1985). Developmental changes in social and solitary pretend play during middle childhood. *Research Bulletins* (Vol. 12, pp. 1-42). Centre for Research in Human Development, Concordia University.

Dunn, J., & Munn, P .(1985). Becoming a family member: Family conflict and the development of social understanding in the second year. *Child Development, 56*, 480-492.

Edelman, G. (1987). *Neurodarwinism*. New York: Basic.

Edelman, G. (1992). *Bright air, brilliant fire*. New York: Basic.

Eder, R., & Mangelsdorf, S. (in press). The emotional basis of early personality development: Implications for the emergent self-concept. In S. Briggs, R. Hogan, & W. Jones (Eds.), *Handbook of personality psychology*. Orlando, FL: Academic.

Egeland, B., & Farber, E. (1984). Infant-mother attachment: Factors related to its development and changes over time. *Child Development, 55*, 753-771.

Egeland, B., Jacobvitz, D., & Sroufe, L. A. (1988). Breaking the cycle of abuse: Relationship predictions. *Child Development, 59*, 1080-1088.

Egeland, B., Kalkoske, M., Gottesman, N., & Erickson, M. (1990). Preschool behavior problems: Stability and factors accounting for change. *Jounal of Child Psychology and Psychiatry, 31*, 891-909.

Egeland, B., Pianta, R., & O'Brien, M. (1993). Maternal intrusiveness in infancy and child maladaptation in the early school years. *Development and Psychopathology, 81*, 359-370.

Egeland, B., & Sroufe, L. A. (1981). Developmental sequelae of maltreatment in infancy .In D. Cicchetti & R. Rizley (Eds.), *Development approaches to child maltreatment: New directions for child development* (pp. 77-91). San Francisco: Jossey-Bass.

Eisenberg, N. (1989). *Empathy and related emotional responses: New directions for child development*. San Francisco: Jossey-Bass.

Ekman, P., & Friesen, W. V. (1971). Constants across cultures in the face and emotion. *Journal of Personality & Social Psychology, 17*, 124-129.

Ekman, P., & Friesen, W. (1975). *Unmasking the face.*

328

情緒發展

Englewood Cliffs, NJ: Prentice-Hall.

Ekman, P., & Friesen, W. (1976). Measuring facial movement. *Journal of Environmental Psychology and Nonverbal Bebavior, 1* (1), 56-75.

Ekman, P., & Friesen, W. (1990). The Duchenne's smile: Emotion expression and brain physiology. *Journal of Personality and Social Psychology, 58* (Pt. 2), 342-353.

Ekman, P., & Friesen, W., & Simons, R. (1985). Is the startle reaction an emotion? *Journal of Personality and Social Psychology, 49*, 1416-1426.

Ekman, P., & Oster, H. (1979). Facial expression of emotions. *Annual Review of Psychology, 30*, 527-554.

Elicker, J., Englund, M., & Sroufe, L. A. (1992) Predicting peer competence and peer relationships in childhood from early parent-child relationships. In R. Parke & G. Ladd (Eds.), *Family-peer relationships: Modes of linkage* (pp. 77-106). Hillsdale, NJ: Erlbaum.

Emde, R. (1980). Toward a psychoanalytic theory of affect. Part 1. The organizational model and its propositions. In S. Greenspan & G. Pollock (Eds.), *The course of life: Psychoanalytic contributions toward understanding personality and development* (pp. 63-83). Adelphi, MD: Mental Health Study Center, NIMH.

Emde, R. (1992). Social referencing research: Uncertainty, self, and the search for meaning. In S. Feinman. (Ed.), *Social referencing and social construction of reality* (pp. 79-94). New York: Plenum.

Emde, R., Biringen, Z., Clyman, R., & Oppenheim, D (1991). The moral self of infancy: Affective core and procedural knowledge. *Developmental Review, 11*, 251-270.

Emde, R., & Buchsbaum, H. (1990). "Didn't you hear my mommy? " Autonomy with connectedness in moral self-emergence. In D. Cicchetti & M. Beeghly (Eds.), *The self in transition* (pp. 35-60). Chicago: University of Chicago Press.

Emde, R. N., Campos, J. J., Reich, J., & Gaensbauer, T. S. (1978). Infant smiling at five and nine months: Analysis of heart rate and movement. *Infant Behavior and Development, 1*, 26-35.

Emde, R., Gaensbauer, T., & Harmon, R. (1976). Emotional expression in infancy: A biobehavioral study. *Psychological Issues Monograph Series, 10* (No. 37), 1-198.

Emde, R. N., Katz, E. L., & Thorpe, J. K. (1978). Emotional expression in infancy: Early deviations in Down syndrome. In M. Lewis & L. A. Rosenblum (Eds.), *The development of attect* (pp. 125-148). London: Plenum.

Emde, R., & Koening, K. K. (1969). Neonatal smiling and rapid eye movement states. *American Academy of Child Psychiatry, 8*, 57-67.

Emde, R. N., McCartney, R. D & Harmon, R. J. (1971). Neonatal smiling in REM states, Part 4, Premature study. *Child Development, 42*, 1657-1661.

Engel, G. (1971). Attachment behavior, object relations and the dynamic-economic points of view: Critical review of Bowlby's attachment and loss. *International Journal of Psycho-Analysis, 52*, 183-196.

情緒發展

Erickson, M., Egeland, B., & Sroufe, L, A. (1985). The relationship between quality of attachment and behavior problems in preschool in a high risk sample. In I. Bretherton & E.Waters (Eds.), *Growing points in attachment theory and research. Monographs of the Society for Research in Child Development* (Whole No. 209, 147-186).

Erikson, E. (1959). Identity and the life cycle: Selected papers. *Psychological lssues*, 1, 5-165.

Erikson, E. (1963). *Childhood and society* (2nd ed.). New York: Norton.

Escalona, S. (1968). *The roots of individuality*. Chicago: Aldine.

Feldman, S., & Ingham, M. (1975). Attachment behavior: A validation study in two age groups. *Child Development*, *46*, 319-330.

Fenichel, O. (1945). *Psychoanalytic theory of neurosis*. New York: Norton.

Field, T. (1985). Attachment as psychobiological attunement: Being on the same wave-length. In M. Reite & T. Field (Eds.), *The psychobiology of attachment and separation* (pp. 415-454). Orlando, FL: Academic.

Field, T., & Fogel, A. (1982). *Emotion and early interaction*. Hillsdale, NJ: Erlbaurm.

Fiske, S. (1982). Schema triggered affect: Applications to social perception. In M. Clark & S. Fiske (Eds.), *Affect and cognition: The 17th Annual Carnegie Symposium on Cognition* (pp. 55-78). Hillsdale, NJ: Erlbaum.

Fogel, A. (1982). Affect dynamics in early infancy: Affective tolerance. In T. Field & A. Fogel (Eds.), *Emotion and early interaction*. Hillsdale, NJ: Erlbaum.

Fogel, A. (1993). *Developing through relationships: Origins of communication, self, and culture*. Chicago, IL: University of Chicago Press.

Fogel, A., & Thelen, E. (1987). Development of early expressive and communicative action: Reinterpreting the evidence from a dynamic systems perspective, *Developmental Psychology, 23*, 747-761.

Fox, N. A., Kimmerly, N. L., & Schafer, W. D. (1991). Attachment to mother / attachment to father: A meta-analysis. *Developmental Psychology,. 62*, 210-225.

Freedman, D. (1965). An ethological approach to the genetical study of human behavior. In S. Vandenberg (Ed.), *Methods and goals in human behavior genetics* (pp. 141-162). New York: Academic.

Freud, A., & Dann, S. (1951). An experiment in group upbringing. *Psychoanalytic Study of the Child, 6*, 127-168.

Frijda, N. H. (1988). The laws of emotion. *American Psychologist, 43*, 349-358.

Funkenstein, D. H., King, S. H., & Drolette, M. E. (1957). *Mastery of stress*, Cambridge, MA: Harvard University Press.

Gallup, G. G. (1977). Self-recognition in primates: A comparative approach to the bidirectional properties of consciousness. *American Psychologist, 32*, 329-338.

Garber, J., Cohen, E., Bacon, P., Egeland, B., & Sroufe, L. A.

332

(1985, April). *Depression in preschoolers: Reliabitity and validiry of a behavioral observation measure*. Paper presented at the meeting of the Society for Research in Child Development, Toronto.

Gellhorn, E. (1968). *Biological foundations of emotion*. Glenview ,IL: Scott, Foresman.

Gewirtz, J. L. (1965). The course of infant smiling in four child-rearing environments in Israel. In B. M. Foss (Ed.). *Determinants of infant behavior* (Vol. 3, pp. 205-248). London: Methuen.

Gianino, A., & Tromick, E. Z. (1988). The mutual regulation model: The infants' self and interactive regulation and coping and defensive capacities. In T. M. Field, P. M. McCabe, & N. Schneiderman(Eds.), *Stress and coping across development* (pp. 47-68). Hillsdale, NJ: Erlbaum.

Glick, J. (1992). Werner's relevance for contemporary developmental psychology. *Developmental Psychology*, *28*, 558-565.

Gottlieb, G. (1991). Experiential canalization of behavioral development: Theory. *Developmental Psychology*, *27*, 4-13.

Goodenough, F. (1934). *Developmental psychology: An introduction to the study of human behavior* (2nd ed). New York: Appleton-Century.

Gould, S. J. (1989). *Wonderful life: The Burgess shale and the nature of history*. New York: Norton.

Gove, L. (1983). *Patterns and organizations of behavior and affective expression during the second year of life*. Unpublished Ph.D. dissertation, University of Minnesota, Minneapolis, MN.

Graham, F. K., & Clifton, R. K. (1996). Heart-rate change as a

333

component of the orienting response. *Psychological Bulletin*, *65*, 305-320.

Greenough, W. T., & Black, J. E. (1992). Induction of brain structure by experience: Substates for cognitive development. In M. R. Gunnar & C. A. Nelson (Eds.), *Minnesota Symposia on Child Psychology: Vol. 24, Developmental behavioral neuroscience* (pp. 155-200). Hillsdale, NJ: Erlbaum.

Grossmann, K., Grossmann, K. E., Spanger, G., Suess, G., & Unzer, L. (1985). Maternal sensitivity and newborn orienting responses as related to quality of attachment in northern Germany. In I. Bretherton & E. Waters (Eds.), *Growing points in attachment theory and research. Monograhps of the Society for Research in Child Development* (Whole No. 209, pp. 233-256).

Gunnar, M. (1991). The psychobiology of infant temperament. In J. Columbo & J. Fagan (Eds.), *Individual differences in infancy: Reliability, stability, and prediction* (pp. 387-409). Hillsdale, NJ: Erlbaum.

Gunnar, M. R., Leighton, K., & Peleaux, R. (1984). Effects of temporal predictability on the reactions of one-year-olds to potentially frightening toys. *Developmental Psychology*, *120*, 449-458.

Gunnar, M., Mangelsdorf, S., Larson, M., & Hertsgaard, L. (1989). Attachment, temperament, and adrenocortical activity in infancy: A study of psychoendocrine regulation. *Developmental Psychology*, *25*, 355-363.

Gunnar, M., & Stone, C. (1984). The effects of positive maternal affect on infant responses to pleasant, ambiguous, & fear-

334

provoking toys. *Child Development, 55,* 1231-1236.

Hamburg, D. (1963). Emotions in the perspective of human evolution, In P. H. Knapp (Eds.), *Expression of emotions in man* (pp. 300-317). New York: International Universities Press.

Harlow, H. F. (1958). The nature of love. *American Psychologist, 13,* 673-685.

Harlow, H. F., & Harlow, M. K. (1966). Learning to love. *American Scientist, 54,* 244-272.

Harmon, R. J., & Emde, R. N. (1972). Spontaneous REM behaviors in a microcephalic infant. *Perceptual and Motor Skills, 34,* 827-833.

Hartup, W. (1963). Dependence and independence. In H. Stevenson (Ed.), *Child psychology: The 62nd yearbook of the National Society for the Study of Education* (pp. 333-363). Chicago: University of Chicago Press.

Haviland, J. (1975). Looking smart: The relationship between affect and intelligence in infancy. In M. Lewis (Ed.), *Origins of infant intelligence* (pp. 353-378). New York: Plenum.

Hayes, A. (1984). Interaction, engagement, and the origins of communication: Some constructive concerns. In L. Feagans, C. Garney, & R. Golinkoff (Eds.), *The origins and growth of communications* (pp. 136-161). Norwood, NJ: Ablex.

Hebb, D. (1946). On the nature of fear. *Psychological Review, 53,* 259-276.

Hebb. D. (1949). *The organization of behavior.* New York: Wiley.

Heinicke, C., & Westheimer, 1. (1966). *Brief separations.* New York: International Universities Press.

335

Henderson, B., & Moore, S. (1980). Children's responses to objects to differing in novelty in relation to level of curiosity and adult behavior. *Child Development, 51*, 457-465.

Hiatt, S., Campos, J., & Emde, R. (1979). Facial patterning and infant emotional expression: Happiness, surprise, and fear. *Child Development, 50*, 1020-1035.

Hiester, M. K. (1993). Generational boundary dissolution between mothers and children in early childhood and early adolescence: A longitudinal study. Unpublished doctoral dissertation, University of Minnesota.

Hofer, M. A. (1990). Early symbiotic processes: Hard evidence from a soft place. In R. A. Glick & S. Bone (Eds.), *Pleasure beyond the pleasure principle* (pp. 55-78). New Haven, CT: Yale University Press.

Hoffman, M. 〔1979〕. Development of moral thought, feeling, and behavior, *American Psychologist, 34*, 958-966.

Hoffman, M. (1985). Affect, cognition, and motivation. In R. Sorrento & E. T. Higgins (Eds.), *Handbook of motivation and cognition* (pp. 244-280). New York: Guilford.

Hornik, R., Risenhoover, N., & Gunnar, M. (1987). The effects of maternal positive, neutral, and negative affective communication on infant responses to new toys. *Child Development, 58*, 937-944.

Horowiz, M. J. (1987). *States of mind: Configurational analysis of individual psychology*. New York: Plenum Medical Book Company.

Huebner, R., & Izard, I. (1988). Mother's responses to infants' facial expressions of sadness, anger, and physical distress.

336

Motivation and Emotion, 12, 185-196.

Isaacson, R. L. (1982). *The limbic system.* New York: Plenum.

Isabella, R. (1993). Origins of attachment: Maternal interactive behavior across the first year. *Child Development, 64,* 605-621.

Isabella, R. A. & Belsky, J. (1991). Interactional synchrony and the origins of infant-mother attachment: A replication study. *Child Development, 62,* 373-384.

Izard, C. (1977). *Human emotions.* New York: Plenum.

Izard, C. (1978). On the ontogenesis of emotions and emotion-cognition relationships in infancy. In M. Lewis & L. Rosenblum (Eds.), *The development of affect* (pp. 389-413). New York: Plenum.

Izard, C. (1990). Facial expressions and the regulation of emotion. *Journal of Personality and Social Psychology, 58,* 487-498.

Izard, C. E. (1991). *The psychology of emotions.* New York: Plenum Press.

Izard, C. E., Hembree, E. A., & Huebner, R. R. (1987). Infants' emotion expressions to acute pain: Developmental change and stability of individual differences. *Developmental Psychology, 23,* 105-113.

Izard, C., & Malatesta, C. (1987). Perspectives on emotional development: Part 1. Differential emotions theory of early emotional development. In J. Osofsky (Ed.), *Handbook of infant development* (2nd ed., pp. 494-554). New York: Wiley Interscience.

Jackson, E., Campos, J., & Fischer, K. (1978). The question of decalage between object permanence and person permanence,

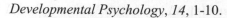

Developmental Psychology, 14, 1-10.

Jackson, T., Edelstein, W., & Hofmann, V. (1994). A longitudinal study of the relationship between representations of attachment in childhood and cognitive functioning in childhood and adolescence. *Developmental Psychology, 30*, 112-124.

Jacobvitz, E., & Sroufe, L. A. (1987). The early caregiver-child relationship and attention deficit disorder with hyperactivity in kindergarten. *Child Development, 58*, 1488-1495.

James, W. (1890). *The principles of psychology*. New York: Holt.

Jones, S. S., Collins, K., & Hong, H.-W. (1991). An audience effect on smile production in 10-month-old infants. *Psychological Science, 2*, 45-49.

Kagan, J. (1967). On the need for relativism. *American Psychologist, 22*, 131-142.

Kagan, J. (1971). *Change and continuity in infancy*. New York: Wiley.

Kagan, J., Keasley, R. B., & Zelazo, P. R. (1978). *Infancy: Its place in human development*. Cambridge, MA: Harvard University Press.

Kagan, J., Reznick, J., & Gibbons, J. (1989). Inhibited and uninhibited types of children. *Child Development, 60*, 838-845.

Karmiloff-Smith, A. (1993). NeoPiagetians: A theoretical misnomer? *SRCD Newsletter* (Spring). Chicago: Society for Research in Child Development.

Kellerman, H. (1983). An epigenetic theory of emotions in early development. In R. Plutchik & H. Kellerman (Eds.), *Emotion: Theory, research, and experience* (pp. 315-349). New York:

情緒發展

Academic.

Kelley, A. E., & Stinus, L. (1984). Neuroanatomical and neurochemical substrates of affective behavior. In N. A. Fox & R. J. Davidson (Eds.), *The psychobiology of affective development* (pp. 1-75). Hillsdale, NJ: Erlbaum.

Kestenbaum, R., Farber, E., & Sroufe, L. A. (1989). Individual differences in empathy among preschoolers: Concurrent and predictive validity. In N. Eisenberg (Ed.), *Empathy and related emotional responses: New directions for child development* (pp.51-56). San Francisco: Jossey-Bass.

Kierkegaard, S. (1938). *Purity of heart is to will one thing* (Douglas V. Steer, Trans.). New York: Harper & Row.

Kiser, L., Bates, J., Maslin, C., & Bayles, K. (1986). Mother-infant play at six months as a predictor of attachment security at thirteen months. *Journal of the American Academy of Child Psychiatry, 25*, 68-75.

Kitchener, R. (1983). Developmental explanations. *Review of Metaphysics, 36*, 791-817.

Klaus, M., & Kennell, J. (1976). *Maternal-infant bonding*. St. Louis, MO: Mosby.

Kochanska, G. (1991). Socialization and temperament in the development of guilt and conscience. *Child Development, 62*, 1379-1392.

Kochanska, G. (1993). Toward a synthesis of parental socialization and child temperament in early development of conscience. *Child Development, 64*, 325-347.

Kopp, C. (1989). Regulation of distress and negative emotions: A

339

developmental view. *Developmental Psychology, 25*, 343-354.

Kopp, C., Krakow, J., & Vaughn, B. (1983). The antecedents of self-regulation in young handicapped children. In M. Perlmutter (Ed.), *Minnesota Symposia on Child Psychology* (Vol. 17, pp. 93-128). Hillsdale, NJ: Erlbaum.

Korner, A. (1969). Neonatal startles, smiles, erections and reflex sucks as related to state, sex, and individuality. *Child Development, 40*, 1039-1053.

Korner, A. (1971). Individual differences at birth: Implications for early experience and later development, *American Journal of Orthopsychiatry, 41*, 608-619.

Korner, A., Brown, B., Dimiceli, S., Forest, T., Stevenson, D., Lane, N., Constantinou, J., & Thom, V. ﹛1989﹜. Stable individual differences in developmentally changing preterm infants: A replicated study. *Child Development, 60*, 502-513.

Korner, A., Hutchinson, C., Kopershi, J., Kraemer, J., & Schneider, P. (1981). Stability of individual differences of neonatal motor and crying pattern. *Child Development, 52*, 83-90.

Kraemer, G., Ebert, M., Schmidt, D., & McKinney, W. (1991). Strangers in a strange land: A psychobiological study of infant monkeys before and after separation from real or inanimate mothers. *Child Development, 62*, 548-566.

Kraemer, G. W. (1992). A psychobiological theory of attachment. Behavioral and Brain Sciences, *15*, 493-541.

Kuczynski, L., & Kochanska, G. (1990). Children's noncompliance from toddlerhood to age five. *Developmental Psychology, 26*, 398-408.

340

情緒發展

Kuo, Z.-Y. (1967). *The dynamics of behavior development: An epigenetic view*. New York: Random House.

Lamb, M. E. (1981). The development of social expectations in the first year of life. In M. E. Lamb & L. R. Sherwood (Eds.), *Infant social cognition: Empirical and theoretical consequences* (pp. 155-175). Hillsdale, NJ: Erlbaum.

Lazarus, R. (1966). *Psychological stress and the coping process*. New York: McGraw-Hill.

Lazarus, R. (1991). *Emotion and adaptation*. New York: Oxford University Press.

Lenneberg, E. (1967). *Biological foundations of lauguage*. New York: Wiley.

Levenson, R. (1988). Emotion and the automic nervous system: A prospectus for research on autonomic specificity. In H. Wagner (Ed.), *Social psychophysiology and emotion: Theory and clinical applications* (pp. 17-42). London: Wiley.

Lewis, M. (1992). The self in self-conscious emotions: Commentary on Stipek et al. *Monographs of the Society for Research in Child Development*, *57* (Serial No. 226), 85-95.

Lewis, M., Alessandri, S., & Sullivan, M. (1992). Differences in shame and pride as a function of children's gender and task difficulty. *Child Development*, *63*, 630-638.

Lewis, M., & Books-Gunn, J. (1979). *Soical cognition and the acquisition of self*. New York: Plenum.

Lewis, M., & Goldberg, S. (1969). Perceptual-cognitive development in infancy: A generalized expectancy model as a function of mother-infant interaction. *Merrill-Palmer Quarterly*,

15, 81-100.

Lewis, M., & Michalson, L. (1983). Children's emotions and moods: Developmental theory and measurements. New York: Plenum.

Lewis, M., & Rosenblum, L. (Eds.), (1974). *The origins of fear: The origins of behavior, Vol. 2.* New York: Wiley.

Lichtenberg, J. D. (1989). *Psychoanalysis and motivation.* Hillsdale, NJ: Analytic Press.

Lieberman, A., Weston, D., & Pawl, J. (1991). Preventive intervention and outcome with anxiously attached dyads. *Child Development, 62*, 199-209.

Loevinger, J. (1976). *Ego development: Conceptions and theories.* San Francisco: Jossey-Bass.

Londerville, S., & Main, M. (1981). Security of attachment, compliance, and maternal training methods in the second year of life. *Developmental Psychology, 17*, 289-299.

Luria, A. R. (1980). *Higher cortical functions in man* (2 nd ed). New York: Basic.

Maccoby, E. (1980). *Social development.* New York: Harcourt, Brace, Jovanovich.

Maccoby, E., & Martin, J. (1983). Socialization in the context of the family. In E. M. Hetherington (Ed.), *Handbook of child psychology: Socialization, personality, and social development* (Vol. 4. pp. 1-101). New York: Wiley.

MacLean, P. D. (1973). *A triune concept of the brain and behavior.* Toronto: University of Toronto Press.

MacLean, P. D. (1993). Cerebral evolution of emotion. In M.

情緒發展

Lewis & J. M. Haviland (Eds.), *Handbook of emotions* (pp. 67-86). New York: Guilford.

Magnussun, D. (1988). *Individual development from an interactional perpspective*. Hillsdale, NJ: Erlbaum.

Magnusson, D., & Torestad, B. (1993). A holistic view of personality: A model revisited. *Annual Review of Psychology, 44*, 427-452.

Mahler, M., Pine, F., & Bergman, A. (1975). *The psychological birth of the human infant*. New York: Basic.

Main, M. (1977). Analysis of a peculiar form of reunion behavior seen in some daycare children: It's history and sequelae in children who are home-reared. In R. Webb (Ed.), *Social development in day care* (pp. 33-78). Baltimore: Johns Hopkins University Press.

Main, M., & Hesse, E. (1990). Parents' unresolved traumatic experiences are related to infant disorganized attachment status: Is frightened and / or frightening parental behavior the linking mechanism? In M. Greenberg, D. Cicchetti, & E. Cummings (Eds.), *Attachment in the preschool years* (pp. 161-182). Chicage: University of Chicago Press.

Main, M., & Weston, D. (1981). The quality of the toddler's relationship to mother and to father as related to conflict behavior and readiness to establish new relationships. *Child Development. 52*, 932-940.

Malatesta-Magai, C. (1991). Emotional socialization: Its role in personality and developmental psychopathology. In D. Cicchetti & S. Toth (Eds.), *Internalizing and externalizing*

343

expressions of dysfunction. Rochester Symposium on Developmental Psychopathology (Vol. 2, pp. 203-224). Hillsdale, NJ: Erlbaum.

Mandler, G. (1975). Mind and emotion. New York: Wiley.

Mandler, G. (1984). *Mind and body: Psychology of emotion and stress.* New York: Norton.

Mangelsdorf, S., Gunnar, M., Kestenbaum, R., Lang, S., & Andreas, D. (1990). Infant proneness-to-distress temperament, maternal personality, and mother-infant attachment: Associations and goodness of fit. *Child Development, 61,* 820-831.

Mangelsdorf, S., Watkins, S., & Lehn, L. (1991, April). *The role of control in the infant's appraisal of strangers.* Paper present at the biennial meeting of the Society for Research in Child Development, Seattle.

Mans, L., Cicchetti, D., & Sroufe, L. A. (1978). Mirror reactions of Down syndrome infants and toddlers: Cognitive underpinnings of self-recognition. *Child Development, 49,* 1247-1250.

Masters, J., & Wellman, H. (1974). Human infant attachment: A procedural critique. *Psychological Bulletin, 81,* 218-237.

Matas, L., Arend, R., & Sroufe, L. A. (1978). Continuity of adaptation in the second year: The relationship between quality of attachment and later competence. *Child Development, 49,* 547-556.

Matheny, A. (1989). Children's behavioral inhibitions over age and across situations: Genetic similarity for a trait change. *Journal of Personality,* 57, 215-235.

Matsumoto, D. (1987). The role of facial response in the experience

344

情緒發展

of emotion: More methodological problems and a meta-analysis. *Journal of Personality and Social Psychology, 52,* 769-774.

Mayes, L., & Zigler, E. (1992). An observational study of the affective concomitants of mastery in infants. *Journal of Child Psychology and Psychiatry and Allied Disciplines, 33,* 659-667.

McCall, R. (1972). Smiling and vocalization in infants as indices of perceptual-cognitive processes. *Merrill-Palmer Quarterly, 18,* 341-348.

McCall, R., & McGhee, P. (1977). The discrepancy hypothesis of attention and affect in infants. In I. Uzgiris & F. Weizman (Eds.), *The structuring of experience* (pp. 179-210). New York: Plenum.

Meili, R. (1955). Angstentsehung bei Kleinkindern. *Schweizerische Zeitschrift fur Psychologic und ihre Anwndungen, 14,* 195-212.

Motti, F., Cicchetti, D., & Sroufe, L. A. (1983). From infant affect expression to symbolic play: The coherence of development in Down syndrome infants. *Child Development, 54,* 1168-1175.

Murphy, L., (1962). *The widening of childhood: Paths toward mastery.* New York: Basic.

Murphy, L., & Moriarty, A. (1976). *Vulnerability, coping, and growth.* New Haven, CT: Yale University Press.

Nelson, C. A. (1994). The neural bases of infant temperament. In J. E. Bates & T. D. Wachs (Eds.), *Temperament: Individual differences at the interface of biology and behavior* (pp. 47-82). Washington, D.C.: APA Press.

Nelson, C. A. (in press). The ontogeny of human memory: A

345

cognitive neuroscience perspective. *Developmental Psychology*.

Nelson, K., & Gruendel, J. (1981). Generalized event representation: Basic building blocks of cognitive development. In A. Brown & M. Lamb (Eds.), *Advances in developmental Psychology* (Vol. 1, pp. 131-158). Hillsdale, NJ: Erlbaum.

Nezworski, M. T. (1983). *Continuity in adaptation into the fourth year: Individual differences in curiosity and exploratory behavior of preschool children*. Unpublished doctoral dissertation, University of Minnesota, Minneapolis.

Novak, M., O'Neill, P., Beckley, S., & Suomi, S. (1992). Naturalistic environments for captive primates. In E. Gibbons, E. Wyers, & E. Waters (Eds.), *Naturalistic habitats in captivity*. New York: Academic.

Osofsky, J. D., & Danzger, B. (1974). Relationships between neonatal characteristics and mother-infant interaction. *Developmental Psychology, 10*, 124-130.

Oster, H., & Ekman, P. (1978). Facial behavior in child development. In A. Collins (Ed.), *Minnesota Symposia on Child Development* (Vol. 11 ,pp. 231-276). Hillsdale, NJ: Erlbaum.

Oster, H., Hegley, D., & Nagel, L. (1992). Adult judgments and fine-grained analyses of infant facial expressions: Testing the validity of a priori coding formulas. *Developmental Psychology, 28*, 1115-1131.

Overton, W. F., & Resse, H. W. (1972). Models of development: Methodological implications. In J. R. Nesselroade and H. W. Reese (Eds.), *Life-span developmental psychology*: *Methodological issues* (pp. 65-86). New York: Academic.

346

情緒發展

Oyama, S. (1985). *The ontogeny of information.* Cambridge University Press.

Pancake, V. R. (1988). *Quality of attachment in infancy as a predictor of hostility and emotional distance in preschool peer relationships.* Unpublished doctoral dissertation, University of Minnesota, Minneapolis.

Papousek, H. (1977). The development of learning ability in infancy. In G. Nissen (Ed.), *Intelligence, learning, and learning disturbances* (pp. 131-162). New York: Springer-Verlag.

Papousek, H., & Papousek, M. (1977). Mothering and the cognitive headstart: Psychological consideration. In H. R. Schaffer (Ed.), *Studies in mother-infant interactions* (pp. 215-245). London: Academic.

Papousek, M., Papousek, H., & Bornstein, M. (1985). The naturalistic vocal environment of young infants: On the significance of homogeneity and variability in parental speech. In T. Field & N. Fox (Eds.), Social perception in infants (pp. 82-105). New York: Academic.

Papousek, M., Papousek, H., & Harris, B. J. (1986). The emergence of play in parent-infant interactions. In D. Gorlitz & J. F. Wohlwill (Eds.), *Curiosity, imagination, and play: On the development of spontaneous cognitive and motivational processes* (pp. 214-246). Hillsdale, NJ: Erlbaum.

Paradise, E., & Curcio, F. (1974). The relationship of cognitive and affective behaviors to fear of strangers in male infants. *Developmental Psychology, 10,* 476-483.

Parker, J., & Asher, S. (1987). Peer relations and later social adjustment. *Psychological Bulletin, 102*, 357-389.

Parmelee, A. (1972). Development of states in infants. In C. Clemente, D. Purpura, & F. Mayer (Eds.), *Maturation of brain mechanisms related to sleep behavior* (pp.86-114). New York: Academic.

Parritz, R. (1989). *An examination of toddler coping in three challenging situations*. Unpublished doctoral dissertation, University of Minnesota.

Parrott, W. G., & Gleitman, H. (1989). Infants' expectations in play: The joy of peek-a-boo. *Cognition and Emotion, 3*, 291-311.

Pettit, G., & Bates, J. (1989). Family interaction patterns and children's behavior problems from infancy to 4 years. *Developmental Psychology, 25*, 413-420.

Pianta, R., Egeland, B., & Sroufe, L. A. (1989). Continuity and discontinuity in maternal sensitivity at 6, 24, and 42 months in a high-risk sample. *Child Development, 60*, 481-487.

Piaget, J. (1952). The origins of intelligence in children. New York: Routledge & Kagan Paul.

Piaget, J. (1962). Play, dreams and imitation in childhood. New York: Norton.

Piaget, J., & Inhelder, B. (1969). The psychology of the child. New York: Basic.

Plomin, R. (1990). *Nature and nurture: An introduction to human behavioral genetics*. Pacific Grove, CA: Brooks/Cole.

Plutchik, R. (1980). Emotion: A psychoevolutionary synthesis. New York: Harper & Row.

348

情緒發展

Plutchik, R. (1983). *Emotions in early development*: A psychoevolutionary approach. In R. Plutchik & H. Kellerman (Eds.), *Emotions: Theory, research, and experience* (pp. 221-257). New York: Academic.

Power, T., & Chapieski, M. (1986). Childrearing and impulse control in toddlers: A naturalistic investigation. *Developmental Psychology, 22*, 271-275.

Power, T., & Manire, S. (1992). Child rearing and internalization: A developmental perspective. In J. Janssens & J. Gerris (Eds.), *Child rearing: Influence on prosocial and moral development* (pp. 101-123). The Netherlands: Swets & Zeitlinger.

Prechtl, H. (1979). Qualitative changes of spontanenous movement in fetus and preterm infant are a marker of neurological dysfunction. *Early Human Development, 3*, 151-158.

Quinton, D., Rutter, M., & Liddle, C. (1984). Institutional rearing, parenting difficulties, and marital support. *Psychological Medicine, 14*, 107-124.

Rheingold. H. (1983). *Two-year-olds chart an optimistic future*. Paper presented at the Harvard Medical School Conference on Affective Development in Infancy, Boston.

Rheingold. H., & Eckerman, C. O. (1971). Departures from the mother. In H. R. Schaffer (Eds.), *The origins of human social relations* (pp. 186-223). New York: Academic.

Rheingold, H., & Eckerman, C. O. (1973). Fear of the stranger: A critical examination. In H. W. Reese (Ed.), *Advances in child development and behavior* (pp. 186-223). New York: Academic.

Robertson, J., & Robertson, J. (1971). Young children in brief

separation: A fresh look. *Psychoanalytic Study of the Child,
26,* 264-315.

Robson, K. S. (1967). The role of eye-to-eye contact in maternal-
infant attachment. *Journal of Child Psychology and Psychiatry,
8,* 13-25.

Rode, S., Chang, P., Fisch, R., & Sroufe, L. A. (1981). Attachment
patterns of infants separated at birth. *Developmental
Psychology, 17,* 188-191.

Rosen, N. (1989). *John and Anzia: An American romance.* New
York: Dutton.

Rosenberg, D. (1984). *The quality and content of preschool
fantasy play: Correlates in concurrent social-personality
function and early mother-child attachment relationships.*
Unpublished doctoral dissertation, University of Minnesota.

Rosenblum, L. A. (1987). Influences of environmental demand
on maternal behavior and infant development. In N. A.
Krasnegor, E. M. Blass, M. A. Hofer, & W. P. Smotherman
(Eds.), *Perinatal development: A psychobiological perspective*
(pp. 377-395). Orlando, FL: Academic.

Rothbart, M. (1989). Temperament in childhood: A framework.
In. G. Kohnstamm, J. Bates, and M, Rothbart (Eds.),
Temperament in childhood (pp. 59-73). New York: Wiley.

Rothbart, M. K. (1973). Laughter in young children. *Psychological
Bulletin, 80,* 247-256.

Rovee-Collier, C. (1989). The joy of kicking: Memories, motives,
and mobiles. In P. Solomon, G. Goethals, C. Kelley, & B.
Stephens (Eds.), *Memory: Interdisciplinary approaches* (pp.

350

151-180). New York: Springer-Verlag.

Salzen, E. A. (1963). Visual stimuli eliciting the smiling the response in the human infant. *Journal of Genetic Psychology, 102*, 51-54.

Sameroff, A. J. (1983). Developmental systems: Context and evolution. In P. H. Mussen (Ed.), *Handbook of Child Psychology: Vol. 1. History, theory, and methods* (4th ed., pp. 237-294). New York: Wiley.

Sameroff, A. J., & Cavanaugh, P. J. (1979). Learning in infancy: A developmental perspective. In J. Osofsky (Ed.), *The handbook of infant development* (pp. 344-392). New York: Wiley.

Sander, L. (1975). Infant and caretaking environment. In E. J. Anthony (Ed.), *Explorations in child psychiatry* (pp. 129-165). New York: Plenum.

Sander, L. (1976). Epilogue. In E. Rexford, L. Sander, & T. Shapiro (Eds.), *Infant Psychiatry* (pp. 286-292). New Haven, CN: Yale University Press.

Sander, L. (in press). Recognition process: Organization and specificity in early development. In J. Osofsky (Ed.), *The handbook of infant development*. New York: Wiley.

Santostefano, S. (1978). *A biodevelopmental approach to clinical child psychology*. New York: Wiley.

Scarr, S., & Salapatek, P. (1970). Patterns of fear development during infancy. *Merrill-Palmer Quarterly, 16*, 53-90.

Schacter, S. (1966). The interaction of cognitive and physiological determinants of emotional state. In C. Spielberger (Ed.), *Anxiety and Behavior* (pp. 193-224). New York: Academic.

Schaffer, H., & Callender, M. (1959). Psychological effects of hospitalization in infancy. *Pediatrics, 24,* 528-539.

Schaffer, H., Greenwood, A., & Parry, M. (1972). The onset of wariness. *Child Development, 43,* 165-175.

Schaffer, H. R. (1974). Cognitive components of the infant's response to strangeness. In M. Lewis & L. A. Rosenblum (Eds.), *The origins of fear: The origins of behavior* (Vol. 2, pp. 11-24). New York: Wiley.

Schaffer, H. R., & Emerson, P. E. (1964). The development of social attachments in infancy. *Monographs of the Society for Research in Child Development, 29* (Serial No. 94).

Schore, A. N. (1994). *Affect regulation and origin of the self: The neurobiology of emotional development.* Hillsdale, NJ: Erlbaum.

Schwartz, A., Campos, J., & Baisel, E. (1973). The visual cliff: Cardiac and behavioral correlates on the deep and shallow sides at five and nine months of age. *Journal of Experimental Child Psychology, 15,* 85-99.

Sears, R., Maccoby, E., & Levin, h. (1957). Patterns of child rearing. Evanston, IL: Row, Peterson.

Shultz, T. R., & Zigler, E. (1970). Emotional concomitants of visual mastery in infants: The effects of stimulus movement on smiling and vocalizing. *Journal of Experimental Child Psychology, 10,* 390-402.

Singer, L., Brodzinsky, D., Ramsay, D., Steir, M., & Waters, E. (1985). Mother-infant attachment in adoptive families. *Child Development, 56,* 1543-1551.

Skarin, K. (1977). Cognitive and contextual determinants of

情緒發展

stranger fear in 6 and 11 month old infants. *Child Development, 48*, 537-544.

Sokolov, E. N. (1963). *Perception and the conditioned reflex.* New York: Macmillan.

Sorce, J., & Emde, R. (1981). Mother's presence is not enough: The effect of emotional availability on infant exploration and play. *Developmental Psychology, 17*, 737-745.

Sorec, J. F., Emde, R. N., Campos, J. J., & Klinnert, M. D. (1985). Maternal emotional signaling: Its effect on the visual cliff behavior of one-year-olds. *Developmental Psychology, 21*, 195-200.

Spiker, D. (1990). Early intervention from a developmental perspective. In D. Cicchetti & M. Beeghly (Eds.), *Children with Down syndrome* (pp. 424-448). Cambridge University Press.

Spiker, D., Ferguson, J., & Brooks-Gunn, J. (1993). Enhancing maternal interactive behavior and child social competence in low birth weight, premature infants. *Child Development, 64*, 754-768.

Spitz, R. (1957). *No and yes.* New York: International Universities Press.

Spitz, R. (1965). *The first year of life.* New York: International Universities Press.

Spitz, R. A., Emde, R. N., & Metcalf, D. R. (1970). Further prototypes of ego formation: A working paper from a research project on early development. *Psychoanalytic Study of the Child, 25*, 417-441.

Sroufe, J. (1991). Assessment of parent-adolescent relationships: Implications for adolescent development. *Journal of Family Psychology*, *5*, 21-45.

Sroufe, L. A. (1977). Wariness of strangers and the study of infant development. *Child Development*, *48*, 731-746.

Sroufe, L. A. (1979a). Socioemotional development. In J. Osofsky (Ed.), *Handbook of infant development* (pp. 462-516). New York: Wiley.

Sroufe, L. A. (1979b). The coherence of individual development. *American Psychologist*, *34*, 834-841.

Sroufe, L. A. (1982). The organization of emotional development. *Psychoanalytic inquiry*, *1*, 575-599.

Sroufe, L. A. (1983). Infant-caregiver attachment and patterns of adaptation and competence in the preschool. In M. Perlmutter (Ed.), *Minnesota Symposia in Child Psychology* (Vol. 16, pp. 41-83). Hillsdale, NJ: Erlbaum.

Sroufe, L. A. (1984). The organization of emotional development. In K. Scherer & P. Ekman (Eds.), *Approaches to emotion* (pp. 109-128). Hillsdale, NJ: Erlbaum.

Sroufe, L. A. (1985). Attachment classification from the perspective of infant-caregiver relationships and infant temperament, *Child Development*, *56*, 1-14.

Sroufe, L. A. (1988). The role of infant-caregiver attachment in development. In J. Belsky & T. Nezworski (Eds.), Clinical *implications of attachment* (pp. 18-38). Hillsdale, NJ: Erlbaum.

Sroufe, L. A. (1989). Pathways to adaptation and maladaptation: Psychopathology as developmental deviation. In D. Cicchetti

354

情緒發展

(Ed.), *Rochester Symposia on Developmental Psychopathology* (Vol. 1, pp. 13-14). Hillsdale, NJ: Erlbaum.

Sroufe, L. A. (1990). An organizational perspective on the self. In D. Cicchetti & M. Beeghly (Eds.), *Transitions from infancy to childhood: The self* (pp. 281-307).Chicago: University of Chicago Press.

Sroufe, L. A. (1991). Considering normal and abnormal together: The essence of developmental psychopathology. *Development and psychopathology*, *2*, 335-347.

Sroufe, L. A., Carlson, E., & Shulman, S. (1993). Individuals in relationships: Development from infancy through adolescence. In D. C. Funder, R. D. Parke, C. Tomlinson-Keasey, & K. Widaman (Eds.), *Studying lives through time: Personality and development* (pp. 315-342). Washington, D.C.: American Psychological Association.

Sroufe, L. A., Cooper, R., & DeHart, G. (in press). *Child Development: Its nature and course* (3rd ed.). New York: McGraw-Hill.

Sroufe, L. A., Egeland, B., & Kreutzer, T. (1990). The fate of early experience following developmental change: Longitudinal approaches to individual adaptation in childhood. *Child Development*, *61*, 1363-1373.

Sroufe, L. A., & Fleeson, J. (1986). Attachment and the construction of relationships. In W. Hartup & Z. Rubin (Eds.), *Relationships and development* (pp. 51-71). Hillsdale, NJ: Erlbaum.

Sroufe, L. A., & Fleeson, J. (1988). The coherence of family relationships. In R. A. Hinde & J. Stevenson-Hinde (Eds.),

Relationships within families: Mutual influences (pp. 27-47). Oxford University Press.

Sroufe, L. A., Fox, N., & Pancake, V. (1983). Attachment and dependency in developmental perspective. *Child Development, 54*, 1615-1627.

Sroufe, L. A., Schork, E., Motti, F., Lawroski, N., & LaFrenier, P. (1984). The role of affect in social competence. In C. Izard, J. Kagan, & R. Zajonc (Eds.), *Emotions, cognition, and behavior* (pp. 289-319). Oxford University Press.

Sroufe, L. A., & Waters, E. (1976). The ontogenesis of smiling and laughter: A perspective on the organization of development in infancy. *Psychological Review, 83*, 173-189.

Sroufe, L. A., & Waters, E. (1977a). Attachment as an organizational construct. *Child Development, 48*, 1184-1199.

Sroufe, L. A., & Waters, E. (1977b). Heart rate as a convergent measure in clinical and developmental research. *Merrill-Palmer Quarterly, 23*, 3-27.

Sroufe, L. A., Waters, E., & Matas, L. (1974). Contextual determinants of infant affective response. In M. Lewis & L. Rosenblum (Eds.), *The origins of behavior: Vol, 2, Fear* (pp. 49-72). New York: Wiley.

Sroufe, L. A., & Wunsch, J. P. (1972). The development of laughter in the first year of life. *Child Development, 43*, 1326-1344.

Stechler, G., & Carpenter, G. (1967). A viewpoint on early affective development. In J. Hellmuch (Ed.), *The exceptional infant* (Vol. 1, pp. 163-190). Seattle: Special Child Publications.

Stechler, G., & Latz, E. (1966). Some observations on attention

356

情緒發展

and arousal in the human infant. *Journal of the American Academy of Child Psychiatry, 5*, 517-525.

Stern, D. (1974).The goal and structure of mother-infant play. *Journal of the American Academy of Child Psychiatry, 13*, 402- 421.

Stern, D. (1985). *The interpersonal world of the infant: A view from psychoanalysis and developmental psychology.* New York: Basic.

Stern, D. N. (1990). Joy and satisfaction in infancy. In R. A. Glick & S. Bone (Eds.), *Pleasure beyond the pleasure principe* (pp. 13-25). New Haven, CN: Yale University Press.

Stipek, D., Recchia, S., & McClintie, S. (1992). Self-evaluation in young children. *Monographs of the Society for Research in Child Development, 57* (Serial No. 226).

Stirnimann, F. (1940). *Psychologie des neugebornen Kindes.* Munich: Kindler Verlag.

Suess, G., Grossmann, K. E. & Sroufe, L. A. (1992). Effects of infant attachment to mother and father on quality of adaptation in preschool: From dyadic to individual organization of the self. *International Journal of Behavioral Development, 15*, 43-66.

Takahashi, M. (1973). Smiling responses in newborn infants: Relations to arousal level, spontaneous movements, and the tactile stimulus. *Japanese Journal of Psychology, 44*, 46-50.

Tennes, K., Emde, R., Kisley, A., & Metcalf, D. (1972). The stimulus barrier in early infacy: An exploration of some of the formulations of John Benjamin. In R. Holt & E. Peterfreund (Eds.), *Psychoanalysis and contemporary science* (pp. 206-

357

234). New York: Macmillan.

Termine, N. T., & Izard, C. E. (1988). Infants'responses to their mothers' expressions of joy and sadness. *Developmental Psychology, 24*, 223-229.

Thelen, E. (1989). Self-organization in developmental processes: Can a systems approach work? In M. Gunnar & Thelen (Eds.), *Systems and development. Minnesota Symposia in Child Psychology* (Vol. 22, pp. 77-117). Hillsdale, NJ: Erlbaum.

Thompson, R. A. (1990). Emotion and self-regulation. *Nebraska Symposium on Motivation* (pp. 367-467).

Tinbergen, N. (1951). *The study of instinct.* London: Oxford University Press.

Tomkins, S. (1962). *Affect, imagery, and consciousness* (Vol. 1). New York: Springer.

Tomkins, S. (1963). *Affect, imagery, and consciousness: Vol. 2. The negative affects.* New York: Springer.

Tomkins, S. (1981). The quest for primary motives: Biography and autobiography of an idea. *Journal of Personality and Social Psychology, 41*, 306-329.

Tracy, R., Lamb, M., & Ainsworth, M. D. S. (1976). Infant approach behavior as related to attachment. *Child Development, 47*, 571-578.

Trevarthen, C. (1990). Growth and education of the hemispheres. In C. Trevarthen (Ed.), *Brain circuits and functions of the mind* (pp. 334-363). Cambridge University Press.

Tronick, E. (1989). Emotions and emotional communication in infants. *American Psychologist, 44*, 112-119.

358

Tronick, E., Als, H., Adamson, L., Wise, S., & Brazelton, T. B. (1978). The infant's response to entrapment between contradictory messages in face-to-face interaction. *Journal of the American Academy of Child Psychiatry, 17,* 1-13.

Troy, M., & Sroufe, L. A. (1987). Victimization among preschoolers: Role of attachment relationship history. *Journal of the American Academy of Child and Adolescent Psychiatry, 26,* 166-172.

Tucker, D. M. (1992). Developing emotions and cortical networks. In M. R. Gunnar & C. A. Nelson (Eds.), *Minnesota Symposia on Child Psychology: Vol. 24, Developmental behavioral neuroscience* (pp. 75-128). Hillsdale NJ: Erlbaum.

Turkewiz, G. (1987). Psychobiology and developmental psychology: The influence of T. C. Schneirla on human developmental psychology. *Developmental Psychobiology, 20,* 369-375.

Urban, J., Carlson, E., Egeland, B., & Sroufe, L. A. (1991). Patterns of individual adaptation across childhood. *Development and Psychopathology, 3,* 445-460.

Van den Boom, D. (in press). Two-year outcome of an experimental manipulation of sensitive responsiveness among lower class mothers with irritable infants. *Child Development.*

Van Hooff, J. A. R. A. M. (1972). A Comparative approach to the phylogeny of laughter and smiling. In R. Hinde (ED.), *Non-verbal communication* (pp. 207-241).Cambridge University Press.

Van Lieshout, C. (1975). Young children's reactions to barriers placed by their mothers. *Child Development, 46,* 879-886.

Vaughn, B. (1977). *The development of greeting behavior in infants from 6 in 12 months of age.* Unpublished doctoral dissertation, University of Minnesota.

Vaughn, B., Egeland, B., Waters, E., & Sroufe, L. A. (1979). Individual differences in infant-mother attachment at 12 and 18 months: Stability and change in families under stress. *Child Development, 50,* 971-975.

Vaughn, B., Lefever, G., Seifer, R., & Barglow, P. (1989). Attachment behavior, attachment security, and temperament during infancy. *Child Development, 60,* 728-737.

Vaughn, B., & Sroufe, L. A. (1979). The temporal relationship between infant HR acceleration and crying in an aversive situation. *Child Development, 50,* 565-567.

Vaughn, B., Stevenson-Hinde, J., Waters, E., Kotsaftis, A., Lefever, G., Shouldice, A., Trudel, M., & Belsky, J. (1992). Attachment security and temperament in infancy and early childhood: Some conceptual clarifications. *Developmental Psychology, 28,* 463-473.

Vine, I. (1973). The role of facial visual signalling in early social development. In M. von Cranach & I. Vine (Eds.), *Social communication and movement: Studies of men and chimpanzees* (pp. 195-297). London: Academic.

Vygotsky, L. (1962). *Thought and language.* Cambridge, MA: MIT Press.

Vygotsky, L. (1978). *Mind and society.* Cambridge, MA: Harvard University Press.

360

情緒發展

Waddington, C. (1957). *The strategy of the genes*. London: Allen & Unwin.

Wahler, R. (1967). Infant social attachments: A reinforcement theory interpretation and investigation. *Child Development, 38*, 1074-1088.

Waldrop, W. M. (1992). *Complexity*. New York: Simon & Schuster.

Ward, M., Carlson, E., Altman, S., Levine, L., Greenberg, R., & Kessler, D. (1990, April). *Predicting infant-mother attachment from adolescents' prenatal working models of relationships*. Paper presented at the International Conference on Infant Studies, Montreal.

Waters, E. (1978). The stability of individual differences in infant-mother attachment. *Child Development, 49*, 483-494.

Waters, E., Kondo-Ikemura, K., & Richters, J. (1990). Learning to love: Milestones and mechanisms in attachment, identity and identification. In M. Gunnar & L. A. Sroufe (Eds.), *Minnesota Symposia in Child Psychology: Vol. 23. Self-processes in development*. Hillsdale, NJ: Erlbaum.

Waters, E., Matas, L., & Sroufe, L. A. (1975). Infants' reactions to an approaching stranger: Description, validation and functional significance of wariness. *Child Development, 46*, 348-365.

Waters, E., & Sroufe, L. A. (1983). A developmental perspective on competence. *Developmental Review, 3*, 79-97.

Waters, E., Wippman, J., & Sroufe, L. A. (1979). Attachment, positive affect, and competence in the peer group: Two studies in construct validation. *Child Development, 50*, 821-829.

Watson, J. B. (1924/1970). *Behaviorism*. New York: Norton.

Watson, J. S. (1972). Smiling, cooing, and " the game. " *Merrill-Palmer Quarterly, 18*, 323-340.

Weinraub, M., & Lewis, M. (1977). The determinants of children's responses to separation. *Monographs of the Society for Research in Child Development, 42* (Serial No. 172).

Wenar, C. (1976). Executive competence in toddlers: A prospective, observational study. *Genetic Psychology Monographs, 93*, 189-285.

Werner, H., & Kaplan, B. (1963). *Symbol formation: An organismic-developmental approach to language and the expression of thought*. New York: Wiley.

Wertsch, J. (1979). From social interaction to higher psychological processes: A clarification of Vygotsk's theory. *Human Development, 22*, 1-22.

White, R. (1959). Motivation reconsidered: The concept of competence. *Psychological Review, 66*, 297-333.

Wolf, D. (1982). Understanding others: A longitudinal case study of the concept of independent agency. In G. Furman (Ed.), *Action and thought* (pp. 297-327). New York: Academic.

Wolf, D. (1990). Being of several minds: Voices and versions of the self in early childhood. In D. Cicchetti & M. Beeghly (Eds.), *The self in transition* (pp. 183-212). Chicago: University of Chicago Press.

Wolff, P. (1963). Observations on the early development of smiling. In B. M. Foss (Ed.), *Determinants of infant behavior* (Vol. 2). London: Methuen.

362

情緒發展

Wolff, P. (1969). Crying and vocalization in early infancy. In B. M. Foss (Eds.), *Determints of infant behavior* (Vol. 4, pp. 81-110). New York: Wiley

Yarrow, L., Rubenstein, J., & Pederson, F. (1975). *Infant and environment*. New York: Halsted.

Yonas, A. (1981). Infants' responses to optical information for collision. In R. Aslin & L. Pettersen (Eds.), *Development of perception: Psychobiological perspectives* (Vol. 2, pp. 313-334). New York: Academic.

Yonas, A., Cleaves, W., & Petterson, L. (1978). Development of sensitivity to pictorial depth. *Science, 200,* 77-79.

Younger, B. A., & Cohen, L. B. (1985). How infants form categories. In G. Bower (Ed.), *The psychology of learing and motivation: Advances in research and theory* (pp. 112-143). New York: Academic.

Zahn-Waxler, C., Radke-Yarrow, M., & King, R. (1979). Childrearing and children's prosocial initiations toward victims of distress. *Child Development, 50,* 319-330.

Zahn-Waxler, C., Radke-Yarrow, M., Wanger, E., & Chapman, M. (1992). Development of concern for others. *Developmental Psychology, 28,* 126-136.

Zajonc, R. (1984). On the primacy of affect. *American Psychologist, 39,* 117-123.

Zaslow, R. W., & Breger, L. (1969). A theory and treatment of autism. In L. Breger (Ed.), *Clinical-cognitive psychology models and integrations* (pp. 98-134). Englewood Cliffs, NJ: Prentice-Hall.

Zelazo, P. R. (1971). Smiling to social stimuli: Eliciting and conditioning effects. *Developmental Psychology*, *4*, 32-42.

Zelazo, P. R. (1972). Smiling and vocalizing: A cognitive emphasis. *Merrill-Palmer Quarterly*, *18*, 349-365.

Zelazo, P. R., & Komer, M. J. (1971). Infant smiling to nonsocial stimuli and the recognition hypothesis. *Child Development*, *42*, 1327-1339.

364

情緒發展

生涯輔導與諮商
《理論與實務》
吳芝儀◎著

定價 600元

ISBN：957-30722-0-3

　　本書彙整當前有關生涯發展、生涯選擇、生涯決定理論，及針對小學、中學、大專各階段學生實施的生涯輔導方案，以提供各級學校老師位學生實施生涯輔導與規劃的理論依據和策略參考。本書並彙整作者數年來帶領學生進行生涯探索與規劃的團體活動教材，除提供老師們設計活動之參考外，更可直接作為學生自我學習的活動手冊，引導學生自行進行生涯探索與規劃。

生涯探索與規劃
《我的生涯手冊》
吳芝儀◎著

定價 320 元

ISBN：957-30722-1-1

　　本書涵蓋了自我探索、工作世界探索、家庭期待與溝通、生涯選擇與決定、生涯願景與規劃、生涯準備與行動等數個與生涯發展相關的重要議題，均提供了循序漸進的個別或團體活動，以輔助青少年或大專學生的自我學習，並可運用於生涯輔導課程、生涯探索團體、或生涯規劃工作坊中，作為輔導學生進行生涯探索與規劃輔助教材。

生涯規劃—高職版

吳芝儀、蔡瓊玉 ◎著

定價 275元

ISBN：957-30722-0-3

本書依據教育部公佈之「職業學校生涯規劃課程標準」編輯而成。生涯規劃除了對知識理論與生涯發展的了解，更強調自我的認識、職業與工作世界的認識、生涯選擇與決定生涯發展與管理的重要性。讓學生為自己的未來做出最理想的決定和發展。

大專社團輔導實務

朱偉競◎著

定價 360元

ISBN：957-30722-2-X

本書分別以不同章節來闡述社團的意義、社團輔導的意涵、社團共通性的輔導、學生會的輔導、一般社團的輔導，更蒐錄了許多寶貴又實用的社團法規制度及實例，當可供大專院校八千多位社團指導老師及第一線的學務工作同仁參考運用。

濤石文化